O MITO DA
MONOGAMIA

DAVID P. BARASH E JUDITH EVE LIPTON

O MITO DA
MONOGAMIA

Tradução de
RYTA VINAGRE

3ª edição

EDITORA RECORD
RIO DE JANEIRO • SÃO PAULO
2024

CIP-Brasil. Catalogação-na-fonte
Sindicato Nacional dos Editores de Livros, RJ.

Barash, David P.
B178m   O mito da monogamia / David P. Barash, Judith Eve
3ª ed.   Lipton; tradução de Ryta Vinagre. – 3ª ed. – Rio de Janeiro:
Record, 2024.

Tradução de: The myth of monogamy
ISBN 978-85-01-07588-8

1. Adultério. 2. Costumes sexuais. 3. Comportamento
sexual nos animais. I. Lipton, Judith Eve. II. Título.

CDD – 591.562
07-1266   CDU – 591.512

Título original em inglês:
THE MYTH OF MONOGAMY

Copyright © David P. Barash e Judith Eve Lipton, 2002

Todos os direitos reservados. Proibida a reprodução, armazenamento
ou transmissão de partes deste livro através de quaisquer meios, sem
prévia autorização por escrito.
Proibida a venda desta edição em Portugal e resto da Europa.

Direitos exclusivos de publicação em língua portuguesa para o Brasil
adquiridos pela
EDITORA RECORD LTDA.
Rua Argentina 171 – 20921-380 – Rio de Janeiro, RJ – Tel.: (21) 2585-2000
que se reserva a propriedade literária desta tradução

Impresso no Brasil

ISBN 978-85-01-07588-8

Seja um leitor preferencial Record.
Cadastre-se no site www.record.com.br e receba
informações sobre nossos lançamentos e nossas promoções.

Atendmento e venda direta ao leitor:
sac@record.com.br

Para Ilona e Nellie,
por ajudarem a fazer com que tudo valha a pena

Sumário

	Agradecimentos	9
CAPÍTULO UM	Monogamia para iniciantes	11
CAPÍTULO DOIS	Abalando o mito: Os machos	31
CAPÍTULO TRÊS	Abalando o mito: As fêmeas (A escolha dos genes do macho)	93
CAPÍTULO QUATRO	Abalando o mito: As fêmeas (Outras considerações)	135
CAPÍTULO CINCO	Por que a monogamia acontece?	173
CAPÍTULO SEIS	Como são os seres humanos, "naturalmente"?	211
CAPÍTULO SETE	E daí?	271
	Notas	289
	Índice	315

Agradecimentos

Trabalhamos juntos há vinte anos e somos gratos um ao outro pela profunda amizade e pelas tardes maravilhosas. Agradecemos a nosso editor de texto, John Michel, por ver mérito neste projeto e por ajudar a melhorá-lo e a desenvolvê-lo. A editora de projeto Jane O'Neill também foi essencial para que este livro se tornasse realidade. Nossa gratidão especial a Nellie Barash, nossa filha de 15 anos, que ajudou na correção das provas e das gírias. Obrigado, Nellie, por ser nossa especialista em cultura. Queremos sobretudo agradecer aos muitos pesquisadores que povoam as páginas deste livro e as notas, pela diligência e discernimento com que ajudaram a expor o mito da monogamia. E oferecemos nosso estímulo a todos — criaturas, cientistas e leigos — que lutam com o amor e a traição.

"O mundo não deve ser restringido até que seja compreendido... mas a compreensão deve ser expandida até que possa assimilar o mundo."

— FRANCIS BACON (1561-1626)

CAPÍTULO UM

Monogamia para iniciantes

Certa vez a antropóloga Margaret Mead sugeriu que a monogamia é o mais difícil de todos os arranjos conjugais humanos. É também um dos mais raros. Mesmo casais fiéis e há muito casados são novatos na monogamia, quer percebam ou não. Ao tentarem manter um vínculo social e sexual que consista exclusivamente em um homem e uma mulher, os aspirantes a monógamos estão contrariando algumas das inclinações evolutivas mais profundas com as quais a biologia desenvolveu a maioria das criaturas, inclusive o *Homo sapiens*. Como veremos, há fortes evidências de que os seres humanos não são "naturalmente" monógamos, bem como há provas de que muitos animais, que antes acreditávamos serem monógamos, não o são. Certamente, os seres humanos *podem* ser monógamos (e esta questão é completamente diferente de *devem ser*), mas não há dúvida: a monogamia é incomum — e difícil.

Como observou certa vez G. K. Chesterton sobre o cristianismo, o ideal de monogamia não foi tão testado para que possa ser considerado insatisfatório; em vez disso, foi considerado difícil e com freqüência não foi sequer tentado. Ou, pelo menos, não por muito tempo.

12 O MITO DA MONOGAMIA

A culpa — se é que há alguma — está menos na sociedade do que em nós mesmos e em nossa biologia. Assim, a monogamia foi prescrita para a maioria de nós pela sociedade americana e pela tradição ocidental de modo geral; as regras oficialmente declaradas são bem claras. Devemos conduzir nossa vida romântica e sexual em pares exclusivos, no campo matrimonial designado. Mas, como no futebol, algumas pessoas saem dos limites. E não é incomum que se marque um pênalti se um juiz detecta uma violação. Para muitas pessoas, monogamia e moralidade são sinônimos. O casamento é a sanção definitiva e desviar-se da monogamia conjugal é o pecado interpessoal definitivo.[1] Nas palavras ácidas de George Bernard Shaw: "A moralidade consiste em suspeitar de quem não é legalmente casado."

Ironicamente, porém, a monogamia em si não é nem de longe tão desagradável quanto as conseqüências de se afastar dela, mesmo que, em muitos casos, ninguém descubra. Deixando de lado os escrúpulos religiosos, a angústia da transgressão pessoal pode ser intensa (pelo menos em grande parte do mundo ocidental), e aqueles especialmente imbuídos do mito da monogamia em geral se vêem tomados de culpa, condenados, como os personagens de um conto moral puritano, a mourejar eterna e inutilmente com suas almas maculadas de adultério, com freqüência acreditando que sua transgressão não só é imperdoável como também não é natural. Para muitos outros — provavelmente a maioria — há muito arrependimento e culpa em simplesmente sentir desejo sexual por alguém que não seja o cônjuge, mesmo que esses sentimentos nunca sejam postos em prática. Quando Jesus notoriamente observou que sentir desejo sexual pelo outro é cometer adultério no coração, ele ecoou e reforçou o mito da monogamia — a alegação em geral tácita de que mesmo o desejo à distância não só é errado como é também um pecado unicamente humano.

Se essas inclinações são equivocadas é uma questão difícil e talvez impossível de se responder. Mas, como veremos, graças aos recentes desenvolvimentos na biologia da evolução, combinados com a mais recente tecnologia, simplesmente não há nenhuma dúvida de que o desejo sexual por múltiplos parceiros é "natural". Ele é. Da mesma forma, simplesmente não há nenhuma dúvida de que a monogamia é "natural". Ela não é.

MONOGAMIA PARA INICIANTES **13**

Os conservadores sociais preferem assinalar o que vêem como uma ameaça crescente aos "valores familiares". Mas eles não têm a mais vaga idéia de como essa ameaça é realmente grande ou de onde ela vem. A família monógama está definitivamente sitiada, e não pelo governo nem pelo declínio da fibra moral, e certamente não por uma ampla campanha homossexual... mas pelos ditames da própria biologia. Os infantes têm a sua infância. E os adultos? O adultério.

Se, como certa vez observou Ezra Pound (de certo modo em causa própria), os artistas são a "antena da raça", essas antenas há muito vêm se crispando com os casos extraconjugais. Se a literatura é um reflexo das preocupações humanas, então a infidelidade tem sido uma das preocupações mais compulsórias da humanidade, muito antes de os biólogos terem alguma coisa a dizer a respeito disso. A primeira grande obra da literatura ocidental, a *Ilíada*, de Homero, conta as conseqüências do adultério: a face de Helena lançou mil barcos e mudou o rumo da história somente depois de ter se iniciado um caso entre Helena, uma mulher casada e rainha grega, e Páris, filho do rei Príamo de Tróia. Helena em seguida deixou o marido Menelau, precipitando assim a guerra de Tróia. E na *Odisséia* tomamos conhecimento da volta de Ulisses daquela guerra, na qual ele matou praticamente um exército de pretendentes, cada um deles tentando seduzir sua fiel esposa, Penélope. (Aliás, o próprio Ulisses tinha se divertido com Circe, a feiticeira, mas nem por isso foi considerado adúltero. O padrão duplo é antigo e, por definição, injusto; e, no entanto, também tem sua base na biologia.)

Parece que toda grande tradição literária, pelo menos no mundo ocidental, acha especialmente fascinante explorar os fracassos da monogamia: *Anna Karenina*, de Tolstoi, *Madame Bovary*, de Flaubert, *O amante de Lady Chatterley*, de Lawrence, *A letra escarlate*, de Hawthorne, *A taça dourada*, de Henry James. Mais recentemente, os romances de casamento de John Updike — para não falar de montes de novelas de TV e filmes — descrevem uma sucessão de casos suburbanos de classe média. Este livro, ao contrário, não é de ficção. E não está preocupado com os casos em si, mas com os sustentáculos biológicos dos casos, em seres humanos e em outros animais. Mais precisamente, trata do que os estudos mais recentes têm revelado sobre as bases biológicas surpreendentemente fracas da monogamia.

Nossa abordagem será biológica, porque, independentemente do que possamos ser, nós, seres humanos, somos criaturas absolutamente biológicas. Comemos, dormimos, sentimos emoções, envolvemo-nos em sexo e, embora sejamos únicos em determinados aspectos, as criaturas vivas também o são! Rinocerontes e cobras são unicamente rinocerontes e cobras em sua história evolutiva, sua fisiologia, sua anatomia, seu comportamento, assim como os seres humanos são unicamente humanos. Mas somos — podemos ser — *mais únicos* do que outras criaturas? Além disso, deve ficar rapidamente evidente aqui que, apesar da contraditória "singularidade compartilhada" de todos os seres vivos, há também autênticos padrões em comum, especialmente — para nossos propósitos — uma suscetibilidade a certas tendências básicas de comportamento. Toma-se como certo que aprendemos sobre a digestão, a respiração ou o metabolismo humanos estudando estes processos em outros animais, fazendo os devidos descontos, é claro, para algumas diferenças inevitáveis entre espécies distintas. O mesmo é válido para grande parte do comportamento, embora certamente não todo ele.

Neste livro, nos preocuparemos com um leque de seres vivos, em parte porque cada um deles é digno de compreensão e também devido à luz que eles podem lançar sobre nós mesmos. Não nos entenda mal: não se argumentará que os marsupiais de focinho peludo mostram um determinado padrão sexual que as pessoas também demonstram. Argumentos desse tipo são absurdamente ingênuos, no mínimo porque há uma extraordinária variedade no mundo animal. Entre as chamadas espécies de aves que utilizam *leks* (arenas de reprodução), por exemplo, os machos reúnem-se em um trecho cerimonial do chão, e cada macho defende um pequeno território; em seguida, muitas fêmeas diferentes se acasalam preferencialmente com um daqueles machos, em geral o que ocupa o *lek* mais central e cujas exibições são especialmente intensas. (Aqui não há ligação

MONOGAMIA PARA INICIANTES 15

de par.) E existem os chimpanzés pigmeus, também conhecidos como bonobos, que se envolvem no que parece ser uma maratona sexual liberada a todos. Novamente, não se vê nada semelhante à monogamia... e esses são nossos parentes animais mais próximos.

Por outro lado, há casos de parceria social e sexual de toda uma vida que poderiam fazer vacilar os defensores mais ferrenhos do vínculo macho-fêmea íntimo, intenso e totalmente fiel: não são muitos os seres vivos que participam, por exemplo, da monogamia extrema demonstrada pelo verme *Diplozoon paradoxum*, um parasita de peixes cujos parceiros se encontram enquanto são larvas adolescentes virgens, momento em que literalmente se fundem pelo meio do corpo e em seguida tornam-se sexualmente maduros; eles então permanecem "juntos" (em qualquer sentido da palavra) até que a morte os separe — em alguns casos, anos depois disso.[2]

Os exemplos citados vão de aves a mamíferos e invertebrados. E, no entanto, não está totalmente claro o que é mais "relevante" para os seres humanos. Se por relevante quisermos dizer que proporciona um modelo ou — pior ainda — um conjunto de regras ou algum tipo de premonição evolutiva para nosso "eu mais profundo", a resposta deve ser uma só: nenhum. Mas, ao mesmo tempo, cada um deles é relevante a sua própria maneira. Não só toda espécie animal lança sua luz singular sobre as possibilidades da vida, como cada uma delas também ajuda a iluminar um aspecto de nós mesmos.

Para a maioria dos leigos, há um viés compreensível em relação aos mamíferos, em especial os primatas. Mas embora a vida de chimpanzés, gorilas, gibões e orangotangos seja fascinante e pitoresca (especialmente os bonobos altamente sexuados, sobre os quais falaremos mais adiante), a verdade é que, quando se trata de semelhança entre a vida dos animais e dos seres humanos, estes incríveis macacos antropomorfos não são assim tão incríveis. As aves — pelo menos algumas espécies — nos informam muito mais.

Isto porque não estamos procurando antecedentes históricos diretos, mas semelhanças baseadas em circunstâncias similares. Em quase todos os mamíferos, inclusive na maioria dos primatas, não aparece a monogamia. Nem os cuidados masculinos com os jovens. Já as aves, embora nem de longe tão

16 O MITO DA MONOGAMIA

monógamas como se pensava antigamente, pelo menos tendem a esse sentido. (Podemos dizer o mesmo dos seres humanos.) E não apenas isso, mas a monogamia social — ao contrário da monogamia genética — tem uma forte correlação com o envolvimento dos pais e das mães na criação dos filhos, uma situação que é comum em aves e muito incomum entre mamíferos, a não ser pelo primata mais semelhante às aves, o *Homo sapiens*.

Neste livro, não vamos nos concentrar especialmente nos mamíferos (a não ser em nós mesmos). Quando se trata de dispersar o mito da monogamia, a maior parte das descobertas realmente úteis nos últimos anos vem da pesquisa feita por ornitólogos, que, é interessante observar, têm voltado grande parte de sua atenção para as espécies "políginas" (nas quais o arranjo de acasalamento típico acontece entre um macho e muitas fêmeas) ou "poliândricas" (uma fêmea e muitos machos). Só recentemente eles voltaram a atenção para a monogamia, descobrindo que ela é mais um mito do que uma realidade.

Também nos deteremos por algum tempo nos invertebrados, porque eles incluem muitas espécies diferentes, sendo cada uma delas, de certa forma, um experimento zoológico distinto, cujos resultados só agora estamos começando a decifrar.

Alguns insetos têm representado um papel histórico importante ao nos ajudarem a avaliar o caráter raro da monogamia. Assim, há algum tempo os ambientalistas tiveram forte esperança em uma nova técnica que prometia erradicar as pragas de insetos. A idéia era liberar um grande número de machos estéreis, que acasalariam com as fêmeas, que, portanto, deixariam de se reproduzir. No final, não haveria mais pragas... nem pesticidas. Mas o sucesso desse procedimento nunca foi além de uma espécie, a mosca-varejeira *Cochliomyia hominivorax*.

O que aconteceu foi o que se segue. Durante a década de 1930, E. F. Knipling, um entomologista do Departamento de Agricultura dos EUA com idéias de vanguarda, pode ter sentido que os meios "naturais" (isto é, sem inseticidas) de controle de insetos indesejados seriam superiores ao uso disseminado de venenos. De qualquer forma, ele começou a explorar uma

MONOGAMIA PARA INICIANTES **17**

técnica promissora: introduzir na natureza machos estéreis de mosca-varejeira, que poderiam acasalar com fêmeas selvagens da mosca, cuja descendência não iria se materializar. Funcionou, tornando-se por algum tempo uma das maiores histórias de sucesso do ambientalismo pós-Rachel Carson. Na década de 1960, os machos de mosca-varejeira foram expostos a cobalto radiativo em tanques, e depois disso os insetos eunucos foram lançados pelo ar em uma ampla região junto à fronteira do México com os Estados Unidos. Esta técnica conseguiu eliminar o flagelo da mosca-varejeira *C. hominivorax*. Porém, o resultado nunca foi reproduzido. Revelou-se que a opção de Knipling por uma espécie-alvo foi feliz (ou cientificamente inspirada): as moscas-varejeiras fêmeas são estritamente monógamas. Ao contrário, sabemos agora que, para quase todos os insetos, uma transa não é suficiente: as fêmeas em geral acasalam-se com mais de um macho, assim, mesmo quando são inundadas por uma tempestade de machos estéreis, é preciso apenas um pequeno número de insetos intatos para que a reprodução prossiga normalmente. E assim a "técnica do macho estéril", apesar de todo o seu apelo ecológico e antipesticidas, não chegou a lugar nenhum.

Ao mesmo tempo, as portas estavam abertas para um insight surpreendente — de que o acasalamento múltiplo é comum na natureza. E aqui está a questão essencial: o acasalamento múltiplo não se refere apenas à conhecida tendência dos machos de procurar várias parceiras sexuais, mas também às fêmeas. Provavelmente o primeiro biólogo moderno a chamar a atenção para esse fenômeno e a reconhecer sua importância foi o britânico ecologista do comportamento Geoffrey A. Parker. Em 1970, no que pode ser verdadeiramente chamado de artigo seminal, Parker escreveu sobre a "Competição Espermática e Suas Conseqüências Evolutivas nos Insetos".[3] De um só golpe, uma nova idéia havia nascido (ou, pelo menos, fora reconhecida). Trata-se de um conceito realmente simples, na verdade um resultado direto do acasalamento múltiplo: em geral os espermatozóides de mais de um macho competirão para fertilizar os ovos de uma fêmea. A competição espermática não se limita, de maneira alguma, aos insetos; encontraram-se exemplos em quase todos os grupos animais... inclusive entre os seres humanos.

A competição espermática é, essencialmente, outra maneira de dizer não-monogamia. Se uma fêmea se acasala com apenas um macho, então, por definição, não acontece competição espermática. (A não ser, evidentemente, a competição desordenada entre espermatozóides em um mesmo ejaculado. Embora possa ser intensa, esta competição é diferente daquela entre espermatozóides provenientes de machos diferentes.) Outra maneira de dizer a mesma coisa é: se as fêmeas se acasalarem com mais de um macho, a competição espermática estará garantida. É claro que isso depende de as fêmeas em questão serem não-monógamas, algo que podemos provar mostrando que sua descendência foi gerada por mais de um macho.

A competição espermática foi documentada pela primeira vez por ninguém menos do que Charles Darwin, embora ele não a identificasse dessa forma. Na verdade, Darwin parece ter evitado cuidadosamente abordar a questão, talvez porque fêmeas se acasalando com mais de um macho fosse mais do que o ambiente social de Darwin poderia agüentar. Assim, em *A origem do homem e a seleção natural* (1871), Darwin descreveu uma fêmea de ganso doméstico que produziu uma prole mista, que consistia em alguns filhotes cujo pai era um ganso doméstico, parceiro social da fêmea, enquanto outros evidentemente eram filhos de um ganso chinês... e este segundo macho não só não era parceiro de acasalamento dela, mas sequer era da mesma espécie!

A recusa de Darwin em se envolver com a questão da cópula extra-par — aquela que ocorre fora da ligação do par ostensivamente monógamo — pode ter sido mais do que um simples melindre vitoriano curioso. Mesmo hoje em dia, em nosso ambiente sexual supostamente liberado, muitas pessoas ficam bastante constrangidas com a imagem dos espermatozóides de mais de um macho competindo na vagina e no útero de uma única mulher. ("Única", isto é, o contrário de várias; uma mulher dessas bem pode ser casada ou formar par com um homem identificado: é esta a questão.)

Aqui está um relato de competição espermática, de co-autoria do valente Geoffrey Parker e que pretende apresentar os pontos básicos de um modelo físico simples, conhecido como "deslocamento aleatório e constante com mistura imediata de esperma".

Imagine um tanque de esperma, representando o ambiente de fertilização, que tem um cano de entrada e outro de saída. Durante a cópula, o esperma flui a uma taxa constante para o tanque através da entrada e escoa (por deslocamento) pela saída. Primeiro imagine que o esperma que entra no tanque não se mistura com o esperma que já está presente, que é empurrado para fora pela saída. O novo esperma desloca somente o esperma antigo, e assim a proporção de esperma do último macho (...) aumenta linearmente a uma taxa igual à taxa de entrada (...). Mas agora suponha que há uma rápida mistura aleatória do esperma que entra com o esperma que já estava no tanque. Em princípio o esperma deslocado pela saída será somente esperma antigo. À medida que o esperma do último macho se estabelece no tanque, parte do esperma deslocado será o dele próprio ("autodeslocamento"). Quando a maior parte do esperma no tanque for novo, a maior parte do escoamento representará autodeslocamento.[4]

O modelo físico de Parker (acompanhado de equações, previsões e dados de apoio) é inteiramente sólido e lógico. Ao mesmo tempo, a própria idéia de um tanque cheio de esperma provavelmente não é de alegrar o coração. (Por que não? Não temos muita certeza, mas não seria surpreendente se a falta de inclinação da maioria das pessoas para pensar profunda e cuidadosamente sobre sêmen ou espermatozóides estivesse relacionada com a falta de inclinação geral dos biólogos para pensar sobre a não-monogamia entre os animais e, por sua vez, com o desconforto que a maioria de nós sente quando considera a não-monogamia também entre seres humanos. Para não falar de uma provável falta de inclinação feminina a ser designada como "tanque"!)

Os primeiros estudos de Geoffrey Parker sobre a competição espermática empregaram a técnica do "macho irradiado", como a pesquisa mais aplicada de Knipling décadas antes. No caso de Parker, a idéia era que, depois de submeter os machos à radiação, seu esperma seria danificado, não o sufi-

20 O MITO DA MONOGAMIA

ciente para evitar que eles fertilizassem ovos, mas o bastante para interferir no desenvolvimento normal de qualquer embrião resultante. Assim, ao acasalar fêmeas com machos irradiados e não-irradiados, e contando depois quantos ovos foram fertilizados mas não se desenvolveram, era possível atribuir a paternidade e calcular o sucesso dos diferentes machos.

Outras técnicas se seguiram rapidamente, em especial a evidência genética direta para a paternidade múltipla usando-se "alozimas". Essa técnica depende da existência de diferenças genéticas entre indivíduos. Em alguns casos, tais diferenças são bem conhecidas e prontamente vistas, em características como a cor do olho ou do cabelo nas pessoas, a presença ou ausência de lóbulos presos nas orelhas, ou a capacidade ou não de enrolar a língua. Na maioria dos estudos baseados em alozimas, porém, as diferenças genéticas em questão são mais sutis, análogas aos tipos sangüíneos. Sabendo-se, por exemplo, que o sangue de uma criança é do tipo A, B, AB ou O, é possível definir se um determinado adulto pode ser o pai. (Por exemplo, se uma criança é do tipo O, um homem acusado em um processo de paternidade não pode ser o pai se seu tipo sanguíneo for AB.) Mas uma coisa é provar ou não a *possibilidade* de ser o pai — dizer que alguém *pode* ou *não pode* ser o pai — e outra é dizer que ele definitivamente *é* o pai.

Essa certeza agora está disponível. Foram necessárias as inovações mais recentes e mais importantes até o momento para que se refutasse o mito da monogamia: a descoberta da "impressão digital de DNA", não só em seres humanos, mas também em animais.[5] Assim como cada pessoa tem uma impressão digital única, cada um de nós tem um padrão único de DNA, as chamadas regiões multissatélites que são "hipervariáveis", oferecendo um leque de possibilidades que abrangem mais de 100 milhões de características diferentes de identificação, muito mais do que, por exemplo, os tipos sanguíneos A, B, AB e O. Em conseqüência, assim como cada cidadão dos Estados Unidos pode ser identificado unicamente por um número personalizado do Seguro Social (desde que tenhamos dígitos suficientes), a impressão digital de DNA fornece especificação genética suficiente para garantir que somente um indivíduo possuirá determinado padrão.

MONOGAMIA PARA INICIANTES 21

Com amostras de tecidos de descendentes e adultos, podemos agora especificar, com toda certeza, se um determinado indivíduo é ou não o pai, assim como é possível especificar sem dúvida alguma o doador de qualquer amostra de sangue, cabelo ou sêmen. Depois de submeter o tecido a tratamentos adequados, os técnicos de pesquisa terminam com um perfil de DNA que se parece extraordinariamente com um código de barras de supermercado e tem quase o mesmo nível de identificação única. Armados com essa técnica, os biólogos de campo — que estudam o comportamento de animais de vida livre na natureza — há muito têm sido capazes de identificar a paternidade. Em conseqüência, o campo da "ecologia biomolecular do comportamento" realmente decolou, e com ele nossa compreensão de uma diferença que pode parecer banal, mas que na realidade é profunda: entre "monogamia social" e "monogamia sexual".

Dois indivíduos são socialmente monógamos se vivem juntos, nidificam juntos, alimentam-se juntos e copulam juntos. Ao ver toda essa unidade, os biólogos costumavam pressupor, o que não é de surpreender, que os animais estudados também estavam misturando seus genes, que a prole que geravam (em geral juntos) era deles e somente deles. Mas graças à impressão digital de DNA, estamos aprendendo que não é necessariamente assim. Os animais — da mesma forma que as pessoas — às vezes pulam a cerca, e com muito mais freqüência do que se pensava. Quando se trata da reprodução, até espécies de aves que há muito eram consideradas o epítome da monogamia social, e portanto eram antes conhecidas por sua fidelidade, agora estão se revelando aventureiras sexuais. Ou pelo menos sexualmente não-monógamas.

Aliás, não é fácil obter os chamados perfis de DNA minissatélite para atribuir uma paternidade exata aos animais — ou aos seres humanos, a propósito. As técnicas de laboratório são elaboradas e detalhadas. Aqui está uma amostra, extraída da seção de "metodologia" de um recente artigo científico que descreve este último casamento do insight genético com o comportamento sexual animal. Nós o apresentamos aqui não para dar uma receita para analistas de DNA do tipo faça-você-mesmo, mas como uma

22 O MITO DA MONOGAMIA

espécie de penitência, de modo que, quando neste ou em capítulos subseqüentes você encontrar uma menção precipitada de "impressão digital de DNA", faça uma pausa — mesmo que breve — e dê crédito ao trabalho sofisticado que permite a existência desta informação:

Acrescentamos 30 μl de SDS a 10% e 30 μl de proteinase K e incubamos a amostra [de sangue] a 55° C por 3 h. Outros 10 μl de proteinase K foram então acrescentados, e a amostra voltou a uma temperatura de 55° C durante a noite. Uma lavagem extra de fenol tamponado com Tris também foi realizada para remover proteínas adicionais presentes no tecido. Para 20 μl de DNA genômico, acrescentamos 4 μl de 10 tampão X (reativo 2), 2 μl de BSA a 2 mg/ml, 1 μl de espermidina a 160 nM, 1 μl de enzima de restrição *Hae*III e 11 μl de água Milli-Q. Essa mistura foi incubada durante a noite a 37° C. Mais 1 μl de *Hae*III foi acrescentado no dia seguinte, e a amostra foi incubada a 37° C por mais 1 h. As amostras digeridas foram então armazenadas a –20° C. Cerca de 5 μl de DNA digerido foram aplicados em cada faixa de gel. Fragmentos de DNA foram resolvidos em um gel de agarose a 0,8% (19 × 27 cm) em 1 × tampão TBE diluído a 55° C por 72 h. Em seguida desnaturamos o DNA lavando cada gel por 15 minutos em HCl 0,25 M e depois por 45 minutos em NaOH 0,5 M, NaCl 1,5 M. Os géis foram então neutralizados com duas lavagens de 15 minutos em NaCl 1,5 M, Tris-HCl 0,5 M pH 7,2, EDTA 1 mM. Técnicas de Southern blot foram usadas para transferir o DNA do gel de agarose para membranas nulon em 6 × SSC. As membranas foram em seguida secas por 10 minutos a 37° C antes de serem colocadas em estufa a 80° C por 2 h.

Depois, as membranas foram embebidas em mistura de pré-hibridização (75 ml de ortofosfato dissódico de hidrogênio 0,5 pH 7,2, 75 ml de água Milli-Q, 300 μl de EDTA 0,5 M pH 8,0, 10,5 g de SDS por 2 h a 65° C. Primeiro uma sonda Jeffreys 33,15 foi rotulada com a^{-32} PdCtp por *priming* randômico com kit Amersham radprime. O rótulo não incorporado foi removido com o uso de uma coluna de Sephadex G50. A hibridização de Jeffreys 33,15 para membranas ocorreu a 65° C por um mínimo de 18 h. As membranas foram em seguida lavadas duas vezes com 5 × SSC, SDS 0,1% a 65° C. Os fragmentos de DNA hibridizados para a sonda 33,15 foram expostos a um filme de raios X, ou a −80° C com uma tela de intensificação, ou à temperatura ambiente por 1-6 dias. Depois de exposição adequada, as membranas foram separadas e receberam novamente a sonda CA, que da mesma forma foi marcada com a^{-32} PdCTP.[6]

Isso basta?

Em geral, *monogamia* implica exclusividade de acasalamento. Neste livro, usaremos o termo indicando um sistema social em que o arranjo de reprodução parece envolver um macho e uma fêmea. Mas a idéia principal de nosso argumento é que, quando se trata de monogamia como exclusividade de acasalamento, o que vemos não é necessariamente a verdade. É aí que está o mito.

Quando indagados, os homens afirmam consistentemente terem tido mais parceiras sexuais do que as mulheres. Como veremos, isso é coerente com a teoria da evolução, segundo a qual, quando se trata de sexo, os machos são comparativamente indiscriminados, enquanto as fêmeas provavelmente são mais cuidadosas e cautelosas. Mas isso só é possível se um pequeno número de mulheres se tornar sexualmente disponível a um grande número de homens, porque, pressupondo-se que cada encontro heterossexual envolva um homem e uma mulher, os números devem se compensar. Há também uma forte evidência de que os homens tendem a exagerar no número relatado de encontros sexuais, ao passo que as mulheres tendem a subestimar os seus.[7] Essa discrepância pode resultar de lapsos genuínos de memória por parte das mulheres e/ou engano inconsciente (de si e dos outros) por membros dos dois sexos. Além disso, as pressões sociais prescrevem que ter múltiplos parceiros sexuais (ao longo do tempo, lembre-se, não necessariamente ao mesmo tempo) indica um "verdadeiro homem", enquanto ser uma "verdadeira" mulher — isto é, virtuosa — há muito vem sendo equiparado com a fidelidade monógama. De qualquer forma, é interessante que entre muitos animais, também, as fêmeas sejam especialmente dissimu-

24 O MITO DA MONOGAMIA

ladas com relação a cópulas extrapar, enquanto os machos são comparativamente descarados... Mesmo que não tendam ao exagero verbal.

As pessoas (e não só os cientistas!) há muito sabem que a espécie humana tende a uma certa hipocrisia, dizendo uma coisa com relação à fidelidade e depois — pelo menos ocasionalmente — fazendo outra. Mas quando se trata do estudo científico de sistemas de acasalamento animais, os biólogos tradicionalmente têm pressuposto que, quando uma espécie "é" socialmente monógama, ela *é* de fato monógama; isto é, sexualmente exclusiva. E pronto.

No filme *A difícil arte de amar*, um relato claramente ficcionalizado de Nora Ephron sobre seu casamento com o infiel Carl Bernstein, a heroína (representada por Meryl Streep) conta lacrimosamente ao pai sobre as infidelidades do marido e ao final ouve o conselho: "Quer monogamia? Case-se com um cisne." Mas agora parece que nem os cisnes são monógamos confiáveis.

Os relatos de cópulas extrapar entre animais que antes se pensava serem monógamos têm surgido intensamente durante mais ou menos a última década. Cada vez mais as publicações de biologia vêm trazendo artigos com títulos como "Correlatos Comportamentais, Demográficos e Ambientais de Fertilizações Extrapar em *Sialia sialis*", "Paternidade Múltipla em uma População Silvestre de Patos", "Cópulas Extrapar no Sistema de Acasalamento dos Íbis Brancos", "Impressão Digital de DNA Revela Paternidade Múltipla em Famílias de Chapins Real e Azul", "Paternidade Extrapar em Corvo-marinho Determinada por Impressão Digital de DNA", "Evidência Genética de Ascendência Múltipla no Suiriri-valente", "Paternidade Extrapar no *Poecile atricapilla*", "Cópulas Extrapar Densidade-dependente em Andorinhas", "Padrões de Fertilização Extrapar em Triste-pia" e "Paternidade Extrapar em Andorinhas-arbóreas Monógamas". Tivemos até este relato contraditório: "Promiscuidade em Aves Coloniais Monógamas".[8]

A situação chegou ao ponto em que o *fracasso* de encontrar cópulas extrapar em espécies ostensivamente monógamas — isto é, casos em que as espécies monógamas *realmente* são monógamas — é em si digno de nota, levando ao aparecimento ocasional de relatos tranqüilizadores como

"Impressão Digital de DNA Revela uma Baixa Incidência de Fertilizações Extrapar no Peneireiro-das-torres" ou "Evidência Genética para a Monogamia na Procriação Cooperativa do Pica-pau *Picoides borealis*".

Até pouco tempo atrás, o fato de um periódico científico publicar um relato demonstrando que uma espécie "monógama" é mesmo monógama seria tão tolo quanto publicar um relato revelando que uma determinada espécie de mamífero amamenta e cuida de sua prole. "Grande coisa", diriam os leitores. Mas agora, com a onda de evidências de não-monogamia genética, qualquer prova da verdadeira monogamia é realmente uma grande coisa, mesmo entre espécies de aves como as águias e os gansos, que foram por muito tempo exemplos de ligação de par.

A trama se complica: quando aves migratórias foram pegas em armadilhas e as cloacas das fêmeas esvaziadas e examinadas, pelo menos 25% delas revelaram já estar carregando esperma. E isso *antes* de terem chegado às áreas de acasalamento para onde estavam indo![9] Evidentemente, quando as fêmeas — até as jovens, em seu primeiro ano de reprodução — chegam a suas áreas de acasalamento e cuidam da casa com um macho territorialista, várias delas já perderam a virgindade. A probabilidade é de que essas experiências sexuais sejam não-funcionais, ou pelo menos não-reprodutivas, embora isso ainda deva ser provado, uma vez que espermatozóides vivos podem ser armazenados por vários dias dentro do trato genital da maioria das aves.

De qualquer modo, não se pode superestimar a revolução conceitual que se seguiu à descoberta de que as cópulas — e, em muitos casos, as fertilizações — com freqüência ocorriam fora das uniões sociais que os pesquisadores costumam identificar. Afinal, o sucesso na reprodução é a moeda fundamental do sucesso evolutivo, e os ecólogos do comportamento e sociobiólogos que estudam o melro de asa vermelha, por exemplo, têm há muito tempo o hábito de avaliar o sucesso reprodutivo dos machos contando o tamanho do harém ou, melhor ainda, o número de filhotes gerados por todas as "esposas" de um macho. Mas agora sabe-se que, também nessas espécies políginas, as fêmeas não se restringem a acasalar somente com o dono do harém. Acontece que não existe uma correlação necessária entre o aparente sucesso reprodutivo de um melro de asa vermelha macho (o número de descendentes gerados em seu território) e seu verdadeiro sucesso reprodutivo (o número de descendentes que ele gera). Da mesma forma, não há correlação garantida entre o tamanho de seu harém e seu verdadeiro sucesso reprodutivo: um melro de asa vermelha macho (como um sultão turco) pode "ter" muitas esposas, que, por sua vez, podem ter muitos descendentes — mas é possível que esses filhotes não sejam dele.[10]

O padrão é dolorosamente claro: no mundo animal de modo geral e no mundo das aves em particular, há muito mais sexo do que pensávamos. (Como no mundo humano, a maioria das pessoas há muito tempo sabe que há muito mais sexo do que é reconhecido publicamente — ou mesmo no ambiente privado.)

Quando se trata de mamíferos, sabe-se há muito tempo que a monogamia é uma raridade. De 4 mil espécies de mamíferos, não mais do que algumas dezenas formam ligações de par confiáveis, embora em muitos casos seja difícil caracterizá-los com certeza porque a vida social e sexual dos mamíferos tende a ser mais furtiva do que a das aves. É mais provável que os mamíferos monógamos sejam morcegos (somente algumas espécies), alguns canídeos (especialmente raposas), alguns primatas (notavelmente os pequenos macacos no Novo Mundo conhecidos como sagüis e micos), alguns camundongos e ratos, vários roedores sul-americanos de nomes estranhos (cotias, pacas, cutiaras, maras), a lontra gigante da América do Sul, o castor do norte, algumas espécies de focas e alguns pequenos antílopes africanos (duikers, dik-diks e oreótragos). Uma lista lamentável.

Até as fêmeas de espécies aparentemente solitárias, como os orangotangos, os gibões e os ursos negros, têm sido vistas copulando com mais de um macho;[11] daí que as observações de organização social, sozinhas, podem muito bem ser equivocadas. Até recentemente, na falta de técnicas genéticas adequadas, tivemos poucas alternativas, a não ser definir a monogamia pelas relações sociais envolvidas; só com a explosão da tecnologia de impressão digital de DNA começamos a examinar as conexões genéticas, aque-

MONOGAMIA PARA INICIANTES **27**

las mais importantes para a evolução. Assim, de acordo com o livro muito respeitado de David Lack, *Ecological Adaptations for Breeding in Birds*, 92% das espécies de aves são monógamas. Do ponto de vista social, esse número ainda é preciso; sexualmente, está longe da verdade. A freqüência mais alta conhecida de cópulas extrapar é encontrada entre as "garriças-das-fadas", adoráveis criaturas tropicais tecnicamente conhecidas como *Malurus spendens* e *Malurus cyaneus*. Mais de 65% de todos os filhotes de garriça-das-fadas têm como pai machos de fora do suposto grupo de procriação.[12] Aqui está outro dado surpreendente. Os rouxinóis e as andorinhas-arbóreas são significativamente monógamos e, no entanto, quando se realizou uma análise genética em seis descendentes de cada uma dessas espécies, descobriu-se que tinham como pai cinco machos diferentes![13]

Embora esses casos sejam patentemente extremos, sabemos agora que não é incomum que de 10% a 40% da prole de aves "monógamas" tenham como pai um macho "extrapar"; isto é, um macho que não seja o parceiro social identificado da fêmea em questão. (É muito menos comum que a prole tenha como mãe uma fêmea "extrapar"; isto é, que uma fêmea de fora consiga pôr os ovos dissimuladamente no ninho de um par acasalado. Falaremos mais sobre isso adiante.)

Dado o quanto temos aprendido sobre a não-monogamia e os acasalamentos extrapar entre os animais, e considerando-se a recente disponibilidade de tais exames, é extraordinário ver com que raridade os exames de paternidade genética têm sido administrados em seres humanos. Por outro lado, considerando-se o potencial inflamável dos resultados, bem como, talvez, a hesitação em abrir uma caixa de Pandora dessas, talvez a relutância do *Homo sapiens* em se examinar com relação à paternidade seja, na verdade, sensata. Mesmo antes da impressão digital de DNA, os estudos de grupos sanguíneos na Inglaterra revelaram que o suposto pai era o pai genético em cerca de 94% das vezes;[14] isso significa que, em seis de cada cem casos, alguém que não o homem que criou a criança era o pai genético. Em resposta a levantamentos, entre 25% e 50% dos homens americanos relataram ter tido pelo menos um episódio de sexo extraconjugal.[15]

28 O MITO DA MONOGAMIA

O número para as mulheres é um pouco menor — cerca de 30% —, mas ainda está na mesma faixa.[16] Muitas pessoas já sabem bastante — provavelmente mais do que prefeririam saber — sobre os efeitos dolorosos e perturbadores do *sexo* extraconjugal. Não seria de surpreender se uma maioria não soubesse nada mais sobre suas possíveis conseqüências genéticas, a *paternidade* extraconjugal. Talvez a ignorância seja uma bênção. (Se é assim que você pensa, é melhor parar de ler por aqui!)

Até bem recentemente, o acasalamento múltiplo estava oculto aos biólogos. Não era tão invisível, apenas não era reconhecido, um exemplo perfeito do fenômeno de que, mesmo em uma área de pesquisa aparentemente realista como a ciência, acreditar é ver. Mais propriamente, não acreditar é não ver. As infidelidades sexuais entre espécies ostensivamente monógamas, quando percebidas por biólogos, em geral foram descritas como aberrantes, ou não eram dignas de descrição, e certamente não eram adequadas para análise ou teorização séria. Embora possa ter sido desagradável, o trabalho de Geoffrey Parker mudou isso, junto com este importante reconhecimento pelo teórico da evolução Robert Trivers. Deve-se preferir uma "estratégia mista", pelo menos entre os machos: mantenha uma ligação de par com uma fêmea, a que você pode ajudar a criar os descendentes, mas esteja preparado e disponível para cópulas adicionais, se surgir a oportunidade. O passo seguinte é perguntar: e a fêmea? Ela é meramente receptora passiva das atenções do macho, um tanque vazio a ser preenchido com o esperma de vários amantes concorrentes? Ou ela escolhe entre os impacientes machos em potencial? Poderia ela solicitar ativamente cópulas extrapar, gerando competição espermática entre diferentes machos? E estaria além da engenhosidade evolutiva das fêmeas que elas bancassem as difíceis *dentro* de seu próprio trato genital?

Os primeiros trabalhos sobre o acasalamento múltiplo, tanto a pesquisa empírica como a teorização, forneceram uma perspectiva decididamente centrada no macho, destacando como os machos maximizam

MONOGAMIA PARA INICIANTES **29**

sua paternidade ao ficarem sexualmente disponíveis para mais de uma fêmea sempre que possível, competindo com os outros direta (por blefe, exibições e lutas) e indiretamente (guardando suas parceiras), bem como usando uma gama de técnicas anatômicas, fisiológicas e comportamentais — como as cópulas freqüentes — para ter vantagem sobre outros machos. Em sua pesquisa, David também foi culpado de miopia.

Mais recentemente, porém, os biólogos começaram a identificar como as fêmeas participam de suas próprias estratégias: acasalando-se com mais de um macho, controlando (ou pelo menos influenciando) o resultado da competição espermática, às vezes obtendo benefícios diretos e pessoais, como alimento ou proteção em troca de cópulas extrapar, bem como benefícios indiretos e genéticos que um dia aparecem em seus descendentes. Um pendor pela não-monogamia entre os machos não é uma grande surpresa, mas, como veremos, as novas descobertas mais drásticas e a ciência revisada tiveram origem na recente demolição do mito da monogamia com relação ao papel das *fêmeas*. Freud falou mais verdades do que supunha quando observou que a psicologia feminina era essencialmente um "continente escuro". Uma teoria bem integrada da sexualidade feminina ainda está para ser articulada; talvez um leitor deste livro venha a ser adequadamente inspirado.

Falaremos mais sobre isso adiante. Na realidade, muito mais. Não é por acaso que, enquanto a perspectiva masculina recebe um capítulo, o ponto de vista feminino tem dois. É algo que só agora estamos começando a identificar e mal conseguimos entender. E é com freqüência o que acontece com os novos *insights*: eles suscitam mais perguntas do que respostas.

Nas páginas que se seguem, tentaremos usar o mínimo possível de jargão. Já encontramos o termo enganosamente simples *monogamia*, observando a distinção essencial entre a monogamia social e a monogamia sexual. Também consideramos brevemente dois outros sistemas de acasalamento: a poliginia (um macho acasala-se com muitas fêmeas) e a poliandria (uma fêmea acasala-se com muitos machos). As derivações desses termos os tornam mais fácil de lembrar: *poliginia* vem de *poli* ("muitos") e *ginia* ("fêmea", a mesma raiz de "vagina"). Assim, poliginia, a situação de um macho dono de harém, significa, na realidade, "muitas vaginas" (ou cloacas, no caso das aves). Da mesma forma, *poliandria* vem de *poli* ("muitos") combinado com *andria* ("macho", a mesma raiz de "androgênio", com referência aos hormônios sexuais masculinos). Assim, a poliandria, que significa "muitos machos", é — mais raramente — uma situação em que uma fêmea tem um harém.[17]

Duas abreviaturas também serão úteis e se repetirão em todo o livro: CEP, que significa *cópula extrapar*, uma cópula em que pelo menos um participante já está socialmente pareado com outro. Em termos humanos, é equivalente ao caso extraconjugal ou adultério (se o par é casado), ou "traição" (se o par simplesmente "está junto" ou "namorando" tão seriamente que a CEP viola as expectativas, o conhecimento ou o consentimento do outro). Para nossos propósitos, os animais podem se envolver em CEPs não menos do que as pessoas. De forma análoga, CIP significa *cópula intrapar*, aquela em que dois indivíduos socialmente acasalados também se acasalam sexualmente.

Estas abreviaturas pretendem facilitar a comunicação, principalmente por sua clareza e brevidade. Mas elas têm outro efeito involuntário, que por acaso pode ser útil: sua aura de objetividade científica transmite um certo grau de distanciamento que deve nos permitir considerar com pelo menos alguma isenção o material difícil e de forte carga emocional. Isso deve ser bom, uma vez que não apenas somos, como espécie, novos na prática da monogamia (social e sexual), como também somos novatos quando se trata de compreender esse jeito de viver mais fascinante e vexatório.

CAPÍTULO DOIS

Abalando o mito: Os machos

Conta-se uma história na Nova Zelândia sobre a visita, no início do século XIX, de um bispo episcopal a uma aldeia maori isolada. Todos estavam prestes a se retirar para dormir depois de uma noite de festividades e danças alegres, quando o chefe da aldeia — querendo demonstrar hospitalidade a seu convidado de honra — gritou: "Uma mulher para o bispo!" Ao ver a carranca de desaprovação na face do prelado, o chefe rugiu ainda mais alto: "*Duas* mulheres para o bispo!"

É claro que essa é uma história de mal-entendidos interculturais. Mas por baixo dela está algo bem diferente: a semelhança intercultural em uma espécie, notadamente a tendência disseminada dos homens ao sexo de modo geral e à variedade sexual, quando possível. Supomos que o missionário episcopal tenha rejeitado a oferta do chefe, mas também sorrimos com o último pressuposto imediato de que o que perturbou o bispo não foi a perspectiva de passar a noite com uma nova mulher, mas que só haviam lhe oferecido uma! Certamente, os seres humanos podem até escolher o celibato (e, o que é mais extraordinário, alguns podem continuar

32 O MITO DA MONOGAMIA

fiéis a ele), mas quase todo mundo concorda que essa negação é apenas uma negação; ela não surge naturalmente e requer que digamos "não" a algo dentro de nós mesmos.

A maioria das pessoas, sejam homens ou mulheres, gosta de sexo. Mas o chefe maori revelou uma sensibilidade aguda a outra característica humana pancultural: o difundido desejo dos homens por variedade sexual. Não se quer dizer com isso que os homens necessariamente busquem um carnaval sexual contínuo ou toda uma vida de encontros loucamente eróticos e simultâneos com várias parceiras. Mas, comparados às mulheres, os homens em particular — e, como veremos, os machos de modo geral — têm um limiar mais baixo para a excitação sexual e uma propensão maior à variedade no sexo, ou, vendo a questão de uma forma mais negativa, um pendor para equiparar monogamia com monotonia.

Não é assim tão complexo entender como a biologia das diferenças homem-mulher leva à diferença na preferência sexual, e não é terrivelmente difícil ver por que, da perspectiva do homem, a monogamia é tão difícil. Na realidade, esse reconhecimento já tem décadas e se tornou parte do pensamento herdado da biologia da evolução e um dos mais importantes princípios potencializadores da sociobiologia, às vezes conhecida como psicologia da evolução. (A outra face da moeda — por que a perspectiva *feminina* também gera desvios da monogamia — é uma história diferente, que só agora está sendo revelada; vamos discuti-la nos dois capítulos seguintes.)

Fundamentalmente, a explicação sociobiológica "padrão" para as diferenças homem-mulher é uma questão de espermatozóides e óvulos. Quase todos os seres vivos são divididos entre machos e fêmeas, e tal distinção, por sua vez, baseia-se no tipo de célula sexual que eles produzem, se minúsculas e geradas em grande quantidade (espermatozóides) ou grandes e relativamente escassas (ovos). Isso, na verdade, revela como *definimos* a masculinidade e a feminilidade; não pela presença ou ausência de barba,

ABALANDO O MITO: OS MACHOS **33**

seios, pênis ou vaginas, nem por quem dá à luz. Afinal, os cavalos-marinhos machos carregam sua prole dentro do corpo, liberando-a um dia ao meio exterior depois de uma série de contrações violentas que são extraordinariamente semelhantes às da mulher em trabalho de parto. Mas até para os cavalos-marinhos não há dúvida de que o indivíduo que dá à luz é um "ele", e não "ela". Isso porque é ele quem contribui com os espermatozóides; ela fornece os ovos.

A maioria das aves carece totalmente de genitais externos, e, no entanto, os biólogos não têm dificuldade para distinguir machos de fêmeas, mesmo nos casos, como dos pardais ou gaivotas, em que machos e fêmeas são, com freqüência, indistinguíveis com base na aparência física; se põe ovos, é fêmea; se produz esperma, é macho.

Não é simplesmente uma questão de definições teóricas do dicionário. Acontece que ser produtor de ovos ou de esperma tem conseqüências importantes. Para entender essas conseqüências, o passo seguinte é procurar pelos gastos energéticos que envolvem ovos e espermatozóides. Uma ave fêmea, por exemplo, botará uma ninhada de ovos que pode bem chegar a 20% de seu peso corporal total; seu parceiro macho ejaculará uma fração de uma colher de chá de esperma. O esperma é barato e pode ser substituído prontamente; os ovos são caros e produzidos com dificuldade. Não é de surpreender, portanto, que descubramos que os machos em geral são pródigos com o esperma, enquanto as fêmeas tendem a ser cuidadosas e seletivas com o modo como dispõem dos ovos.

A situação para os mamíferos é ainda mais assimétrica. Embora o óvulo mamífero seja muito pequeno — quase microscópico —, cada espermatozóide é ainda menor. Uma única ejaculação humana, por exemplo, contém cerca de 250 milhões de espermatozóides, enquanto é preciso cerca de um mês para que um único óvulo seja liberado. (Durante esse mês, um homem saudável terá produzido, literalmente, *bilhões* de espermatozóides.) O que é mais importante, porém, é que cada óvulo representa um investimento imensamente maior por parte da mulher — ou fêmea de mamífero de modo geral — do que um espermatozóide. Se fertilizado, este óvulo se desenvolverá no corpo de sua mãe, nutrido de sua corrente sanguínea. Depois do nascimento, o mamífero bebê (humano ou outro) receberá proporcionalmente ainda mais nutrição, na forma do leite, através dos seios da mãe. Já o pai só investiu alguns momentos de seu tempo e um esguicho ou dois de sêmen, gastando a energia equivalente ao consumo de algumas batatas fritas!

Ou pense nas conseqüências de cometer um erro: se uma fêmea de mamífero faz uma opção ruim e é inseminada por um macho inferior, digamos, cuja prole não conseguirá sobreviver ou (quase a mesma coisa, em termos evolutivos) se reproduzir, ela paga um tributo substancial no risco, bem como no tempo e na energia perdidos. A fêmea pode passar várias semanas ou muitos meses prenhe, para não falar da lactação depois do nascimento da cria, só para no fim nada ter a mostrar em seu livro-razão evolutivo. Já um macho de mamífero que se torna disponível para um ou muitos folguedos sexuais investiu comparativamente pouco. Se nesse meio-tempo ele consegue fertilizar uma fêmea ou mais, é ele que fica muito à frente; se ele falha, então, ao contrário da maioria das fêmeas em situações similares, não perde muito. Em conseqüência, as pressões evolutivas tendem a favorecer os machos que são sexualmente disponíveis, prontamente estimulados e se interessam por várias relações sexuais — que são, nas palavras do célebre teórico da evolução George C. Williams, "anunciantes sexuais agressivos". Ao mesmo tempo, as fêmeas[1] em geral foram dotadas pela seleção natural com a tendência a ser mais seletivas sexualmente ou, como Williams colocou, "compradoras modestas que comparam os produtos".

Uma inovação conceitual importante[2] veio quando Robert L. Trivers assinalou que a chave (ou, pelo menos, uma chave) para as diferenças macho-fêmea no comportamento tem origem nas diferenças do que ele chamou de "investimento parental". O investimento parental é simplesmente qualquer coisa dispendiosa — tempo, energia, risco — que um genitor gasta ou suporta em nome de sua prole e que aumenta as chances de que a prole seja bem-sucedida, ao custo de o genitor ser incapaz de investir em outra prole em algum outro período. Alimentar a prole é investimento parental. Da mesma forma, defender, educar, catar ou coçar quando ela tem coceiras. E também produzir o grande filão de nutrientes, rico em energia e gordura, chamado ovo. Um espermatozóide, por sua vez, é um arremedo deplorável de investimento parental, consistindo apenas em um DNA com uma cauda na ponta.

Trivers mostrou que, quando há uma grande diferença entre o investimento parental feito pelos membros dos dois sexos, o sexo que mais investe (quase sempre feminino) se tornará um "recurso" valioso, procurado pelos indivíduos do sexo que menos investe (quase sempre o macho). Várias conseqüências importantes advêm disto. Por um lado, os machos tendem a competir uns com os outros pelo acesso às fêmeas. Isso porque as fêmeas têm uma coisa de grande valor: seus ovos, ou, no caso dos mamíferos, a promessa de uma placenta e, um dia, da lactação. Não apenas isso, mas os machos de sucesso podem conseguir inseminar várias fêmeas, enquanto os machos malsucedidos nada têm a mostrar por seus esforços. Conseqüentemente, a seleção natural favorecerá machos que têm sucesso em sua competição com outros machos e que, portanto, são relativamente grandes e agressivos, estão equipados com armas poderosas (caninos, presas, cornos, chifres) e têm uma propensão para o blefe, a fanfarronada e a violência, bem como para se aventurar sexualmente.

Além disso, como as fêmeas geralmente fazem um investimento parental tão abundante, os machos em muitos casos são supérfluos no que se refere ao sucesso de qualquer prole produzida. Como resultado disso, eles são "liberados" para procurar as oportunidades de reprodução que puderem encontrar. Trivers assinalou que mesmo em casos de suposta monogamia estrita, quando é necessário o envolvimento direto de pai e mãe para que a prole seja criada com sucesso, o ideal evolutivo para os machos com freqüência será adotar uma "estratégia de reprodução mista". Nesses casos, os machos acasalam-se com uma fêmea escolhida e a ajudam a criar a prole, mas também ficam disponíveis para outras ligações reprodutivas com outras fêmeas... que, em muitos casos, eles não ajudarão. Devido ao pequeno investimento envolvido na produção de espermatozóides, em geral os machos serão mais aptos, no sentido evolutivo, se a certa altura estiverem dispostos — até ansiosos — a tornar seus gametas o mais amplamente disponíveis, de acordo com o que lhes permitir seu estilo de vida. Ao mesmo tempo, é importante perceber que esses indivíduos não são simplesmente cafajestes ou salafrários. Em geral, os machos que procuram a cópula extrapar (CEP) são proprietários residentes do território — cidadãos bem-casados e respeitáveis, que simplesmente são suscetíveis a uma "coisinha nas horas vagas".

Depois que os machos desenvolveram essa tendência a agir de forma irresponsável, isto provavelmente se perpetuou por si, de modo que os desvios da monogamia podem ser responsáveis, em parte, pela evolução posterior da própria masculinidade; isto é, pela produção de espermatozóides especialmente pequenos. Sob as pressões da competição espermática, os machos provavelmente teriam sido impelidos pela seleção natural a produzir espermatozóides em uma quantidade ainda maior, e — uma vez que a quantidade de energia que pode ser gasta nessas buscas é limitada — cada um dos espermatozóides necessariamente teria de ser muito pequeno.[3]

Há outra forma de encontrar sentido nesse fenômeno da avidez sexual do macho, embora não seja inteiramente distinto de ver o baixo investimento parental que caracteriza os machos de modo geral. A idéia é se concentrar, em vez disso, no potencial para a reprodução. A longo prazo, machos e fêmeas têm o mesmo potencial de reprodução, uma vez que, sempre que ocorre a reprodução sexuada, um macho e uma fêmea são igualmente responsáveis. Mas os dois sexos diferem no nível de sucesso reprodutivo que é distribuído entre seus membros. Devido a esse alto investimento parental, a maioria das fêmeas provavelmente será pelo menos um tanto bem-sucedida; em geral não há diferenças drásticas entre a maioria das fêmeas bem-sucedidas e as de menor sucesso. Até fêmeas de "baixa qualidade" podem ser inseminadas, no mínimo porque os machos em geral estão prontos e dispostos a fertilizar quaisquer fêmeas que porventura não tenham se acasalado. E devido ao seu alto investimento parental, até fêmeas de "alta qualidade" são limitadas ao número de filhos que podem gerar. Por outro lado, é possível, entre os machos, haver um pequeno número de indivíduos bem-dotados que sejam imensamente bem-sucedidos, enquanto outros são um completo fracasso.

Considere o seguinte: durante sua gestação prolongada, uma fêmea de alce fica totalmente ocupada com apenas um filhote. Já um macho pode inseminar outras fêmeas diariamente. O fato de que a maioria dos mamíferos machos saudáveis — inclusive camundongos e homens — libera algumas centenas de milhões de espermatozóides em uma única ejaculação não significa que sejam capazes de ser pais de centenas de milhões de filhos. Tome a situação humana, porém: durante os nove meses em que a mulher está grávida — sem contar o tempo da lactação — um homem tem um potencial reprodutivo muito maior... Isto é, *se* ele inseminar outras mulheres. Outra forma de ver a questão: o que limita o sucesso reprodutivo de um determinado macho deverá ser seu acesso às fêmeas, e não as limitações inerentes à sua anatomia reprodutora.

E, assim, mais uma vez temos o mesmo padrão básico: os machos, que fazem um investimento parental relativamente pequeno e têm maior potencial de sucesso reprodutivo, tendem a ser sexualmente ávidos. Isso não requer em si desvio da monogamia, mas, na realidade, essa avidez sexual pode ser especialmente pronunciada quando se trata de novas parceiras em potencial que, depois de inseminadas, produzirão descendentes submissos ao tipo de recompensa evolutiva que seleciona precisamente esse comportamento. Já um macho rigidamente monógamo — sem olhos para outras senhoras que não a sua — tem oportunidades menores de sucesso reprodutivo. O resultado? Da perspectiva do macho, é possível que a monogamia estrita não seja o melhor dos mundos possíveis.

Dizem que as exceções provam a regra. Quando se trata da ligação entre masculinidade, baixo investimento parental e avidez sexual, há de fato algumas exceções aparentes interessantes. Há casos de "papéis

38 O MITO DA MONOGAMIA

sexuais invertidos", em que as fêmeas são comparativamente agressivas, em geral maiores, de cores vivas e mais exigentes do ponto de vista sexual, quando não são promíscuas, enquanto os machos são tímidos, opacos e sexualmente reticentes. Entre alguns insetos, por exemplo, os machos não só produzem espermatozóides, mas também uma grande massa gelatinosa e proteinácea, que a fêmea devora depois da cópula; desta forma, ela ganha calorias substanciais; mais calorias, em alguns casos, do que gasta ao produzir ovos. E certamente nessas espécies (inclusive alguns gafanhotos e borboletas) as fêmeas cortejam os machos. Isso faz sentido, uma vez que aqui são os machos, e não as fêmeas, que fazem o grande investimento metabólico. E nesses casos os machos, e não as fêmeas, é que podem dizer "não". A chave, para nossos propósitos — e aparentemente também para esses animais —, é que os padrões macho-fêmea de comportamento sexual são invertidos precisamente quando os padrões macho-fêmea de investimento parental são invertidos. (Aliás, não se sabe o que dá origem a essa troca nos papéis sexuais.)

Entre os insetos, outro adorável exemplo da exceção que confirma a regra vem de várias espécies de mosca-da-fruta, inclusive uma conhecida como *Drosophila bifurca*. Os machos, de cerca de 2,5 milímetros de extensão, produzem espermatozóides vinte vezes maiores do que as moscas que os produzem! Isso equivaleria a um homem de 1,80 metro fazendo espermatozóides de mais de 36 metros. Não se sabe qual é a função do espermatozóide gigantesco de *Drosophila* (em alguns casos, a cauda entra no ovo na fertilização, em outros ela permanece do lado de fora), mas sabe-se que os machos, depois de construir esses dispositivos extraordinários, dividem-nos, "judiciosos como uma fêmea, distribuindo seu esperma limitado entre fêmeas sucessivas".[4]

A inversão de papéis sexuais tem sido relatada em algumas espécies de aves, notadamente as espécies sul-americanas de pântano conhecidas como jaçanãs. Esses animais são poliândricos, com uma fêmea grande, agressiva e dominante mantendo um território em que vários machos pequenos, dóceis e submissos constroem um ninho e incubam os ovos que a fêmea dominante doa a eles, depois do acasalamento. Devido ao tempo que gastam construindo o ninho e incubando, o macho de jaçanã acaba fazendo mais investimento parental do que as fêmeas... E as fêmeas agem "como machos" em seu apetite sexual, enquanto os machos se comportam mais como fêmeas.

É claro que as exceções não provam realmente as regras; na verdade, as exceções *aparentes* podem ajudar a contribuir para uma regra se um olhar mais cuidadoso mostrar que elas afinal não são realmente exceções. (Caso contrário, as exceções *refutariam* as regras!) Mas quando se trata da correlação entre baixo investimento parental e alto apetite sexual, esta regra está bem perto de ser provada.

A gora deve ser fácil entender por que a monogamia está sitiada, pelo menos do lado dos machos. O possível benefício, para a reprodução, de se ter uma ou mais parceiras sexuais adicionais é alto (se algumas dessas "namoradas" engravidar), enquanto o custo metabólico e energético provavelmente será baixo. Não é de surpreender que os machos demonstrem vários sinais dessa pressão evolutiva para fugir da monogamia. Um exemplo é o chamado efeito Coolidge.

Diz a lenda que o presidente Cal e sua esposa estavam percorrendo separadamente uma fazenda-modelo. Quando o presidente chegou ao galinheiro, que continha um único galo e dezenas de galinhas, seu guia disse: "A sra. Coolidge queria assinalar ao senhor que este único galo deve copular muitas vezes por dia." "Sempre com a mesma galinha?", pergunta Coolidge. "Não, senhor", respondeu o guia. "Por favor, diga *isso* à sra. Coolidge!", respondeu o presidente.

O efeito Coolidge é bem conhecido e tem sido confirmado em vários estudos de laboratório: introduza, por exemplo, um carneiro e uma ovelha sexualmente receptiva, e os dois provavelmente irão copular, em geral mais de uma vez. A freqüência então declina, em geral com muita rapidez. Mas substitua a fêmea por outra, e o carneiro aparentemente

40 O MITO DA MONOGAMIA

"gasto" ficará sexualmente revigorado — até certo ponto. Uma nova ovelha o transforma em um novo carneiro.

Na verdade, esse fenômeno era conhecido muito antes da moderna ciência do comportamento animal. "Tenho colocado para reproduzir um velho cavalo que não pode ser controlado ao sentir o cheiro de fêmeas", escreveu o ensaísta do século XVI Montaigne. "A fazenda atualmente lhe fornece suas próprias fêmeas: mas, com fêmeas estranhas, a primeira que passa por seu pasto, ele volta a seus relinchos inoportunos e paixões furiosas, como antes."

Com relação aos seres humanos, veja este relato de um homem da tribo africana Kgatla, descrevendo seus sentimentos sobre o ato sexual com suas duas esposas:

> Eu as acho igualmente desejáveis, mas quando tenho que dormir com uma por três dias, no quarto dia ela me cansou, e quando vou à outra, descubro que tenho uma paixão maior; ela parece mais atraente do que a primeira. Mas não é bem assim porque, quando volto à primeira novamente, há a mesma paixão renovada.[5]

Não há motivo para pensar que os homens que habitam sociedades tecnológicas modernas sejam diferentes. Na verdade, a famosa equipe de pesquisadores do sexo liderada pelo dr. Alfred Kinsey assinalou que

> a maioria dos homens pode entender de pronto por que a maioria dos homens quer o coito extraconjugal. Embora muitos deles reprimam o envolvimento nessa atividade porque a consideram moralmente inaceitável ou socialmente indesejável, mesmo os indivíduos abstinentes podem entender que a variedade sexual, as novas situações e as novas parceiras podem dar satisfações que não são mais encontradas no coito que se restringe por um período de anos a uma única parceira sexual (...). Por outro lado, muitas mulheres acham difícil entender por que um homem que é feliz no casamento deve querer ter coito com uma mulher que não seja a esposa.[6]

Cerca de 80% de todas as espécies de mamíferos são capazes de ejaculações múltiplas, uma capacidade que tem um sentido todo especial se essas ejaculações múltiplas envolverem várias parceiras sexuais. Além disso, embora o efeito Coolidge seja muito disseminado, as espécies não-monógamas (primatas e roedores) mostram um efeito Coolidge mais acentuado do que as espécies monógamas; isso também foi previsto, uma vez que os machos de espécies não-monógamas têm mais oportunidades de agir de acordo com a excitação sexual que experimentam quando encontram uma nova fêmea.[7]

A maioria dos observadores do comportamento animal, para não falar de observadores do *Homo sapiens*, concordaria que os machos em geral têm um impulso sexual maior e uma discriminação menor: pergunte a si mesmo, por exemplo, seja você homem ou mulher: quem é acusado de estupro, quem se envolve em várias parafilias sexuais ("perversões"), quem visita prostitutas e quem tem feito da pornografia uma das maiores indústrias do mundo? Novamente, tem sentido biológico que o sexo que produz gametas baratos e facilmente substituíveis seja de imediato sexualmente "ligado" e comparativamente não discrimine seu alvo. (Pensando no assunto de forma objetiva e sem uma perspectiva evolutiva, é bastante estranho que um grande número de homens ache muito excitante ver imagens de mulheres nuas! Afinal, são apenas pontos de cor em uma página ou, cada vez mais, numa tela de computador. Essas pessoas não são estúpidas; intelectualmente, elas sabem que as imagens excitantes são apenas isto — imagens —, mas a tendência masculina é ter um limiar especialmente baixo para o estímulo sexual.)

O que faz uma pessoa "entrar" em uma CEP? Para os homens, pelo menos, é óbvio: a satisfação sexual. Mas isso é o que os biólogos chamam de uma explicação "aproximada". Ela pode explicar a causação imediata, mas deixa sem resposta a questão mais profunda: por que o sexo — em especial, talvez, o sexo com uma pessoa nova — é recompensador? A resposta, para os biólogos da evolução, é também óbvia: uma coisa é recompensadora se serve aos interesses biológicos dos indivíduos envolvidos.

42 O MITO DA MONOGAMIA

Essas satisfações aproximadas como "recompensa" são a forma evolutiva de conseguir que as criaturas façam certas coisas. Ou, mais precisamente, aqueles que acham essas atividades recompensadoras e que, portanto, se envolvem nelas têm mais descendentes com inclinações semelhantes. Daí, encontramos animais que procuram comida quando estão com fome, descansam quando estão cansados, aquecem-se quando sentem frio... e procuram o sexo quando estão excitados.

Olhando agora para a recompensa das CEPs, não é provável que os machos ganhem alguma coisa a não ser um aumento em seu sucesso reprodutivo. Afinal, eles têm de gastar tempo e energia procurando por CEPs e também podem ser atacados por um "marido" ultrajado. Além disso, uma vez que são as partes ávidas e só estão fornecendo esperma — que, afinal, é barato —, é improvável que sua parceira de CEP vá esbanjar "os dotes" com eles, na forma de comida extra, território doado, assistência para defender sua prole e assim por diante. Enquanto uma amante pode obter recompensas materiais de seu amado (seja animal ou humano) em troca de seus favores sexuais, um parceiro sexual fora do par raramente é "pago" por sua amada. Para o sedutor macho, é mais provável que as recompensas sejam imediatas (a recompensa do próprio jogo sexual) e de longo prazo (o sucesso reprodutivo maior) do que materiais. Para as fêmeas, como veremos nos capítulos 3 e 4, a situação é bem diferente.

De qualquer modo, não é preciso nenhum grande salto conceitual para vermos como o baixo custo do esperma (e o potencial resultante para um alto índice de reprodução) leva a um limiar baixo para o estímulo sexual, bem como a uma predisposição a parceiras sexuais múltiplas; não é difícil ver como isso, por sua vez, leva a uma tendência à poliginia ou, nos casos da monogamia, a uma suscetibilidade às CEPs. De qualquer forma, a biologia masculina faz mal à monogamia. É interessante observar que a biologia dos mamíferos é ainda mais contrária à monogamia. Isso porque, entre as aves, a nidificação em geral tem altas necessidades metabólicas e, portanto, requer o esforço dos dois pais comprometidos. Conseqüentemente, embora possamos esperar que os machos das aves procurem por

ABALANDO O MITO: OS MACHOS **43**

CEPs, é menos provável que eles mantenham um harém de fêmeas. Não que as aves macho não fossem ficar alegremente tentadas a se acomodar em um arranjo desses; na verdade, sua prole carente costuma ser tão exigente que a maioria dos machos se limita a pôr mãos à obra e, assim, tem apenas um número limitado de acasalamentos. Mas as fêmeas de mamíferos são singularmente equipadas para alimentar sua prole; na verdade, as glândulas mamárias são o que distingue os mamíferos dos outros animais. Como resultado, podemos esperar que os mamíferos tenham uma predisposição ainda maior do que as aves a formar haréns; isto é, a ser polígamos. E eles de fato o são. Já mencionamos que a monogamia é muito rara entre os mamíferos. Mas também mencionamos a descoberta recente de que até as aves — inclusive aquelas que são socialmente monógamas — tendem muito mais às CEPs do que já se acreditou.

Da perspectiva da evolução, a cópula em si não conta realmente; a fertilização, sim. E as CEPs podem ser muito eficazes para os machos, sejam aves, mamíferos ou de outras espécies. Entre os melros de asa vermelha (*Agelaius phoniceus*), mais de 20% do sucesso reprodutivo de um macho vem de CEPs. Além disso, os machos que têm um alto sucesso na reprodução com seus próprios acasalamentos têm uma probabilidade maior de obter um alto sucesso reprodutivo por meio de CEPs; no mundo da reprodução, o rico fica mais rico.[8]

Na verdade, os machos que têm sucesso na obtenção de CEPs, em muitos casos, já acasalaram. Isso faz sentido se a mesma desejabilidade subjacente de certos machos, que aumenta sua probabilidade de obter acasalamentos, também contribui para seu sucesso quando eles saem de suas parcerias, procurando por CEPs. Mas, mesmo aqui, existem exceções. O perfil de DNA recentemente permitiu que os pesquisadores identificassem todos os indivíduos, bem como toda a prole, de uma pequena população de "hihis", pequenos pássaros canoros aparentemente comuns, a não ser por uma peculiaridade: eles copulam de frente, uma posição que pode ser única entre as aves. Esses animais foram estudados em uma ilha na costa da Nova Zelândia, mais precisamente em Tiritiri Matangi. (Para

44 O MITO DA MONOGAMIA

os leitores que têm problemas com a geografia, isto sem dúvida vai ajudar: a ilha de Tiritiri Matangi fica a cerca de 3 quilômetros da Península
de Whangaparaoa. Claro como água.)

Durante as duas estações de acasalamento em que os hihis foram estudados, houve um viés forte para os machos na população, uma proporção
de 3 para 1 em um ano e de 2 para 1 no ano seguinte. Todavia, a monogamia social é a meta aparente de todos os hihis que se dão ao respeito.
Mas como resultado da proporção sexual desequilibrada, houve um grande
número de machos solteiros e aparentemente malsucedidos, os chamados
flutuantes. Graças a uma tendência à CEP, porém, esses flutuantes não eram
de jeito algum um fracasso na reprodução: mais de um terço de todos os
ninhos tiveram como pai um flutuante (outro modo de ver a questão: 80%
de todos os ninhos continham pelo menos um filhote extrapar). Na realidade, dois dos flutuantes não-pareados conseguiram mais fertilizações do
que pelo menos um macho pareado que obedecia às regras; esse macho
conseguiu parear com uma fêmea nos dois anos de estudo, e, no entanto,
graças às CEPs, sua recompensa reprodutiva foi menor do que dos dois
flutuantes excluídos.[9]

Com descobertas assim, a importância das CEPs tem se tornado inegável. Também é tentador ir mais à frente e concluir que os machos que se
envolvem em CEPs de certa forma experimentam uma vantagem reprodutiva com relação a suas contrapartes de cópula intrapar (CIP). De acordo com isso, o biólogo britânico Tim Birkhead e seus colegas realizaram
um experimento para determinar a eficácia das CEPs na fertilização. Os
objetos de estudo foram os diamantes-mandarim: aves pequenas, muito
coloridas e socialmente monógamas, nativas da Austrália, que comumente
são animais de estimação em todo o mundo. No meio natural, os machos
guardam suas fêmeas antes e durante a postura dos ovos, copulando cerca
de 12 vezes para cada ninhada. Depois de permitir que as fêmeas pareadas
copulassem em média nove vezes com seu macho, os objetos experimen-
tais foram expostos a outro macho e puderam copular uma vez. Tanto a
fêmea pareada como o macho extrapar condescenderam. Quando usaram

ABALANDO O MITO: OS MACHOS **45**

marcadores genéticos de plumagem para determinar a paternidade, os pesquisadores descobriram que, em média, só uma CEP gerava 54% da prole, comparada com 46% da paternidade resultante de nove CIPs!

Grande parte desse sucesso — talvez todo ele — se deve a uma "vantagem do último macho" muito forte, especialmente pronunciada em muitas aves: o último macho a copular com uma determinada fêmea antes de ela pôr os ovos desfruta um sucesso desproporcional na fertilização daqueles ovos. Apesar do mecanismo, porém, a principal questão para nossos fins é que uma pequena quantidade de esforço de acasalamento por parte dos machos pode produzir retornos drásticos.[10] ("A vantagem do último macho" também tem conseqüências importantes para o comportamento das fêmeas, como veremos no próximo capítulo.)

Muitos sistemas de acasalamento animal são tais que um pequeno número de machos bem-sucedidos também é capaz de monopolizar — pelo menos socialmente — um grande número de fêmeas. Nesses casos, as CEPs podem, em teoria, nivelar o campo de jogo reprodutivo se os machos solteiros excluídos adquirirem algumas "fertilizações dissimuladas" enquanto os maridos legítimos não estão observando. Mas, em vez disso, as CEPs em geral *aumentam* as diferenças entre os machos.[11] Certamente agora é lugar-comum que parte da prole previamente atribuída a um determinado macho (o "marido", se socialmente monógamo, ou o dono do harém, se polígino) provavelmente tem como pai outro macho. Mas, ao mesmo tempo, o sucesso em realizar a CEP não é aleatoriamente distribuído entre os machos; assim como certos machos são mais bem-sucedidos do que outros na obtenção de parceiras sociais, alguns machos também são mais bem-sucedidos do que outros na obtenção de cópula extrapar e, portanto, da paternidade genuína. Quase sempre é um marido já bem-sucedido ou um dono de harém que também consegue as CEPs. Por exemplo, entre os veados-vermelhos europeus (chamados de alces nos Estados Unidos), há muito se sabe que os donos de harém são extraordinariamente bem-sucedidos, enquanto os solteiros excluídos são, comparativamente falando, fracassados evolutivos. Agora, a impressão digital de

DNA mostra que a verdadeira diferença entre o "ter" e o "não ter" genético é ainda maior do que se estimava com base apenas na evidência de comportamento.[12]

Parte do motivo para o sucesso dos machos em CEPs pode estar neste fato observado: comparado com uma parceira sexual regular, eles realmente produzem mais esperma em uma determinada cópula, especialmente se não tiverem acasalado recentemente. Em um estudo envolvendo aves, isso foi medido pelo procedimento engenhoso e delicado de convencer machos que foram abstêmios por diferentes períodos de tempo a copular com uma fêmea liofilizada que recebera uma falsa cloaca adaptada.[13]

Não sabemos se o número de espermatozóides em geral tende a ser mais alto durante as CEPs do que as CIPs também para os mamíferos, nem se isso é válido para os seres humanos. Sabemos, porém, que os homens geralmente relatam um nível mais alto de excitação sexual com uma nova parceira (lembre-se do efeito Coolidge). Uma vez que as CIPs, por definição, não podem ser com uma nova parceira — a não ser uma vez —, é pelo menos possível que as CEPs envolvam, em média, a produção de mais espermatozóides por ejaculação também entre os seres humanos. Se for assim, isso tornará a probabilidade de as CEPs humanas resultarem em uma prole maior do que poderia prever o acaso isoladamente. É desnecessário dizer que será difícil testar esta especulação... Mas não impossível.

É um princípio bem-estabelecido que, entre animais polígamos que mantêm haréns, os machos são maiores do que as fêmeas. Compare, por exemplo, gorilas com gibões. Os gorilas estabelecem haréns, em que um macho "de costas prateadas" dominante se acasala com, talvez, três a seis fêmeas; os gorilas machos são de duas a três vezes maiores do que suas parceiras, aparentemente porque a competição entre os machos para conseguir controlar o harém transmitiu uma vantagem evolutiva àqueles que são maiores, mais fortes e, em geral, mais eficazes em manter os rivais a distância. Já os gibões vivem em pares macho-fêmea, e assim a maioria

ABALANDO O MITO: OS MACHOS **47**

dos gibões saudáveis, até a maioria dos machos, consegue se reproduzir. Como resultado, há pouquíssimos grandes ganhadores ou grandes perdedores e, assim, quase não há diferença de tamanho entre os sexos.

Entre as espécies monógamas de maneira geral, machos e fêmeas ostensivamente têm as mesmas opções reprodutivas. Afinal, quando a fêmea se reproduz, o mesmo faz o macho, e vice-versa. Esses animais, portanto, não devem ser sexualmente *dimórficos* (do grego para "dois corpos"), porque a seleção natural não deve recompensar um dos dois sexos por ter maior crescimento, cores mais notáveis ou qualquer outra extravagância. Mas muitos animais que são conhecidos há bastante tempo como socialmente monógamos são, na realidade, sexualmente dimórficos, com os machos tendo cores mais vivas do que as fêmeas — em especial entre as aves. Considere o pato selvagem, por exemplo, em que os machos têm uma cabeça verde iridescente dramática, enquanto as fêmeas são comparativamente pardacentas, ou as muitas espécies de pássaros canoros em que, novamente, os machos têm cores extraordinariamente vivas, enquanto é difícil distinguir as fêmeas.

Darwin acreditava que talvez as drásticas diferenças macho-fêmea fossem mantidas nesses casos porque os machos mais elaboradamente ornamentados conseguiam procriar mais cedo; como regra, a ave nova consegue não só comida, mas também uma prole mais bem-sucedida. Assim, uma explicação possível para as caprichosas características sexuais secundárias entre os machos de espécies monógamas é a de que, por um ou outro motivo, os machos mais sexies conseguem acasalar com fêmeas mais fecundas.[14] Uma segunda possibilidade, levantada apenas recentemente enquanto o mito cai por terra, é de que os machos mais sexies conseguem ter sucesso reprodutivo adicional por meio de CEPs, à custa dos machos pareados que não são adornados de forma tão atraente. Com o tempo, isso aumentaria a proporção de machos de aparência extravagante ou, pelo menos, de machos que são bem diferentes das fêmeas da mesma espécie. (Isto leva a uma possibilidade interessante, embora perturbadora:

48　O MITO DA MONOGAMIA

como veremos no Capítulo 5, uma evidência poderosa para a idéia de que os seres humanos são biologicamente polígamos é o fato de que, em geral, os homens são maiores do que as mulheres. Apesar de nesse sentido a evidência ainda ser convincente, é também possível que nossa própria história biológica tenha sido em grande parte monógama, com pelo menos algumas diferenças macho-fêmea no *Homo sapiens* se devendo ao fato de que o adultério tivesse um importante papel nessa história.)

Voltando às aves, há um importante estudo recente focalizado em uma pequena espécie conhecida como papa-mosca-de-colar, na ilha sueca de Gotland. O estudo fornece fortes evidências de que a cópula extrapar nesse animal supostamente monógamo dá a certos machos uma vantagem reprodutiva distinta.[15] O papa-mosca-de-colar macho tem uma mancha branca na testa; as fêmeas não a têm. Essa mancha é uma característica sexual secundária. Ela também parece ser um sinal de status, cujo tamanho varia dependendo do status nutricional do portador, bem como de seu sucesso social. Sabendo-se o tamanho da mancha, podemos prever qual papa-mosca-de-colar ganhará uma disputa territorial entre machos. Além disso, se os pesquisadores aumentarem artificialmente o tamanho dessa mancha, os machos afortunados terão uma probabilidade maior de estabelecer um território. As fêmeas de papa-mosca-de-colar que se acasalam com machos de grandes manchas brancas na testa até produzem uma proporção maior de filhotes. Essa descoberta aparentemente ímpar terá sentido se os machos com manchas proeminentes puderem ser pais de filhos com manchas proeminentes. Haveria então uma recompensa reprodutiva se esses machos fossem pais de um número comparativamente grande de filhotes machos, que, por sua vez, serão relativamente mais bem-sucedidos do que as filhas... que não têm essas marcas peculiares e, como as fêmeas de modo geral, têm uma probabilidade menor de se distinguirem na reprodução.[16]

Os pesquisadores encontraram a paternidade extrapar entre papa-mosca-de-colar em 26 de 79 ninhadas, responsáveis por 71 de 459 filhotes. Depois de analisar cuidadosamente os resultados, eles concluíram que

ABALANDO O MITO: OS MACHOS **49**

"a seleção por meio de variação na paternidade" — isto é, alguns machos tendo descendentes por meio de CEPs com fêmeas pareadas com outros machos — pode ser mais importante do que a "seleção resultante da fecundidade do acasalamento" (ou seja, mais importante do que ter um número maior de descendentes com seus parceiros socialmente definidos). Entre os papa-mosca-de-colar, em resumo, a principal rota para a distinção reprodutiva masculina não é ter mais descendentes com suas "esposas", mas ser pai de uma prole de várias "amantes" que já são "casadas".

Muitos outros estudos foram feitos seguindo esta linha, procurando por espécies que são socialmente monógamas, a maioria deles mostrando não só que os machos com características sexuais secundárias muito desenvolvidas têm maior sucesso reprodutivo, mas também que esse sucesso acontece via CEPs. Um caso típico, na publicação de prestígio *Nature*, foi intitulado "Paternidade Extrapar Resultante de Preferência das Fêmeas por Machos de Alta Qualidade no Chapim-azul".[17] Outros estudos mostraram que a paternidade dos machos — a proporção de descendentes em seu ninho que é geneticamente dele, bem como o número de filhotes dos quais ele será pai nos ninhos de outros machos — está relacionada não só com a presença ou a ausência de algumas características sexuais secundárias, mas também com o grau a que são expressas suas características sexuais secundárias.

Aqui estão alguns exemplos dignos de nota: "Impressão Digital de DNA Revela Relação entre Ornamentos da Cauda e Traição em Andorinhas-de-bando" mostrou que as andorinhas-de-bando machos que exibem caudas mais bifurcadas têm uma probabilidade maior de ganhar o coração das fêmeas vizinhas. Outro artigo, "Correlação entre Repertório de Canto do Macho, Paternidade Extrapar e Sobrevivência da Prole no Rouxinol-grande-dos-caniços", relatou que nessa espécie européia — como andorinhas-de-bando, ostensivamente monógama — os machos com uma variedade maior de cantos também têm maior probabilidade de ter várias parceiras sexuais. E não podemos nos esquecer dessa pérola, que estimula qualquer leitor a querer envelhecer um pouco: "Macho Velho e Colorido de Escrevedeira-amarela, *Emberiza citrinella*, Benefício das Cópulas Extrapar". Entre essas aves, os machos desenvolvem mais cores à medida que envelhecem. Parece que os machos mais velhos e mais coloridos, portanto, prometem ter um conjunto desejável de genes da longevidade, o que, por sua vez, é atraente para as fêmeas.[18] (Os seres humanos também desenvolvem mais cores à medida que envelhecem, e é pelo menos possível — embora improvável — que o cabelo branco tenha sido selecionado como um símbolo de status similar ou, pelo menos, de capacidade de sobrevivência.)

Parece que a principal dimensão nesses casos é a escolha da fêmea; uma vez que é improvável que os machos de muitas espécies se recusem a uma CEP rápida e fácil, o voto decisivo de quem consegue e quem fracassa geralmente é dado pelas fêmeas, com base em quem elas acham mais atraente. Mas as características sexuais secundárias dos machos não só aumentam sua atratividade para as fêmeas, mas também influenciam os relacionamentos dominantes entre os machos — e são influenciadas por eles. E, assim, os dois fatores — os relacionamentos dominantes e o grau de características sexuais secundárias — se confundem quando se trata de determinar que machos obtêm CEPs. Entre as garças-vaqueiras, por exemplo, a posição dominante entre os machos tem implicações para quem consegue ter CEPs com a parceira de quem. Os machos dominantes têm CEPs com as esposas de subordinados, mas não o contrário. (Esse padrão, é claro, não é desconhecido também no *Homo sapiens*.)[19]

Por outro lado, uma característica da biologia — se comparada com, digamos, a química ou a física — é que há muitas exceções. Isso se aplica à correlação geral entre as características sexuais secundárias dos machos e o sucesso na reprodução não menos do que a outras generalizações (como "animais comem plantas, mas não o contrário", "só os mamíferos têm sangue quente" ou "as fêmeas são menores do que os machos"). Há, afinal, plantas insetívoras; parece que os dinossauros tinham sangue quente e, em algumas espécies — como as jaçanãs, descritas anteriormente —, as fêmeas são maiores do que os machos. Da mesma forma, as característi-

ABALANDO O MITO: OS MACHOS **51**

cas sexuais secundárias dos machos nem sempre têm correlação com o sucesso reprodutivo; isto é, os machos sexies nem sempre conseguem mais CEPs ou — mais importante — nem sempre conseguem mais fertilizações extrapar (FEP).[20] Seriam esses, como os exemplos de papéis sexuais invertidos que descrevemos antes, casos de exceção que "confirmam" a regra? É cedo demais para dizer.

Está claro que, até em espécies ostensivamente monógamas, os machos procuram por CEPs — e em geral as obtêm. Também está claro que eles o fazem à custa de outros machos, isto é, daqueles que são "casados" com aquelas fêmeas que sucumbem aos seus encantos. Para um macho que procura por CEP, o melhor arranjo é ser pai dos filhos de fêmeas que já são pareadas. Nesses casos (pressupondo-se que a fêmea seja capaz de enganar seu parceiro na infidelidade e, assim, esconder o fato de que ele não é o pai), a fêmea ganhará assistência paterna do macho traído, aumentando a probabilidade de sucesso de qualquer prole concebida. Ao mesmo tempo, o macho extrapar recebe uma recompensa a mais: uma vez que qualquer prole resultante será criada por outro, não se exige nenhum esforço paterno. Não só isso, mas — pelo menos no caso das aves —, por terem várias parceiras sexuais, os machos extrapar literalmente conseguem colocar seus ovos em mais de uma cesta. Por outro lado, uma CEP com uma fêmea já pareada quase sempre é mais arriscada do que outra com uma fêmea não-pareada, uma vez que o marido ultrajado pode descobrir e expulsar o macho intrometido, possivelmente ferindo-o.

Para o traidor em potencial, portanto, uma opção importante é proteger "sua" fêmea de machos "bordejadores", possivelmente evitando que eles alcancem seus objetivos.

(A propósito, tudo isso pressupõe que o resultado de uma CEP bemsucedida seja que uma fêmea pareada termine criando a prole gerada por um ou mais machos extrapar e que, portanto, o macho do par seja a vítima. Mas de vez em quando a perdedora pode ser a fêmea pareada: em

52 O MITO DA MONOGAMIA

um exemplo registrado, um macho pareado de diamante-mandarim conseguiu inseminar uma fêmea não-pareada, que depois pôs um ovo no ninho desse macho.[21] O resultado foi um dos poucos casos documentados em que, como conseqüência de uma CEP, a parte traída foi uma *fêmea* — em cujo ninho o ovo foi posto — em vez de um macho. Na maioria das vezes, porém, os traídos são os machos, e por uma boa razão: entre todas as espécies com fertilização interna — inclusive aves, mamíferos e répteis —, uma fêmea "sabe" que qualquer descendente que saia de seu corpo é geneticamente dela, enquanto um macho precisa confiar na palavra da parceira, a não ser que ele seja um guardião especialmente assíduo.)

Vamos fazer uma breve excursão a um pasto de gado bovino, quase em qualquer lugar do mundo. Um ocupante comum — muito mais numeroso do que as vacas — é um inseto minúsculo, o *Scatophaga stercoraria*. Os machos dessa espécie se reúnem em volta do esterco, em especial do esterco fresco, onde procuram por fêmeas que estejam prestes a botar seus ovos no interior quente e viscoso. É interessante observar que essas fêmeas quase sempre copularam *antes* de chegar aos locais de postura dos ovos. Portanto, elas já contêm esperma suficiente em seus órgãos genitais de armazenamento para fertilizar todos os ovos. No entanto, antes da postura, elas copulam novamente com pelo menos um macho à espera. Por quê?

A resposta parece ser que, entre os *Scatophaga stercoraria*, o último macho a se acasalar guarda a fêmea "dele" até que ela tenha terminado de pôr os ovos. Ter um protetor desses reduz em muito o assédio de outros machos. Isso tampouco é mau negócio para os machos, uma vez que eles experimentam a "vantagem do último macho"; o último macho a acasalar fertiliza mais de 80% dos ovos da fêmea. A proteção leva cerca de 15 minutos, o que provavelmente é uma boa troca.[22]

Mas a guarda nem sempre dá certo. Se outro macho de *S. stercoraria*, muito maior do que o guardião, ataca o par, ele pode conseguir copular novamente com a fêmea e depois passar a fazer ele mesmo a guarda.[23]

A guarda da parceira é muito disseminada. É até possível que as conhecidas tendências de animais de diferentes espécies a estabelecer e

ABALANDO O MITO: OS MACHOS **53**

defender territórios seja, na verdade, uma conseqüência da existência de machos que protegem os direitos sexuais sobre suas parceiras, defendendo a região que as cerca. De certa forma, a guarda da parceira é uma das manifestações animais (ou humanas) mais claras de ciúme sexual e às vezes é bem evidente, com o macho seguindo de perto cada movimento da parceira. Essa "união" quase certamente não é uma questão simples — nem complexa! — de amor ou solidão, uma vez que quase sempre se limita a determinadas épocas, quando a fêmea em questão está fértil. O macho de andorinha-de-barranco, por exemplo, segue de perto a parceira, voando junto dela sempre que ela se aventura para fora do ninho; essa atenção dedicada rapidamente termina, porém, quando as fêmeas não estão mais férteis.[24]

A guarda da parceira também é uma estratégia masculina comum entre os mamíferos, especialmente quando a fêmea está no estro.[25] O objetivo, mais uma vez, é evidentemente frustrar a CEP. A guarda da parceira também é difundida, quase universal, na espécie de mamífero conhecida como *Homo sapiens*: uma análise antropológica agora clássica registrou que apenas quatro de 849 sociedades humanas não mostram algum sinal de guarda da parceira, em que os homens ficam de olho em suas mulheres.[26] Em algumas sociedades, os maridos chegam a cronometrar a ausência das esposas enquanto elas estão nos arbustos urinando ou defecando.[27] Essa preocupação pode não ser infundada; uma pesquisa britânica revelou que quanto menos tempo uma mulher passa com o parceiro primário (marido ou principal parceiro sexual identificado), mais provável será que copule com outro.[28]

Antigamente pensávamos que a estreita associação de macho e fêmea, em especial em espécies monógamas, era simplesmente uma manifestação da íntima ligação do par, bem como, talvez, uma forma de melhorar ainda mais o relacionamento. Aqui está uma descrição de corte entre melros europeus, de um relato clássico de 1933, do ornitólogo E. Selous:

A ave macho segue a fêmea por toda parte, salta onde ela salta, espia onde ela está espiando e parece demonstrar o máximo empenho em fazer tudo o que ela faz, a não ser realmente recolher material para o ninho (...). Depois, uma carregada, o outro com o bico vazio, os dois voltam da mesma maneira, e o macho se sentará de novo (...) porque o macho está demasiado ocupado acompanhando e observando a fêmea enquanto ela está recolhendo material para construir o ninho.[29]

Hoje: a mesma observação, com interpretação diferente. A observação e o acompanhamento por parte do macho parecem ser motivados menos pelo amor ou por cavalheirismo do que por ciúme sexual e pelo espectro da CEP; a relação entre guarda da parceira e CEP é complexa, e deve ser assim. Por um lado, podemos prever uma relação negativa: quanto mais guarda da parceira, menos CEPs. Essa parece a conexão mais óbvia. Mas, por outro lado, se as CEPs fossem ocorrências raras em uma determinada espécie, não esperaríamos que os machos perdessem grande parte de seu tempo defendendo-se de uma ameaça que não existe. Há, na verdade, um amplo leque no mundo natural, desde essencialmente nenhuma correlação entre guarda da parceira e CEPs, passando por uma associação positiva, até uma negativa. (O fator determinante pode ser o local em que cada população está sendo amostrada em sua história evolutiva: se houver uma corrida armamentista contínua entre machos que procuram por CEPs e aqueles que tentam evitá-las, a gangorra poderá oscilar, com um ou outro lado à frente, em diferentes espécies em épocas distintas.)[30]

Como compreendemos agora, a guarda da parceira pode assumir muitas formas, e alguns dos padrões mais estranhos são revelados pelos insetos, o que não é de surpreender. Entre várias espécies de abelhas, por exemplo, o abdome inferior do macho quase literalmente explode depois do acasalamento, parte dele aderindo à fêmea e, portanto, fornecendo uma espécie de guarda póstuma. Em um grupo de insetos conhecidos como fasmídios, o contato genital durante o acasalamento pode durar até 79 dias; esse excesso tântrico pode ser visto como um exemplo extremo de guarda da parceira.[31]

ABALANDO O MITO: OS MACHOS **55**

A ampla preocupação do macho com a proteção da fêmea condiz com nossas expectativas de algo motivado pela ameaça de CEPs. Assim, em geral, ela é mais intensa quando há um risco maior de a fêmea se envolver em uma CEP.[32] Entre as andorinhas-de-bando, que nidificam solitariamente ou em colônias, as fêmeas são protegidas mais de perto no último caso (quando a proximidade de vários machos torna a CEP mais provável) do que no primeiro (quando não há concorrentes sexuais por perto).[33]

Por outro lado, devido a toda sua lógica, a guarda da parceira nos parece — e aos guardiões machos — uma ironia interessante. Ela não seria necessária se os machos não bordejassem, procurando por CEPs. Se ninguém bordejasse, ninguém precisaria proteger nada. Além disso, os próprios guardiões, quando não estão em guarda, provavelmente estão fora, bordejando! Na realidade, a principal restrição contra bordejar ainda mais pode perfeitamente ser que, enquanto está fora procurando por CEPs, um macho que bordeja pode se ver traído... por outro macho bordejador!

Lembre-se daqueles machos de andorinhas-de-barranco que voam com tanta atenção atrás de suas fêmeas. Os machos de andorinhas-de-barranco são socialmente monógamos e ajudam as parceiras na construção do ninho e na incubação e alimentação dos filhotes. Eles também procuram regularmente por CEPs com outras fêmeas, antes e depois da manutenção do par. De acordo com isso, eles bordejam em busca de CEPs e também guardam suas parceiras contra outros machos bordejadores, mas é claro que não podem fazer as duas coisas ao mesmo tempo. Entre sete e nove dias depois da formação do par, o macho persegue a fêmea onde quer que ela voe quando sai do ninho — mais de cem vezes por dia. Outros machos procuram fazer contato com a fêmea durante esses vôos; na realidade, o vôo trabalhoso e pesado de uma fêmea que carrega ovos não-postos pode servir como dica a outros bordejadores. De sua parte, o macho guardião procura ativamente levar a fêmea de volta ao ninho, em especial quando ela voa em um tráfego pesado e pode ser perseguida por três ou quatro andorinhas-de-barranco machos, os olhos cintilando com a perspectiva de uma CEP rápida.

Por cerca de quatro dias imediatamente antes da postura dos ovos, quando as cópulas levam a fertilizações, o macho de andorinha-de-barranco fica muito ocupado, guardando atenciosamente sua fêmea. Antes dessa época, bem como depois — isto é, quando os ovos não estão amadurecidos e depois que os genes dele estão seguramente inseridos nas cascas —, ele parte em busca de CEPs com as parceiras de outros machos... que, é claro, estão ocupados com a guarda defensiva de suas próprias fêmeas.

É improvável que essas perseguições sejam "exibição sexual", que pretendam aumentar a ligação do par, como sugeria antigamente a literatura de comportamento animal. Isso porque (1) os machos sempre perseguem as fêmeas, e não o contrário; (2) os machos em geral brigam com outros machos em conseqüência imediata dessas perseguições; e (3) quando a fêmea não está mais fértil, os machos pareados se juntam nas perseguições a outras fêmeas, embora as andorinhas-de-barranco sejam estritamente monógamas, pelo menos no nível social. Assim, esses machos poderiam não estar solidificando uma ligação do par adicional, no mínimo porque nunca se encontrou nenhum desses machos "de dupla ligação".

David traçou um padrão comparável de guarda da parceira e bordejar entre marmotas-da-montanha, parentes montanhosos, de vida social, da *Marmota monax*. O macho faz incursões periódicas para além da área de sua colônia, aparentemente em busca de CEPs com fêmeas que podem ser fertilizadas. Esses episódios são significativamente mais freqüentes no início da temporada, quando as fêmeas estão no estro. Como alternativa, um macho de marmota às vezes continua perto de sua fêmea, protegendo-a de outros machos sexualmente motivados. Está claro que essa paixão pela união é de iniciativa do macho e não da fêmea, uma vez que, durante as épocas de guarda, a proximidade física é mantida pelos movimentos dele, e não pelos dela. Além disso, é mais provável que os machos saiam para bordejar quando sua fêmea está dentro do ninho, em vez de na campina das montanhas, e também quando seus vizinhos são predominantemente fêmeas adultas, e não machos adultos. Quando predomina a situação contrária — um monte de machos por perto —, os machos pareados concentram-se na guarda, o que não é de surpreender. As fêmeas dessa espécie procriam em anos alternados;[34] como se poderia esperar, os machos associados com fêmeas que estão fora da fase de procriação saem para bordejar, enquanto durante a temporada em que sua fêmea está reprodutiva o macho fica em casa, protegendo-a.

O benefício evolutivo da guarda da parceira depende de quantos outros machos estão fazendo a mesma coisa: se todos os outros ficam em casa e protegem as fêmeas, um candidato a bordejador não deve se preocupar que, enquanto estiver fora procurando por CEPs, possa ser traído por outros machos que procuram a mesma coisa. Mas, ao mesmo tempo, quanto mais guarda da parceira ele faz, menos provável será que nosso macho consiga procurar por uma CEP. Um bando de outros bordejadores significa uma possibilidade maior de ser traído, mas também uma possibilidade maior de ter acesso às fêmeas desprotegidas de outros machos. Ninguém disse que essas coisas eram fáceis! A melhor maneira de entender essas trocas complexas é pela matemática da teoria dos jogos, que se preocupa em examinar as interações pelas quais a recompensa depende do que outros "jogadores" estão fazendo. Embora esse não seja o lugar adequado para desenvolver tal análise, é um bom lugar para assinalar que, em um sentido muito real, o dilema de CEPs e guarda da parceira é uma situação criada pelos próprios machos (com uma ajudazinha das fêmeas).

Quando estão guardando as fêmeas, os machos raramente bordejam. Isso sugere que a primeira atitude tem prioridade sobre a última, o que faz sentido, uma vez que, em geral, há melhores perspectivas de evitar que um macho de fora copule com sua parceira do que de obter uma CEP com a parceira de outro. Mas quando a parceira não está mais fértil, todas as apostas são furadas; a essa altura, os machos em geral passam a bordejar. Por exemplo, considere o lagópode-branco, ave semelhante ao perdiz, das regiões árticas-alpinas. Quando as fêmeas estão férteis, os machos fazem, em média, uma invasão a cada 14 horas em território vizinho. Assim que suas parceiras ficam inférteis, porém, o índice de invasão

58   O MITO DA MONOGAMIA

de machos salta para 1 a cada 1,4 hora, um aumento de dez vezes.[35] E pode apostar que aquelas invasões não pretendem simplesmente a troca de amabilidades ou um papinho sobre o clima.

Uma nova indústria brotou entre os biólogos de campo. Além de usar a impressão digital de DNA para descobrir se o "marido" de um par aparentemente monógamo também é o pai, o interesse nas CEPs e na guarda da parceira deu origem a muita pesquisa em que os machos são aprisionados e afastados de suas parceiras por vários períodos de tempo. A intenção é verificar se os machos extrapar aproveitam a oportunidade para "avançar" nas fêmeas temporariamente abandonadas. Em caso afirmativo, isso sugere que a guarda da parceira normalmente é importante nas espécies. Como sempre, ela é.[36]

Por exemplo, quando trigueiros (pássaros pequenos e monógamos) foram retirados por 24 horas durante o período fértil da fêmea, aumentaram a freqüência de invasões por machos vizinhos e o número de CEPs. Ao contrário, quando machos foram retirados durante a incubação (uma época em que as fêmeas não podem mais ser fertilizadas), não houve esse aumento.[37] Os machos extrapar evidentemente são capazes de determinar se uma fêmea temporariamente solteira pode ser sexualmente receptiva. Não é de surpreender que a paternidade extrapar tenha sido mais alta (cerca de 25%) quando o macho pareado foi experimentalmente removido.

O que caracterizava os machos que conseguiam invadir? Além das características sexuais secundárias de que já falamos, a chave parecia ser a condição corporal (peso, saúde geral) dos invasores em relação aos machos pareados que foram removidos. Os machos extrapar que estavam em condições piores do que os machos retirados sofreram resistência das fêmeas, que, devemos observar, continuaram em seu ninho, apesar de passarem a ser (embora temporariamente) mães solteiras. Da mesma forma, os machos extrapar que conseguiram copular com a fêmea "visitada" sempre estavam em melhores condições físicas do que o macho removido. Não surpreende, portanto, que os machos experimentalmente removidos que estavam em más condições físicas tivessem uma probabilidade maior de terminar com uma "prole" que não era deles. Isto sugere que a fêmea tinha muito a dizer sobre se as CEPs ocorreram e, se aconteceram, se foram bem-sucedidas na fertilização dos ovos. (Como veremos, isso também sugere o que as fêmeas estão procurando quando se envolvem em uma CEP.)

Pode ser que as fêmeas, e não os machos, controlem a paternidade de seus filhotes, embora pareça que a guarda da parceira seja um fator importante. (Se não fosse, seria de se pressupor que os machos não se incomodariam em guardar a fêmea!) Entre os trigueiros, pelo menos, as fêmeas nunca foram vistas com um comportamento territorialista em relação a machos invasores; elas se permitiam ser visitadas e com freqüência cortejadas, mas não copulavam necessariamente com os pretendentes extrapar.

Os machos podem ser extraordinariamente habilidosos na criação de oportunidades de CEPs para si mesmos, tirando vantagem das preferências das fêmeas e, de uma maneira ou de outra, contornando quaisquer esforços de guarda por parte dos machos pareados. Pense nesta série de acontecimentos, observados em uma espécie de gibão que vive livremente na florestas tropicais do Sudeste da Ásia. Os machos subadultos são tolerados no grupo familiar, e talvez não só por causa da benevolência dos pais: em um exemplo, enquanto o macho de um grupo de gibões foi envolvido em um encontro com um subadulto de outro grupo, o macho adulto do grupo do subadulto correu para o território adjacente e conseguiu copular com a fêmea! Surge a possibilidade de que os machos adultos toleram subadultos em seu grupo porque os subadultos de vez em quando envolvem socialmente os machos adjacentes, dando aos machos adultos uma oportunidade de CEP.[38]

Qual deles é mais manipulador? Em uma série de observações de andorinhas-azuis (aves aparentadas das andorinhas comuns) descobriu-se que os machos mais velhos monopolizavam vários ninhos e acasalavam de

60 O MITO DA MONOGAMIA

forma monógama, uma fêmea para cada macho. Mais tarde, depois que a fêmea estava incubando — e, portanto, não era mais fértil —, os machos mais velhos vocalizavam e pareciam assim atrair um séquito: os machos mais jovens passavam a cuidar de ninhos adjacentes. Os machos mais velhos então passavam a obter CEPs com as parceiras núbeis desses jovens menos experientes e presumivelmente menos atraentes. Em conseqüência, os machos mais jovens eram pais de apenas 29% dos ovos *de seus próprios ninhos*, enquanto os casanovas mais velhos produziam, em média, 4,1 descendentes com as próprias parceiras, além de 3,6 descendentes dos acasalamentos com parceiras dos vizinhos.[39]

(Pode haver um paralelo humano aqui, notadamente aqueles homens carismáticos que estabelecem cultos ou outras formas de arranjos comunitários de vida e depois passam a monopolizar as atenções sexuais das mulheres, inclusive aquelas ostensivamente associadas a outros membros mais jovens do culto. Na verdade, um dos principais motivos para o fracasso de várias comunidades utópicas tem sido a resistência eventual aos privilégios sexuais que em geral são exigidos pelos fundadores — e que eles recebem.)

Os machos traídos correm um risco duplo: não só correm um risco maior de perder geneticamente para os bordejadores, como também uma probabilidade menor de obter sucesso em sua própria busca de CEPs.[40] Por quê? Provavelmente esses machos com uma probabilidade especial de ser traídos sofrem essa indignidade devido a alguma imperfeição neles mesmos. Assim, o que inclina suas parceiras a procurar acasalamentos extrapar também tende a tornar aqueles mesmos machos nada atraentes a outras fêmeas. Eles são duplamente fracassados.

Como regra geral, uma vez que as fêmeas de machos de alta qualidade têm uma probabilidade menor de se envolver em CEPs, os machos de alta qualidade precisam menos da guarda. Os machos mais velhos e mais atraentes, portanto, têm uma vantagem dupla sobre suas contrapartes mais novas. Não só eles evidentemente têm apelo como parceiros sexuais para as fêmeas já pareadas, como também, uma vez que são tão desejáveis, é menos provável que suas próprias fêmeas se envolvam em CEPs. Assim, esses machos têm pouca necessidade de consumir tempo e esforço guardando a fêmea e ficam livres para procurar por CEPs. O padrão geral é descrito com concisão no título de um artigo de pesquisa: "Machos Não-atraentes Protegem Suas Parceiras Mais de Perto."[41] Vários estudos confirmaram que os machos de baixa qualidade se preocupam mais com a guarda da fêmea do que suas contrapartes de alta qualidade, e por um bom motivo, uma vez que as fêmeas cujos parceiros são menos desejáveis têm uma propensão maior a procurar por CEPs.[42] Os machos em más condições se esforçam mais.

E não só nas aves: devemos observar que, entre os seres humanos, os homens menos atraentes investem mais tempo e dinheiro com suas parceiras do que os mais atraentes.[43]

A lém da guarda da parceira, de que outra maneira os machos pareados diminuem a ameaça imposta pelas CEPs? Em alguns casos, os machos têm outras táticas anti-CEP na manga. Por exemplo, as andorinhas machos que voltam a seus ninhos e descobrem a fêmea ausente costumam soltar um pio alto, que faz com que todas as aves na colônia voem excitadas. Várias vezes isso pareceu interromper uma CEP em que estava envolvida a parceira do alarmista.[44] Talvez o marido estivesse verdadeiramente alarmado que sua esposa não estivesse em casa. De qualquer forma, a andorinha macho pareada que experimenta esse tipo especial de síndrome do ninho vazio tem uma probabilidade particularmente alta de dar chamados de alarme se habita uma colônia abarrotada; sob as mesmas circunstâncias, os chefes de família solitários costumam permanecer em silêncio.

Os machos também podem equipar suas parceiras com o equivalente a um cinto de castidade, um "tampão copulatório". Em muitas espécies — inclusive muitos mamíferos — parte do fluido seminal coagula e forma uma massa semelhante à borracha que em geral é visível, projetando-se

62   O MITO DA MONOGAMIA

um pouco da vagina. Costumava-se pensar que esses tampões copulatórios servissem para evitar que o esperma saísse. E pode ser isso. Mas está cada vez mais claro que eles também servem a outro propósito: impedir que outros machos entrem. Repetimos a advertência: esses dispositivos não seriam necessários se as fêmeas não tendessem a acasalar com mais de um macho.

No mundo das aranhas, em geral, os machos são atraídos pelos feromônios das fêmeas, que são levados das teias pelo vento. Não é incomum, porém, que machos destruam a teia de uma fêmea depois de acasalar com ela. Embora não sejam um cinto de castidade, esses atos representam algo semelhante: o esforço do macho para inibir a atividade sexual da parceira. Ao destruir a teia, o macho reduz drasticamente a possibilidade de que outro macho vá encontrar a mesma fêmea e se acasalar com ela.[45]

A propósito, pedimos que você não tenha a impressão de que as fêmeas são apenas espectadoras passivas ou vítimas de toda essa trapaça sexual. Afinal, neste capítulo estamos nos concentrando intencionalmente nas estratégias dos machos; nos próximos dois capítulos, vamos nos concentrar nas fêmeas. O biólogo William Eberhard tem sido especialmente influente em assinalar a provável importância do que ele chama de "escolha críptica da fêmea", em que a fêmea seleciona qual esperma vai receber um tratamento favorável e ser admitido em seus preciosos ovos. Mas uma vez que as fêmeas estão exercendo essa escolha, é provável que os machos tentem intrometer-se no ato, procurando reverter o resultado a seu favor. Eberhard analisou os detalhes fatigantes do que fazem os insetos machos durante a corte e a cópula em 131 espécies diferentes; ele descobriu que 81% mostraram, durante a cópula, um comportamento que ele considerou "corte copulatória", atividades que vão além da simples necessidade de transferir esperma e que parecem ter como objetivo persuadir as fêmeas a transferir e reter o esperma *deles*, preterindo os produtos sexuais de outros machos.[46]

Outra possível reação do macho à ameaça de CEP é a cópula freqüente. Na guarda da parceira, um macho usa seu corpo para afastar outros machos; no caso da cópula freqüente, ele usa seu esperma... Montes dele, fornecidos com freqüência. A idéia é simplesmente superar a oposição, inundar o esperma dos outros com o seu próprio.

Das duas táticas, é provável que a guarda da parceira seja mais eficiente; afinal, uma proteção bem-sucedida da fêmea implica que essencialmente não há possibilidade de ser traído, enquanto a cópula freqüente simplesmente envolve a probabilidade, tentando fazer com que a balança genética penda a seu favor. Além disso, embora o esperma seja barato, se comparado com os ovos, ele não é gratuito. Assim como os machos que defendem seu patrimônio genético pela guarda da parceira são incapazes de, ao mesmo tempo, procurar por suas próprias CEPs, aqueles que empregam a cópula freqüente podem limitar a quantidade de esperma que têm disponível para bordejar. Afinal, nem mesmo os machos mais supergaranhões podem produzir uma quantidade ilimitada de espermatozóides ou sêmen. Devido a sua biologia básica, eles podem ser mais devassos do que as fêmeas, mas só dentro de limites; de certa forma, eles também devem ser prudentes.[47] Por conseguinte, quando dão a si mesmos a vantagem na competição espermática com suas parceiras, esses machos podem estar se colocando em desvantagem quando se trata da competição espermática com a parceira de outro macho. Certamente quando ratos machos, por exemplo, têm a oportunidade de proteger a fêmea, eles fornecem menos espermatozóides por ejaculação.[48] Assim, pode ser que a guarda da parceira seja duplamente preferível: tanto na busca de CEPs quanto na competição espermática.

Mas às vezes os machos têm poucas opções: a fêmea acasala com mais de um macho e não pode deixar de fazer isso. O que um macho nessa situação vai fazer? Em uma determinada espécie de zebra — conhecida como zebra de Grevy, o nome de seu descobridor —, os indivíduos vivem em grupos em que a situação dos membros muda constantemente. As fêmeas associadas a um determinado macho podem acasalar com um macho diferente não muito tempo depois. Na realidade, durante um único dia elas podem acasalar com uma média de quatro machos diferentes.

(Chame essas fêmeas de poliândricas.) Por outro lado, há algumas fêmeas de Grevy — em geral, aquelas que acabaram de dar à luz — que continuam com um macho por um período prolongado, durante o qual elas são essencialmente monógamas. Elas fazem isso, aliás, porque precisam de fontes confiáveis de água, que só encontram no território do macho. Assim, os garanhões de Grevy têm dois tipos diferentes de fêmeas com que lidar: aquelas que são sexualmente fiéis e aquelas que não o são (tendo em mente que a mesma fêmea cumprirá diferentes papéis em diferentes épocas da vida).

Os garanhões de Grevy adaptam suas táticas de acordo com isso, dependendo de a consorte fêmea ser poliândrica ou monógama. Quando se acasalam com fêmeas poliândricas, os machos investem mais tempo e energia no próprio acasalamento: os garanhões cortejam e copulam com uma freqüência várias vezes maior do que quando estão envolvidos (temporariamente) com fêmeas monógamas. Eles até ejaculam uma quantidade maior de sêmen. Também é digno de nota que, em outra espécie de zebra, a quagga, as fêmeas vivem em haréns tradicionais, cada um liderado por um único macho, e, até onde se sabe, elas só acasalam com o dono do harém. Os garanhões de quagga copulam menos, produzem menos sêmen e também têm testículos menores do que suas contrapartes de Grevy, que devem estar preparados para lidar com fêmeas com um pendor ocasional por uma alta freqüência de CEPs.[49]

As zebras de Grevy não fazem guarda da parceira; em vez disso, os garanhões são preparados para se envolver em competição espermática, quando necessário. Isto suscita novas questões. Por que depender de uma estratégia em vez de outra? Especificamente, por que todos os animais não fazem guarda da parceira, uma vez que isto parece ser mais eficiente? (Além disso, e quanto aos seres humanos, que não são menos dedicados quando se trata de proteger a fêmea, mas que também copulam com muito mais freqüência do que seria necessário para apenas se reproduzirem?) A resposta parece ser que em muitos casos a guarda da parceira é a principal estratégia, sendo a cópula freqüente a segunda alternativa, a que se recorre quando machos e fêmeas devem passar um tempo substancial separados. Isso acontece, por exemplo, entre aves de rapina; um indivíduo em geral fica no ninho enquanto o outro sai em longas excursões de caça. Não é de surpreender que as aves de rapina copulem muito.

Considere a águia-pescadora. Estes "gaviões pescadores" são grandes predadores, cujos machos provêm quase todo o alimento enquanto suas parceiras ficam ocupadas com os deveres no ninho. Por conseguinte, os machos de águia-pescadora são incapazes de guardar suas fêmeas; eles ficam ocupados demais pescando. As fêmeas permanecem invisivelmente presas ao ninho a partir do momento em que chegam na primavera e até que os filhotes sejam independentes, aproximadamente aos três meses de idade. Observações de vários ninhos de águia-pescadora revelaram que os pares copulam com freqüência, em média 59 vezes por ninhada, a começar quando a fêmea chega ao território. Os machos ficam ausentes por quase 30% a 50% das horas diurnas, o que dá oportunidade para a fêmea ter CEPs, bem como motivação para os machos pareados insistirem em cópulas freqüentes quando voltam para casa depois de um longo dia de pesca.[50]

No caso das andorinhas-azuis, vimos os machos mais velhos usando CEPs para tirar proveito reprodutivo dos machos mais jovens e inexperientes. Em outras espécies, é provável que os machos obtenham CEPs de fêmeas que são mal abastecidas por seus parceiros. Isso foi especialmente bem estabelecido entre nossos amigos, as águias-pescadoras.[51] Assim, não só um macho de águia-pescadora que trabalha arduamente corre o risco de que sua parceira vá "arrumar um amante" enquanto ele está fora procurando por comida, como esse risco é intensificado se ele não é lá grande coisa na tarefa de trazer o salmão para casa. Não se sabe se as águias-pescadoras machos particularmente ineptas como provedores tentam compensar isso copulando com uma freqüência ainda maior do que o normal da espécie.

Mas sabe-se bem que, em muitas espécies diferentes, um par residente tem uma probabilidade especial de copular pouco depois de uma invasão no território do par. Parece — embora ainda não tenha sido provado —

66 O MITO DA MONOGAMIA

que essa reação aos invasores é iniciada pelo macho pareado. Isso teria sentido biológico, uma vez que é improvável que nesses casos os machos invasores simplesmente apareçam para pegar uma xícara de açúcar ou vender biscoitos de escoteiros. Por que a fêmea deve concordar com isso, aquiescendo em copular com seu parceiro só porque outro macho recentemente andou por ali? Talvez simplesmente seja menos dispendioso para ela concordar do que resistir à impertinência do parceiro. Ou pode ser recompensador para ela permitir as cópulas — em especial quando sua fidelidade está em questão —, de modo a convencer o parceiro da paternidade dele, a fim de garantir sua assistência na criação da prole. (Como veremos, a perda de assistência paterna é um importante custo em potencial para a fêmeas de CEP, se descobertas pelo macho do par.)

De qualquer modo, há poucas coisas tão sexualmente estimulantes para os animais socialmente monógamos do que a possibilidade de que a fêmea pareada possa ter tido uma CEP. Entre os papafigos, os machos copularão com suas parceiras imediatamente depois de ouvir um canto gravado de outro papafigo.[52] Pode-se dizer que, no mundo dos papafigos, o canto de um macho é sexualmente excitante para outros machos; o significado evolutivo disso seria que o canto próximo de outro macho sugere que alguém pode ter copulado recentemente com a fêmea do par. Se for assim, os machos pareados que são "excitados" por esse sinal revelador e que introduzem seu esperma com a maior rapidez possível para competir com o macho extrapar seriam favorecidos pela seleção natural, em detrimento daqueles machos pareados que ficaram indiferentes a estas pistas.

A pesquisa de Darwin sobre os patos domésticos mostrou que os machos (em especial solteiros não-acasalados) com freqüência "estupram" fêmeas já acasaladas — isto é, forçam uma cópula. Quando isso acontece, o macho pareado em geral reage, tentando expulsar o atacante. Imediatamente depois, ele força uma cópula com sua parceira.[53] Esse comportamento não é cavalheiresco, mas, no cômputo frio da seleção natural, pode ser o melhor que ele pode fazer para tentar contra-atacar o recente acasalamento extrapar.

ABALANDO O MITO: OS MACHOS **67**

O falcão das Galápagos é incomum no sentido de ser socialmente poliândrico: mais de cinco machos formarão vínculo, social e sexualmente, com uma fêmea. Assim que um macho copula com a fêmea, os outros rapidamente se alinham para fazer o mesmo.[54] Não basta dizer que o sexo, como o riso ou o bocejo, é um comportamento "contagiante". A melhor explicação para o *motivo* de ser contagiante é que ele indica a perspectiva de uma cópula extrapar e assim estimula a reação adaptativa, especialmente entre os machos.

Os mamíferos não são imunes a isso. Entre os ratos, os machos acasalam com uma fêmea com a maior rapidez possível depois que ela terminou de copular com outro macho.[55] Entre os primatas não-humanos, os machos rapidamente montam e copulam com uma parceira fêmea que recentemente copulou com outro macho.[56] Isso implica que os machos são sexualmente estimulados por indicações de que uma fêmea copulou recentemente. E isso, por sua vez, não deve causar estranheza: os seres humanos, em especial os homens, também ficam muito excitados com essas indicações. Daí as atrações da pornografia pesada e do voyeurismo, que foram atribuídas aos homens que em geral têm um baixo limiar para o estímulo (uma vez que seu investimento em esperma é mínimo).

Essa explicação é válida, embora seja limitada, mas não pode ser completa. Assim, o significado adaptativo da competição espermática também pode estar envolvido, uma vez que será adaptativo para o macho humano — não menos do que para machos de outras espécies que mencionamos — ficar especialmente excitado com a perspectiva do próprio ato sexual. Isso até é verdade se o ato sexual acontecer por parte de outros indivíduos, se ele indicar a presença próxima de uma fêmea receptiva. A competição espermática faria com que valesse a pena os machos estarem preparados para se reunir, se possível, e agir imediatamente, de modo a competir com os machos precedentes. Além disso, a existência da competição espermática também ajuda a explicar um aspecto aparentemente peculiar e no entanto difundido da sexualidade humana: muitos homens ficam sexualmente excitados ao pensar em sua parceira tendo relações sexuais com outro

68 O MITO DA MONOGAMIA

homem. Alguns até chegam ao ponto de arranjar esses encontros (embora isso aparentemente seja raro).

Em pelo menos uma espécie de rato, quando um macho copulou recentemente com uma fêmea, o intervalo de tempo antes da cópula seguinte com a mesma fêmea é significativamente reduzido se, nesse ínterim, ele a observa copulando com outro macho.[57] É mais provável que, ao copular prontamente com uma fêmea que acabou de copular com outro macho, o macho "que reage" aumente a probabilidade de que ele, e não o rival, fertilize os óvulos. Ou ele pode simplesmente diminuir a probabilidade de que seu(s) rival(is) seja(m) bem-sucedido(s), se houver uma interferência direta no esperma produzido por diferentes machos.

E assim chegamos a um tema indelicado mas revelador: o tamanho dos testículos. As espécies em que predomina a guarda da parceira em geral têm testículos pequenos; quando a cópula freqüente é a estratégia preferida, não é de surpreender que as gônadas dos machos sejam mais impressionantes.

Para casos notáveis de cópula freqüente, considere aquelas espécies que são poliândricas, em que uma fêmea regularmente se acasala com mais de um macho (como as jaçanãs, mencionadas anteriormente). Esses animais costumam ter uma alta freqüência de cópula, provavelmente iniciada pelos machos, cada um tentando superar o esperma dos rivais e, portanto, aumentar as chances de que os ovos depositados em seu ninho — e que eles depois incubarão e do qual cuidarão — sejam geneticamente deles. Os machos dessas espécies têm testículos enormes, produzindo mais esperma do que os machos monógamos, cuja responsabilidade é inseminar sua parceira, mas não competir com o esperma de outros machos.[58] Esse padrão não se limita às aves. Ele foi encontrado em mamíferos de modo geral,[59] confirmado pela comparação, por exemplo, de espécies de roedores que têm e não têm muitas CEPs, em membros da família dos eqüinos (inclusive a zebra) e até em baleias *Mysticetes*. O mesmo para os primatas.[60]

Como já dissemos, algumas espécies de aves, inclusive o tetraz-das-pradarias e o tetraz-cauda-de-faisão da América do Norte, procriam no que se chama um *lek*, um terreno de exibição comunitária. Os machos se reúnem ali e mostram seus artigos, cantando, assumindo poses e, em geral, se organizando em um padrão de dominância, com os machos alfa no meio. As fêmeas se acasalam quase exclusivamente com esses indivíduos favorecidos, que podem copular com várias fêmeas em um dia; essas fêmeas, por sua vez, em geral agem com frieza para com os machos subordinados. Sistemas desse tipo dão uma oportunidade de responder a esta pergunta: quando os machos têm testículos especialmente grandes, isso se deve à competição espermática (ou seja, porque outros machos podem copular com as mesmas fêmeas) ou simplesmente às demandas de produzir esperma suficiente para fertilizar os ovos de muitas fêmeas diferentes?

A resposta é bem clara: enquanto as espécies poliândricas têm grandes testículos, os machos de espécies que usam *leks* têm testículos que, se comparados com o tamanho geral do corpo, são excepcionalmente *pequenos*.[61] Evidentemente, é mais fácil produzir bastante esperma para fertilizar uma fêmea ou até muitas, como fazem os machos dominantes de *leks*. O que realmente contribui para os testículos grandes é quando os machos devem competir com o esperma produzido por outros machos.

O argumento mais importante — ou, pelo menos, aquele que está mais próximo do que interessa aos leitores deste livro — vem de observações dos grandes macacos. Lembra-se daqueles impressionantes gorilas machos adultos, de corpo grande e temperamento relativamente agressivo, que conseguem dominar outros machos e adquirir o direito de reprodução em um pequeno harém de fêmeas? Embora tenham o corpo grande, os testículos são notavelmente pequenos, na verdade minúsculos, se comparados com o peso corporal. Já os chimpanzés machos — que não chegam a nada parecido com o despotismo reprodutivo desfrutado por suas contrapartes gorilas — têm testículos enormes. Isso é inteiramente razoável, uma vez que uma fêmea de chimpanzé no cio copulará com muitos machos

70 O MITO DA MONOGAMIA

diferentes; em um caso, Jane Goodall observou uma fêmea de chimpanzé copular 84 vezes em oito dias, com sete machos diferentes. Conseqüentemente, um chimpanzé macho não pode simplesmente supor que o acesso sexual a uma fêmea no estro resultará em paternidade. Ele deve produzir espermatozóides suficientes para dar a eles — e portanto, a si mesmo — uma chance na briga. (Quando se trata do tamanho do testículo, os seres humanos recaem em algum ponto entre o gorila polígino e o chimpanzé promíscuo, o que sugere que somos ligeiramente políginos. Mais — muito mais — sobre isso depois.)

Uma vez que o tamanho dos testículos é fortemente influenciado pela competição espermática, e não pela simples necessidade de inseminar uma parceira fiel, é possível usar o tamanho dos testículos como uma medida aproximada da competição espermática vivida por uma espécie. Em animais socialmente monógamos, há muita variabilidade: algumas espécies têm testículos relativamente pequenos, sugerindo muito poucas CEPs. Outras — em especial aquelas que vivem em colônias — têm testículos grandes: estas incluem as garças, os pardais, a maioria das aves aquáticas, as andorinhas-de-bando e as andorinhas-de-dorso-acanelado. Nesses casos, as fêmeas pareadas têm a oportunidade de acasalar com outros machos. É claro que o mesmo é válido para os machos: eles têm a oportunidade de acasalar com outras fêmeas. Mas, como acabamos de ver, é improvável que o tamanho dos testículos seja impelido tanto pela necessidade de fazer um monte de esperma para inseminar outras fêmeas como pela necessidade de competir com o esperma de outros machos. Partindo dessa perspectiva, o trato reprodutor da fêmea é uma arena na qual ocorre uma competição espermática bem feroz. A tática pode ser definitivamente estranha.

Por exemplo, não é sequer necessário fazer uma grande quantidade de esperma normal, e em alguns casos os machos se sairão melhor se não o fizerem, em especial se a produção do esperma for relativamente custosa. Como um dono de bar que tenta esticar seu orçamento colocando água nas bebidas, os machos de alguns insetos podem induzir uma fêmea a ficar

ABALANDO O MITO: OS MACHOS **71**

sexualmente não-receptiva a outros machos, a um custo baixo, introduzindo "enchimento barato" nos receptáculos seminais das fêmeas. Entre algumas espécies de *Drosophila* — a mosca-da-fruta —, os machos produzem pelo menos dois tipos estruturais diferentes de espermatozóide, um curto e outro longo. (O termo técnico é *heteromorfismo de esperma*, literalmente "estruturas diferentes".) O pressuposto é de que o espermatozóide curto é de produção mais barata do que o longo; isso é provável, uma vez que os machos que produzem espermatozóides curtos amadurecem mais cedo, sugerindo que eles vêm usando menos recursos metabólicos. Embora os mais curtos em geral constituam mais da metade do ejaculado, parece que eles não fertilizam diretamente os ovos; não se conhece sua função exata, embora a hipótese preferida seja de que o espermatozóide curto age como um enchimento barato dentro do trato genital da fêmea, tornando menos provável que uma fêmea acasalada vá tentar copular novamente no futuro próximo.

Entre muitos insetos, as fêmeas são equipadas com vários órgãos especializados em receber esperma durante a cópula. De modo geral, as fêmeas acasalarão novamente quando seu suprimento de esperma começar a cair. Em alguns casos, é simplesmente o efeito de esticamento, e não um feromônio especial, que faz o truque, o que não é diferente das cólicas de fome que as pessoas sentem quando seu estômago encolhe e da sensação de saciedade que vem depois de comer, quando o estômago está esticado. Um pesquisador tentou injetar óleo de silicone na *bursa copulatrix* de uma espécie de borboleta; em resposta, as fêmeas tornaram-se não só distendidas, mas sexualmente não-receptivas.[62] É interessante observar que, entre as borboletas, o chamado esperma apirene (que não tem nenhum material genético) é especialmente comum, às vezes ultrapassando 90% de todo o esperma produzido.[63] É provável — embora ainda não tenha sido comprovado — que seja metabolicamente mais barato para o macho produzir esses "brancos" do que aparelhar todo o seu esperma com o complemento total de DNA.

72 O MITO DA MONOGAMIA

Nos anais da competição espermática, uma consideração importante é se há uma vantagem em ser o primeiro a acasalar com uma determinada fêmea, ou o último, ou se todo o esperma é acumulado dentro de uma fêmea de acasalamentos múltiplos, resultando em uma "loteria ao acaso", com a provável vitória indo para o macho que contribui com a maior parte. Entre insetos e aves, o padrão predominante é o da "vantagem do último macho", ou "último a entrar, primeiro a sair". Quando o esperma se acumula dentro da fêmea em um órgão especializado de armazenamento de esperma (como na *Drosophila* e nas borboletas), faz sentido que o último esperma a ser acrescentado tenha probabilidade de ser o primeiro a ser posto para fora quando os ovos finalmente passam na procissão reprodutiva. Como os passageiros de um avião esperando no carrossel de bagagem, cujas malas aparecerão mais cedo se entraram mais tarde, o último provavelmente será o primeiro. Quando se trata do tráfego reprodutivo de alguns machos, isso tem implicações importantes para o comportamento.

Imagine que você é um macho de uma dessas espécies "último a entrar, primeiro a sair". Acrescente a isso o fato de que as circunstâncias ecológicas podem ditar que você e sua parceira devem passar um tempo considerável separados. Sem saber ao certo se ela copulou com outro nesse ínterim, sua melhor estratégia é copular com freqüência. Dessa forma, você aumenta a probabilidade de que o seu esperma seja o mais recentemente depositado — daí, aquele que mais provavelmente vai fertilizar os ovos de sua parceira.

É evidente que tudo isso pressupõe que o macho e a fêmea já tenham se comprometido um com o outro do ponto de vista reprodutivo — por meio da corte, da construção de um ninho, talvez defendendo juntos um território e assim por diante. Em outros casos, quando as CEPs se avultam no planejamento estratégico da evolução, mas o par em potencial ainda não decidiu se estabelecer, há alternativas à guarda da parceira ou a copular com freqüência. Uma delas é evitar se comprometer. Por exemplo, o pombo-torcaz macho se comporta de forma agressiva com relação às fêmeas que revelam, por seu comportamento, que copularam recentemente com outros machos. O resultado é o adiamento da ligação do par, o que provavelmente é adaptativo, uma vez que significa que quando o pombo-torcaz macho se compromete com uma fêmea com um passado muito intenso, ela já terá revelado esse passado pela postura de ovos fertiliza-dos. É interessante observar que o armazenamento de esperma dos pombos-torcaz tem uma duração incomumente curta, e assim o macho desconfiado não precisa esperar muito tempo.[64]

Para que serve o pênis? Pergunte a um menino e terá uma resposta ine-quívoca: para urinar. (As meninas, que se saem bem sem pênis, têm um bom motivo para discordar.) Então, para que serve realmente um pênis? Pergunte a um adulto e provavelmente você ouvirá que é para introduzir os produtos de reprodução dos machos nas fêmeas. Em certa época, há muito, muito tempo — quando ainda reinava o mito da monogamia —, quase todos os biólogos teriam concordado. Mas não concordam mais.

Não entenda mal: o pênis *serve* para a introdução dos produtos repro-dutivos masculinos na fêmea, mas não é só isso que ele faz. Uma vez que agora entendemos que as fêmeas de muitas espécies, provavelmente da maioria delas, podem acasalar com mais de um macho, a probabilidade correspondente é de que esses machos não sejam apenas adaptados para transferir esperma... nem mesmo montes de esperma. Se você for o se-gundo, terceiro ou quarto macho a acasalar com uma fêmea, seu interesse reprodutivo de longo prazo será levado em consideração não pela capaci-dade de introduzir esperma com eficiência e em quantidades adequadas, mas também pela capacidade de remover qualquer depósito anterior de um rival. Em muitos animais (em especial nos insetos), o pênis não é apenas um cano para o fornecimento de esperma; ele é também, alterna-damente, um pugilista, goivador, escareador, saca-rolhas — um verdadei-ro canivete suíço com engenhocas e cacarecos adaptados para remover o esperma de qualquer macho precedente.

74 O MITO DA MONOGAMIA

No *Calopterix maculata*, um inseto comum de beira de rio do leste dos Estados Unidos, as fêmeas comumente acasalam com mais de um macho. Cada macho de *Calopterix maculata* exibe um pênis especializado, guarnecido de cornos e espinhos laterais, não muito diferente de uma escova. Os machos que copulam usam o pênis para se livrar de 90% a 100% do esperma de seus predecessores antes de depositar o próprio esperma.[65] Alguns machos de tubarão fazem em suas parceiras sexuais uma espécie de ducha pré-coito, cortesia de um pênis extraordinariamente semelhante a uma espingarda de dois canos. Um cano contém um tubo especializado que pode agir como mangueira de água salgada de alta pressão, lavando num jato qualquer esperma depositado por um rival sexual; o outro cano transporta esperma para dentro da fêmea. Os polvos-pigmeus machos aparentemente podem detectar se uma fêmea com que estão acasalando já copulou, porque eles passam mais tempo copulando com polvos fêmeas já acasaladas: eles gastam o tempo a mais usando um tentáculo especializado para escavar o esperma depositado por seus predecessores.[66]

Já descrevemos como, na maioria dos insetos, as fêmeas armazenam o esperma transferido em um órgão especial, um receptáculo espermático, a *bursa copulatrix* ou espermateca. Depois, à medida que um ovo passa pelo próprio conduto, a fêmea contrai a musculatura especial da espermateca, forçando o esperma para fora, que o fertiliza. Não é de surpreender que os machos de algumas espécies de insetos tirem proveito desse arranjo: em vez de remover diretamente o esperma do rival, eles induzem a fêmea a fazer isso. Antes de acasalar, eles empregam estruturas genitais especializadas para estimular o sistema de ejeção de esperma da fêmea, de modo que a espermateca se contraia, ejetando o esperma previamente armazenado, porém na ausência de algum ovo.[67]

Mas não perca de vista a floresta olhando só as árvores: isso não é simplesmente uma recitação do compêndio de esquisitices sexuais do tipo "Acredite se Quiser". Todos esses exemplos refletem a ação poderosa da evolução, transmitindo uma vantagem para os machos que são capazes de superar o esperma dos rivais. Os machos toparam com outras técnicas para

ABALANDO O MITO: OS MACHOS **75**

dar a seu esperma uma vantagem na briga pela reprodução. Por exemplo, uma pequena ave européia chamada ferreirinha acasala ocasionalmente em pares, e às vezes em trios, dos dois tipos: dois machos e uma fêmea, e duas fêmeas e um macho. (Para uma ave que parece insípida, o pouco sedutor ferreirinha é um promíscuo e tanto.) Quando são dois ferreirinhas machos e uma fêmea, os machos costumam bicar a cloaca da fêmea antes de copular com ela; em resposta, ela expulsa algumas gotas do esperma do outro marido. Quanto mais tempo uma fêmea ferreirinha passa com um macho, maior o número de bicadas pré-copulatórias na cloaca feitas pelo outro.[68]

Por fim, existe a inseminação traumática. Os exemplos mais conhecidos são encontrados entre os percevejos; os machos simplesmente furam o corpo de sua vítima/parceira, injetando o esperma, que depois viaja pelo sangue, acumulando-se nas gônadas e conseguindo a fertilização. Mas isso é "apenas" uma maneira de inseminar a fêmea, e não competição espermática em si (a não ser que o esperma de dois dos machos lutem dentro da corrente sanguínea da fêmea, algo que não foi demonstrado — ainda). Há, porém, pelo menos um exemplo estranho de machos usando a inseminação traumática uns contra os outros; envolve um macho seqüestrando os esforços reprodutivos de outro, realizando a competição espermática violentamente. Existem insetos que vivem em morcegos que habitam cavernas. Entre estes adequadamente chamados percevejos-das-cavernas, os machos atacam outros machos, injetando esperma e fluido seminal diretamente na cavidade corporal da vítima, que é perfurada pelo pênis afiado do agressor. O receptor macho metaboliza o fluido seminal, ganhando assim algumas calorias com a transação. Mas parte do esperma sobrevivente também migra para os testículos do receptor. Se, e quando, a vítima copula com uma fêmea de percevejo, ele transferirá parte do esperma de seu agressor, que consegue a paternidade por procuração.[69]

76 O MITO DA MONOGAMIA

A essa altura deve estar claro que os machos trabalham intensamente para obter CEPs e, da mesma forma, para evitar que machos rivais consigam alguma coisa à sua custa. Para os animais, pelo menos, o motivo subjacente para toda essa guarda da parceira, bordejar e realizar competição espermática é o proverbial resultado contábil: não o lucro financeiro, mas um bônus evolutivo na forma de sucesso na reprodução. O sucesso reprodutivo de um macho é gravemente ameaçado se sua parceira tem uma CEP ou — pior ainda — uma FEP (fertilização extrapar). Para falar grosseiramente, não há recompensa na criação da prole de outro.[70]

Que opções estão abertas a um macho que foi traído? Não muitas, e todas têm possíveis riscos. Elas incluem:

1. Agressão física: castigar sua parceira e/ou o macho intrometido. Isso tem um certo sentido intuitivo, mas é improvável que transmita muitos benefícios evolutivos, a não ser, talvez, se diminuir a probabilidade de que uma das partes transgrida novamente no futuro. Também apresenta o risco de lesão física e rompimento da parceria vigente.

2. Forçar uma cópula rápida com sua parceira, no interesse da competição espermática. Isso também pode enfraquecer a ligação do par.

3. Prover menos cuidados paternos, possivelmente até negligenciando ou maltratando qualquer prole bem-sucedida. Isso também pode sair pela culatra, em especial se parte dos filhotes em desvantagem forem os seus.

4. Desertar totalmente a parceira. O que só faz sentido se houver parceiras alternativas. Não é de surpreender que o adultério seja freqüentemente citado entre os seres humanos como motivo para o divórcio. Pode surpreender alguns leitores — embora a essa altura, talvez não muitos! — que o divórcio também ocorra entre animais e que também aqui ele esteja estreitamente relacionado com a CEP, em especial por parte da fêmea.[71]

ABALANDO O MITO: OS MACHOS **77**

Entre as opções anteriores, a de número 3 parece prevalecer especialmente: quando os machos têm indicações de que suas parceiras foram infiéis, é particularmente improvável que eles ajam como pais dedicados. É de se esperar que os machos que seguem uma estratégia do tipo "atacar e correr", contribuindo com esperma, mas com pouco mais do que isso para sua prole, fiquem consideravelmente menos perturbados se suas parceiras se envolvem em CEPs. Ou, pelo menos, uma vez que eles não tendem a ser pais dedicados, é improvável que o desvio da monogamia por parte de suas parceiras sexuais tenha muito efeito sobre o comportamento dos machos. Mas a monogamia ostensiva é uma questão diferente. Nesses casos, os machos dão muito — cuidados paternos, além de em geral renunciarem a um grande número de suas próprias CEPs — e, não é de surpreender, esperam obter muito ou, no mínimo, conseguir criar sua própria progênie.

De acordo com o que se espera, as andorinhas-de-bando machos são menos atenciosas na alimentação dos filhotes se suas parceiras se envolveram anteriormente em CEPs. Entre os azulões, os machos de um ano de idade têm aproximadamente duas vezes a probabilidade dos machos mais velhos de serem traídos por suas parceiras;[72] significativamente, raras vezes os machos mais jovens ajudam na criação dos filhotes. Tais descobertas têm um sentido biológico perfeito. Afinal, nunca se ouviu falar, e na verdade é quase inimaginável, de adultos que dispensam cuidados paternos aleatoriamente, sem levar em consideração o relacionamento genético. Tente imaginar uma sociedade — animal ou humana — em que perfeitos estranhos cuidam dos jovens, essencialmente ao acaso. Um arranjo desses nunca foi encontrado em nenhum ser vivo. Certamente existem muitas espécies em que os machos contribuem pouco ou nada com os cuidados parentais, mas, quando agem paternalmente, então eles, não menos do que as fêmeas, voltam sua atenção para determinadas parceiras, determinados ninhos e uma determinada prole: os dele. O passo seguinte é retirar parte ou toda a atenção quando há uma boa possibilidade de que a prole em questão seja de outro. (Isso não requer nenhum insight intelectual especial por parte deles; qualquer tendência mediada geneticamente a prover cuidados de forma indiscriminada seria rapidamente substituída por tendências alternativas para voltar os cuidados à própria prole... que, porque é a própria prole, provavelmente possui os genes para essas tendências, que, portanto, receberiam um empurrão.)

Como já observamos, a monogamia — até a monogamia social — é rara entre os mamíferos. É digno de nota, porém, que existam essencialmente só os casos de monogamia em que os machos mamíferos proporcionam *algum* cuidado parental; afinal, mesmo com o risco de CEPs, um macho mamífero monógamo tem muito mais confiança em sua paternidade do que outro, cuja parceira sexual pode ter sido inseminada por outros machos. E assim encontramos pais comparativamente dedicados entre raposas, coiotes, castores, gibões e sagüis, espécies em que as fêmeas são sexualmente fiéis a apenas um macho. E encontramos muito pouco comportamento paterno em marmotas, porcos-espinhos, esquilos, cervos, gnus, pumas ou ursos. Na medida em que a paternidade fica em dúvida, o comportamento paterno provavelmente está em falta.

Em outras épocas, a perspectiva de paternidade parece poder gerar o comportamento do tipo paterno, mascarado por um período de altruísmo desinteressado. O surgimento da CEP como um fato importante da vida chegou a diluir o impacto de outra revolução na moderna teoria biológica, conhecida como "seleção de parentesco". Foram registrados vários casos desconcertantes em que jovens adultos servem como "ajudantes no ninho", auxiliando outros a reproduzir em vez de criar a própria prole. Com nossa recente apreciação da CEP, surgiu uma nova ruga na interpretação desse comportamento aparentemente altruísta. Mesmo os machos "ajudantes" podem, na verdade, estar ajudando a si mesmos... no sexo ocasional com a fêmea que procria. A chamada procriação cooperativa pode assim envolver menos altruísmo do que se pensava recentemente, uma vez que, em pelo menos alguns casos, o que parece um cuidado altruísta dos filhotes é, na realidade, investimento paterno maduro, feito nos descendentes do próprio ajudante, alguns dos quais concebidos mediante CEPs discretas.[73]

E, no entanto, a confiança no parentesco não explica todos os aspectos do comportamento dos pais. Por exemplo, um experimento analisou o comportamento paterno de gobiões machos comuns; são pequenos peixes marinhos, cujos machos guardam os ovos que a fêmea lhes deixa. O objetivo do experimento era avaliar se o gobião macho comum trata sua prole de forma diferente, dependendo de terem sido desovados sozinhos (com uma fêmea, mas nenhum outro macho) ou com um segundo macho presente, caso em que há pelo menos uma chance de que alguns dos ovos e filhotes tenham como pai o intrometido. Descobriu-se que não importava se um segundo macho estava presente.[74]

Os gobiões não são os únicos.[75] Não é uma constante que os cuidados paternos variem com a confiança na paternidade; há algumas exceções notáveis não só entre os peixes, mas também entre as aves. O que fazemos com essas exceções? (Não se engane: são exceções mesmo.) Se elas fossem a regra, teríamos de reavaliar alguns princípios evolutivos e genéticos básicos. Como exceções, elas nos dão a oportunidade de afiar nossas previsões.

No caso do cuidado paterno ocasional de animais não-paternais, parece que há outros fatores em ação. Por exemplo, se as CEPs geralmente não ocorrem em uma determinada espécie, então, na falta do contexto, haveria pouca ou nenhuma pressão evolutiva selecionando a capacidade de um macho de detectar sua provável não-paternidade e reagir de acordo com isso. A seleção natural só pode gerar uma reação se, no passado, surgiram situações que levaram os indivíduos a reagir de uma determinada forma para que fossem mais bem-sucedidos do que os indivíduos que reagem de outras maneiras. Segundo o mesmo raciocínio, não temos a capacidade de ouvir sons de freqüência ultra-alta porque esses sons não fizeram parte da paisagem relevante em que evoluíram nossos ancestrais; o mesmo não se pode dizer de algumas mariposas, porém, que evoluíram

80   O MITO DA MONOGAMIA

a capacidade de ouvir e responder a sons de freqüência ultra-alta emitidos por uma parte muito relevante de seu ambiente: os morcegos-vermelhos.

Também é possível que, em algumas espécies, os machos simplesmente careçam da capacidade de detectar ovos ou descendentes que não sejam deles, embora isso pudesse beneficiá-los se eles conseguissem detectar. Ou talvez, em certos casos, a recompensa de distinguir "meus genes" dos "genes de outro" seja substancialmente reduzida por algumas desvantagens, como o custo de ocasionalmente se enganar e tomar partido contra a própria prole, afinal. Todavia, há pouca dúvida de que essas incursões — em especial por um macho no território de um casal que procria de forma monógama — não são apreciadas... em particular pelo macho residente.[76]

Em meados da década de 1970, David realizou este experimento no Parque Nacional de Mount Rainier: ele fixou um modelo de um macho de azulão norte-americano perto de uma fêmea e de seu ninho, para que, quando voltasse o verdadeiro parceiro da fêmea, ele descobrisse sua fêmea em íntima associação com esse aparente estranho. O macho se comportou de forma agressiva em relação ao modelo e também com a própria parceira, expulsando-a;[77] ela foi, por fim, substituída por outra fêmea, com quem ele criou com sucesso uma ninhada. Esse pequeno estudo tornou-se controverso, com os pesquisadores debatendo, entre outras coisas, a propriedade de biólogos agirem como Iago, induzindo o ciúme sexual violento entre seus objetos de estudo! De qualquer modo, desde então houve vários estudos em que os machos de diferentes espécies foram retirados enquanto suas Desdêmonas eram sexualmente receptivas, em que esses machos tinham acesso visual a suas fêmeas desprotegidas, em que as fêmeas foram retiradas, em que os machos testemunharam suas fêmeas em gaiolas com machos chamarizes e assim por diante, sempre procurando pelo possível impacto sobre o comportamento subseqüente dos machos, em especial suas inclinações paternas.[78]

O padrão persiste: a paternidade genética tem correlação com a atitude paterna. Mas nem sempre. Em especial em algumas espécies socialmente monógamas, os machos não reduzem consistentemente sua solicitude

ABALANDO O MITO: OS MACHOS   81

paterna depois de evidência comportamental da infidelidade de suas parceiras. Talvez eles só não "entendam" o que aconteceu, ou talvez suas inclinações paternas sejam tão arraigadas que eles simplesmente não têm flexibilidade suficiente para se adaptar. De qualquer modo, é interessante que a evidência mais forte a favor dos ajustes precisos feitos pelos machos às CEPs de fêmeas venham de espécies que procriam cooperativamente, como o ferreirinha, em que vários machos podem se associar com uma fêmea. Aqui, o macho cuida da prole na proporção da probabilidade que tem de ser o pai; se vários machos copularam com uma fêmea, cada macho fornecerá alimento, por exemplo, na proporção de seu grau de acesso sexual. (Mais cópula, mais alimento.) Em outra espécie de ave de procriação cooperativa, o pica-pau *Melanerpes formicivorus*, os machos dominantes, quando são experimentalmente removidos do grupo, reagem com o infanticídio, destruindo os ovos postos enquanto eles estavam fora do quadro reprodutivo.[79] A probabilidade é de que, nessas espécies, os machos sejam expostos com freqüência a variações na probabilidade de serem pais; por conseguinte, eles têm o repertório de comportamento para detectar essas probabilidades e se comportar de acordo com isso. Talvez, nos casos de monogamia ostensiva, as fêmeas sejam tão astutas ao esconder suas CEPs que os machos não desenvolveram uma reação.

Há outros caminhos interessantes que relacionam as CEPs e o comportamento paterno. Já vimos a peculiar troca entre a guarda da parceira e o bordejar, em que um frustra o outro. Os machos também parecem ser influenciados por outro ponto de equilíbrio: entre bordejar (sair em busca de CEPs) e ficar em casa para ajudar a cuidar dos filhos. Como no caso do bordejar em oposição à guarda da parceira, os machos não podem seguir os dois caminhos; se eles estão fora tentando espalhar suas sementes, não podem também estar em casa tomando conta dos frutos que semearam.

Em muitas espécies de aves de nidificação colonial (por exemplo, andorinhas-do-mar, garças, gaivotas sociais), há comparativamente pouca atividade de CEP, talvez porque as fêmeas procriem de forma sincrônica; ou seja, é provável que todas procriem mais ou menos ao mesmo tempo.

Em conseqüência, um macho que bordeja corre o risco de que sua fêmea vá traí-lo. Já a maioria dos pássaros canoros parece se envolver em CEPs sempre que pode. Embora procriem sazonalmente, eles não são verdadeiramente sincrônicos, e assim um macho pode inseminar "sua" fêmea, protegê-la de outros machos enquanto ela está fértil e depois procurar outras fêmeas que podem estar entrando em seu período fértil. Além disso, muitos machos parecem usar uma estratégia "de troca": depois que os ovos foram chocados, eles abandonam o bordejar e se tornam pais corujas... porque a essa altura a recompensa genética supera a de procurar por CEPs.

Por exemplo, o macho de azulão procura por CEPs enquanto suas parceiras estão incubando — uma época em que há relativamente pouco que os machos possam fazer para ajudar sua prole.[80] O comportamento paterno compete com a tentativa de conseguir CEP: em muitas espécies de aves, os machos proporcionam muito cuidado paterno durante a criação dos filhotes; muito menos durante a nidificação ou a incubação. Pode não ser coincidência que, nos primeiros estágios do ciclo de procriação, os machos tenham a perspectiva de conseguir uma CEP ou mais; daí, eles têm uma probabilidade maior de bordejar. Na fase de criação dos filhotes, a maioria das fêmeas férteis já foi inseminada, então a melhor coisa que um macho pode fazer é ajudar a criar a prole que ele (presumivelmente) gerou.

Por outro lado, é provável que seja necessário mais esforço para criar filhotes famintos e de rápido crescimento do que construir um ninho ou pôr os ovos. Assim, as aves machos podem se esforçar mais na criação dos filhotes simplesmente porque, a essa altura, as fêmeas são menos capazes de conseguir isso como mães solteiras.

A decisão para muitos machos passa a ser esta: procurar por CEPs ou ser um pai que fica em casa. É uma negociação entre dois tipos de esforço: o de acasalamento (tentar obter o maior número de cópulas possível) versus o esforço parental (tentar aumentar o sucesso daquelas cópulas já realizadas). Os machos em geral fazem o que dá o melhor retorno. Por exemplo, se houver fêmeas férteis por perto, as CEPs — o esforço de acasalamento — podem ser favorecidas; se houver muitos predadores, esforço parental; se houver muitos bordejadores, a guarda da parceira, combinada, talvez, com o esforço parental; se a prole tem necessidades metabólicas especialmente altas, o esforço parental; se a parceira provavelmente copulou com outros machos, menos esforço parental e mais esforço de acasalamento (com a mesma fêmea ou com outras); e assim por diante.

Encontramos anteriormente as marmotas machos, presas no dilema entre proteger a parceira ou bordejar em busca de CEPs. Às vezes esses animais têm uma vida bem isolada, com a unidade básica consistindo em um macho adulto, uma ou duas fêmeas adultas e sua prole, sem mais ninguém por perto. Em outras situações, as marmotas ocupam colônias alvoroçadas, de tal forma que, embora o macho possa se acasalar com uma ou duas fêmeas próximas, há também muitas fêmeas adicionais — e machos — na vizinhança imediata. Acontece que os machos isolados são realmente bons pais, muito atenciosos com os filhotes, enquanto os que ocupam colônias agitadas passam seu tempo vagando em busca de CEPs ou na guarda da parceira, defendendo suas fêmeas de outros machos que procuram por CEPs. Sua prole não recebe a mínima atenção.[81]

Sabemos há bastante tempo que há uma variação considerável na extensão dos cuidados parentais do macho; em geral, aquelas espécies mais inclinadas à monogamia têm uma probabilidade maior de dar bons pais. Recentemente, ficou claro que há também um leque de comportamento paterno na maioria das espécies. Em geral os machos atraentes proporcionam menos cuidados parentais, de modo que as fêmeas acabam tendo mais trabalho como mães quando são pareadas com "gostosões".[82] Essa tendência é apreendida no título aparentemente seco deste artigo científico: "Contribuição Paterna à Condição da Prole Prevista pelo Tamanho das Características Sexuais Secundárias do Macho."[83] Quanto maiores as características sexuais secundárias do macho, menor é sua contribuição. É como se os machos desejáveis soubessem que são desejáveis, e assim eles podem anunciar essa desejabilidade pelo ambiente; segundo o mesmo ra-

84 O MITO DA MONOGAMIA

ciocínio, as fêmeas "de sorte", que conseguem acasalar com os garanhões, vêem-se com menos sorte quando ficam presas com a maior parte das tarefas domésticas.

Imagine, por exemplo, um tipo de ave em que os machos com manchas vermelhas brilhantes são especialmente bem-sucedidos na sedução das fêmeas. Agora imagine um macho cujas manchas são particularmente brilhantes e vermelhas: como ele é tão sexy, seus esforços em CEPs devem gerar frutos, e assim ele passa a maior parte do tempo bordejando, deixando que a parceira cuide dos filhotes a fim de compensar esse déficit. Mas não tenha muita pena da Sra. Garanhão: acima de tudo, foi opção dela se acasalar com o idiota preguiçoso e convencido, e depois, com toda probabilidade, ela vai lucrar geneticamente com a transação, uma vez que os filhotes deverão herdar a boa aparência vistosa do pai — bem como seus hábitos paternos desprezíveis — e, portanto, herdarão a atratividade dele para uma nova geração de fêmeas ávidas. Conseqüentemente, a fêmea que trabalha muito provavelmente terá mais netos através da prole desse macho.

Aliás, as andorinhas-de-bando machos de cauda longa voam com menos eficiência do que suas contrapartes de cauda curta, de modo que o fato de esses machos terem uma inclinação menor a ser pais ausentes pode se dever, em parte, ao fato de que para eles é mais difícil realizar as atividades normais da criação de filhos de andorinhas-de-bando — especificamente, pegar insetos na asa e levá-los de volta para a cria.[84]

Ao contrário, machos comparativamente pouco atraentes são mais inclinados a serem bons pais. Parece que eles tiram proveito de sua situação ruim comportando-se como os melhores pais possíveis, embora parte da prole assim auxiliada possa não ser dele. Entre as andorinhas-azuis, por exemplo, os machos jovens — especialmente inclinados a serem traídos pelas parceiras e também incapazes de compensar muita coisa por meio de suas próprias CEPs — comportam-se, do ponto de vista paterno, como machos mais velhos, embora sua recompensa seja menor (uma vez que muitas ninhadas terão como pai aqueles machos mais velhos). Eles simplesmente não têm nada melhor para fazer.[85]

Nem sempre as fêmeas compartilham o entusiasmo dos machos por CEPs. E, assim, chegamos ao estupro. Alguns biólogos preferem a expressão mais suave "cópula forçada". Mas é improvável que qualquer um que veja o fenômeno entre os animais tenha alguma dúvida do que está acontecendo. Normalmente, o sexo entre os animais envolve uma longa seqüência de interações de corte que são claramente consensuais, em que os dois participantes se curvam, baixam a cabeça, cantam, balbuciam, saltitam, giram o corpo, arqueiam as costas, curvam o pescoço, trocam itens alimentares rituais, fazem uma dancinha elegante, batem os bicos, roçam os focinhos ou se unem através dos bicos, agitam os braços ou as asas, dobram as orelhas ou dilatam as narinas, saltam e andam empertigados, limpam-se e se catam, cantam e piam em sincronia romântica e, acima de tudo, fazem música juntos, que, mesmo quando não é bonita, pelo menos é mútua. Em resumo, eles passam por um padrão elaboradamente coreografado e previsível que acaba resultando na parceria sexual dos dois. Se um candidato a amante perde a deixa ou se comporta de forma inadequada, a corte pode ser destruída. Supondo-se que tudo corra bem, porém, o par formado acaba por copular e, embora o acasalamento nem sempre possa atender à definição humana de "romântico", pelo menos é provável que seja sincronizado, realizado com suavidade, mutuamente alcançado e consentido — um padrão de consentimento que será ainda mais sublinhado se os parceiros continuarem juntos em algum tipo de vínculo social (como o que identificamos com a monogamia).

Acontece uma coisa muito diferente quando um macho ou mais cai sobre uma fêmea, seja pareada ou não, e imediatamente força uma cópula, que em geral inclui ejaculação, sem um "com licença". A fêmea costuma lutar vigorosamente e às vezes consegue escapar; o parceiro, se presente, em geral tenta afastar os agressores. Nenhum relacionamento social subseqüente é estabelecido entre os violadores e a vítima, que costuma ser ferida no ataque sexual. Às vezes sobrevém a fertilização. Se isso não é estupro, o que é?

David e outros documentaram um padrão violento e brutal de cópula forçada entre patos.[86] Por exemplo, o ato ocorre mais comumente quando o macho está a uma certa distância e se desenrola de forma muito semelhante a uma curra entre os seres humanos. Um pequeno bando de machos mergulha sobre uma fêmea indefesa; a vítima luta vigorosamente, tentando escapar. Nem ela nem os agressores se envolvem em nenhuma das sutilezas compartilhadas que caracterizam a corte típica entre um par de patos. E não se estabelece nenhum relacionamento social subseqüente. Embora as fêmeas atacadas dessa forma às vezes sejam afogadas, as patas estupradas em geral sobrevivem e criam a prole de seus agressores.

Esse tipo de comportamento foi descrito extensivamente entre animais tão diversos como moscas-da-fruta, *Emerita talpoida* (crustáceo), moscas-escorpião, grilos, *Cyprinodom macularius* (um peixe), guppies, gudiões-azuis, andorinhas-de-bando, gansos-das-neves, zarros-cabeça-roxa e marrequinhos (espécie de pato), abelharucos africanos, gaivotas-alegres, tupaias, elefantes-marinhos, baleias, carneiros-das-rochosas e cães selvagens. A lista sem dúvida crescerá à medida que aumentar o número de estudos de longo prazo sobre o comportamento dos animais. De certa forma, também é uma questão de analisar com mais clareza o fenômeno que já foi bem "conhecido" (isto é, descrito), mas não foi interpretado de forma correta. Por exemplo, há muito tempo se sabe que mais de uma dúzia de pardais domésticos machos costumam se reunir em torno de uma fêmea. Essas reuniões agitadas de machos eram chamadas de "exibições comunais" antes que sua verdadeira natureza fosse reconhecida. São tentativas de CEPs por múltiplos machos. Uma vez que em quase todos os casos a fêmea resiste, elas também podem ser chamadas de "curras".[87]

De qualquer forma, não há simplesmente nenhuma dúvida de que Susan Brownmiller, autora do best-seller *Against Our Will*, estava cabalmente errada quando afirmou que o estupro é exclusividade dos seres humanos. Ele não é.

O estupro também parece ser comum entre os primatas, tendo sido relatado em macacos resos, macacos africanos, guenons-etíopes, macacos-de-rabo-curto, macacos-do-japão, macacos-aranha, macacos-folha, gorilas, chimpanzés e orangotangos.

De certa forma, esses casos são alvo fácil de crítica do leitor deste livro, uma vez que representam desvios da monogamia. Quando a fêmea de pato é estuprada, pode parecer outro tipo de CEP; afinal, na verdade é cópula extrapar e pode resultar em paternidade mista. A ameaça de estupro pode ainda motivar uma proporção substancial de guarda da parceira animal, assim como suas conseqüências reprodutivas podem incluir uma redução na tendência do macho pareado a se comportar paternalmente em relação a qualquer prole concebida. Mas, para nossos fins, é mais interessante focalizar naquelas situações em que os indivíduos que saem da monogamia estão agindo desta forma "por livre e espontânea vontade".

Essa é uma ladeira difícil e escorregadia, por vários motivos. Primeiro, o livre-arbítrio entre os animais (para não falar das pessoas!) é um tema muito contestado. Os cientistas em geral evitam-no, preferindo lidar com o que os animais realmente *fazem*, em vez de se eles têm ou não alguma opção a esse respeito. Segundo, embora ser vítima de estupro pareça um caso extremo de privação da própria autonomia, pode-se argumentar que todas as decisões que toma um animal — ou uma pessoa, a propósito — são feitas sob coação: se um pássaro canoro macho sai em busca de CEP "porque" ele tem uma tendência genética a se comportar dessa forma (porque o pai dele agia assim, o que contribuiu para ele ser concebido), estaria ele realmente agindo de acordo com a própria vontade? E se uma fêmea de melro copula com um macho vizinho a fim de ter acesso a seu suprimento de comida, ou uma fêmea de andorinha-de-bando faz o mesmo para ter acesso aos genes de um determinado macho, não seria ela também vítima de um tipo de coerção? Todavia, há uma distinção a ser feita entre a coerção orquestrada pela vontade conflitante de outro indi-

88 O MITO DA MONOGAMIA

víduo (estupro, subordinação social etc.) e a coerção que resulta da pressão das circunstâncias (por exemplo, escassez de alimentos ou genes adequados).

Assim como às vezes há controvérsia sobre se o sexo foi consensual ou forçado entre os seres humanos, também há áreas indefinidas em certos casos animais. Os machos às vezes são agressivos em busca de CEPs, beirando o estupro, como no caso do azulão.[88] Em outros — como nas aves *Poecile atricapilla* e chapim-azul —, as fêmeas realmente solicitam a cópula, ao passo que em outros ainda os machos, sem sombra de dúvida, não só iniciam o ato, mas são também assaltantes brutais.

De qualquer modo, machos não-atraentes ou malsucedidos ficam em uma situação especialmente difícil. Observamos que, comparado com as fêmeas, o investimento parental dos machos é relativamente pequeno, então espera-se que eles rivalizem com outros machos e/ou sejam atraentes para as fêmeas. Mas e se eles não são competitivos nem atraentes? Mesmo que consigam formar par com uma fêmea, como veremos no próximo capítulo, suas parceiras aproveitarão a oportunidade de melhorar sua situação reprodutiva acasalando-se às escondidas com machos mais desejáveis, embora esses machos nada atraentes possam não ter recursos comparáveis, a não ser pelo estupro, uma vez que provavelmente serão rejeitados pelas fêmeas se tentarem CEPs, pelo mesmo motivo que podem ser traídos por sua próprias parceiras. Há, na realidade, um corpo crescente de evidências de que o estupro humano também tende a ser uma tática reprodutiva de prováveis "fracassados".[89]

Já vimos que quando ocorre o estupro entre patos, os machos pareados costumam defender suas parceiras e, quando não conseguem, freqüentemente reagem estuprando eles mesmos a vítima. O mesmo foi subseqüentemente encontrado também em muitas outras espécies.[90] Por que uma reação tão pouco cavalheiresca? Provavelmente porque, dada a "vantagem do último macho" e a possível recompensa de simplesmente diluir qualquer esperma introduzido pelos estupradores, o macho pareado está

ABALANDO O MITO: OS MACHOS 89

tentando (embora inconscientemente) aumentar a possibilidade de que ele seja o pai de qualquer filhote gerado.[91]

Não deve ser coincidência que os *Sialia corrucoides* machos ataquem suas parceiras depois de terem constatado sua infidelidade; nessa espécie, em geral, há um reservatório de fêmeas disponíveis e não-pareadas. Já os patos machos de fêmeas estupradas quase sempre continuam pareados com elas; no caso deles, em geral, há uma escassez de fêmeas não-pareadas, e assim é melhor que um macho continue com uma parceira sexualmente comprometida do que a abandone e provavelmente termine sem parceira nenhuma.

Na realidade, as freqüências mais altas de estupro são encontradas em dois gansos estreitamente relacionados, o ganso de Ross e o ganso-das-neves pequeno. A pesquisa, realizada na maior colônia conhecida de gansos do mundo — que consiste em 291 mil gansos de Ross e 297 mil gansos-das-neves pequenos, em Karrak Lake, Nunavur (antiga parte dos territórios do noroeste, no Canadá) —, revelou que, entre essas aves atraentes e de aparência inocente, cerca de 50% das tentativas de cópula ocorrem fora da ligação do par, quase todas em conseqüência de estupro.[92] Cerca de um terço dessas tentativas de estupro é bem-sucedida, com o macho agressor conseguindo fazer contato com a cloaca de sua vítima. Mas o "sucesso" no sentido biológico é mais dissimulado: a paternidade extrapar nas duas espécies é consistentemente menor do que 5, principalmente porque os estupros acontecem tarde demais no ciclo de procriação, quando as fêmeas vitimizadas não estão mais férteis. Evidentemente, o estupro não é uma tática de reprodução eficiente para o ganso macho, embora compense em alguns casos. Apesar de apenas 1 em 20 ataques produzir descendentes, este ainda pode ser uma boa estratégia para o estuprador se o custo para ele for suficientemente baixo.

Aliás, nem toda ave aquática vive altos níveis de estupro. Parece que as espécies que defendem um território relativamente grande em torno dos ninhos têm uma probabilidade menor de lidar com invasores sexualmente motivados.[93] Talvez essa seja uma razão para que defendam um grande território, em primeiro lugar. Boas cercas — ou melhor, territórios amplamente separados — podem fazer vizinhos sexualmente bem comportados.

A conclusão é esta: embora a monogamia seja o principal sistema de acasalamento dos gansos e de muitos dos patos, a tendência do macho para as oportunidades sexuais adicionais — para cunhar uma expressão — enlameou as águas. O mesmo se pode dizer de muitos outros seres vivos.

Em breve vamos ver nossa própria espécie. Mas vamos terminar este capítulo observando que os seres humanos mostram todo o repertório de comportamento masculino relacionado com CEP: um pendor pela cópula extrapar, uma tendência para a guarda da parceira, cópula freqüente, cuidados paternos reduzidos em casos de menor confiança na paternidade genética, talvez até adaptações anatômicas do pênis e ajustes sensíveis a CEPs na produção de esperma. As pessoas também tendem a reagir ao adultério real ou suspeito de suas parceiras com a deserção e até a violência. Na verdade, o adultério — ou a suspeita de adultério — é uma importante causa de divórcio, e também de violência conjugal. Cerca de um terço das mortes de cônjuges nos Estados Unidos se deve à infidelidade da mulher, quer seja corretamente atribuída ou suspeita.[94] A freqüência de violência gerada por infidelidade é ainda maior em outras sociedades em que foram coligidas informações, como a África.[95]

E, no entanto, apesar do risco alto, a infidelidade feminina — junto com a promiscuidade masculina — parece ser praticamente universal. E não apenas como resultado da compulsão masculina.

Os biólogos da evolução pressupõem que o comportamento sexual masculino tem como propósito a quantidade de descendentes, enquanto sua contraparte feminina tem como propósito a qualidade. Isso, por sua vez, é alcançado pelos homens por meio de uma orientação para a *quantidade* de parceiras sexuais e, pelas mulheres, pela orientação quanto à *qualidade* de suas parcerias. A monogamia, quando adotada, reforça uma estratégia similar tanto nos homens como nas mulheres. É no reino das CEPs, por outro lado, que podem se revelar essas diferenças homem-mulher entre quantidade e qualidade.

Ninguém está afirmando que os machos são unicamente orientados para procurar por oportunidades de sexo extrapar — só que eles estão predispostos a agir dessa forma, sob certas condições. Além disso, como veremos, o mesmo parece se aplicar ao *Homo sapiens* não menos do que a outras espécies.[96] Por outro lado, o pensamento tradicional na biologia da evolução afirmou que as fêmeas são comparativamente tímidas, seletivas e fiéis. E são mesmo. Mas cada vez mais também estamos aprendendo que as fêmeas em geral — incluindo as mulheres, em particular — não podem ser categorizadas com tanta facilidade.

O mito da monogamia está seriamente ameaçado, embora a monogamia como instituição humana pareça continuar indefinidamente, uma antiga e no entanto robusta Potenkim Village por trás de sua fachada duradoura de ficção comportada. Há pouca dúvida de que a maioria dos machos, sejam "casados" ou não, é favoravelmente inclinada ao sexo fora do par. (O que não significa necessariamente, porém, que eles sempre agirão dessa forma; ver Capítulo 7.) Para que um macho "casado" se envolva em sexo heterossexual extrapar, sua parceira de CEP deve ser (1) seduzida, (2) coagida, (3) uma co-participante disposta ou (4) uma iniciadora ativa. E, assim, passemos ao papel da fêmea. Vamos descobrir que ocorrem todos os quatro padrões, em animais e em seres humanos.

CAPÍTULO TRÊS

Abalando o mito: As fêmeas (A escolha dos genes do macho)

Várias décadas atrás, uma equipe de pesquisa estava examinando a perspectiva de usar o controle de natalidade cirúrgico para reduzir as populações de aves indesejadas. Eles vasectomizaram experimentalmente vários machos territorialistas de melros e ficaram muito surpresos com o resultado: uma grande porcentagem das fêmeas se acasalou com aqueles machos esterilizados, embora não gerassem descendentes! Claramente, havia alguma trapaça acontecendo no mundo dos melros. Aquelas fêmeas deviam ter copulado com outros machos, e não apenas com seus parceiros sociais.[1]

Muito antes da análise de DNA e da identificação formal das CEPs, descobertas perturbadoras como essa sugeriram a necessidade de uma revisão no ensino tradicional dos biólogos da evolução. Há muito se pensava que as fêmeas da maioria das espécies eram o "lado B" dos machos: sua ânsia pela domesticidade monógama aconchegante devia ser quase tão forte quanto a tendência a se acasalar com os parceiros mais diferentes

94 O MITO DA MONOGAMIA

possíveis. Enquanto os machos eram conhecidos por bordejar e tentar fazer suas estripulias, suas "esposas", supunha-se, ficavam em casa — no ninho ou na toca —, cuidando do lar, criando devidamente os filhotes fertilizados por seus "maridos". Os machos tinham uma propensão para a promiscuidade que as fêmeas não deviam ter.

Esta expectativa de um duplo padrão no mundo animal pode ter sido reconfortante para o ego e também, talvez, para as ansiedades tácitas de muitos biólogos... cuja maioria há muito tempo é de homens. Mas a impressão digital de DNA e as tecnologias associadas mudaram tudo isso para sempre, confirmando que, pelo menos em alguns casos, as fêmeas estão longe da prática da fidelidade sexual perfeita.

Em *A origem do homem e a seleção sexual* (1871), Charles Darwin escreveu que "os machos quase sempre são os cortejadores" e que "a fêmea, embora comparativamente passiva, em geral exerce mais o senso de escolha e dá preferência a um macho em detrimento de outros". Agora entendemos que Darwin estava certo... como sempre. Mas ele deve ter tomado a questão de forma mais literal do que se possa pensar. Assim, não é verdade que as fêmeas aceitem um macho e apenas um, e ponto. Em vez disso, como Darwin assinalou, as fêmeas aceitam um macho de preferência a outros... enquanto, em geral, experimentam outros também! A "preferência" da fêmea, nesse contexto, pode significar dar margem à contribuição genética de um macho em vez de outro, mas isso certamente não requer uma fidelidade sexual monástica por parte da fêmea. A timidez pode ter seu valor na política pública — a atitude que a maioria das fêmeas assume diante de estranhos e, notadamente, de seu parceiro social e sexual reconhecido —, mas isso não reflete necessariamente o que elas fazem em particular.

É claro que a simples existência de cópulas extrapar não indica em si a *escolha* da fêmea: em alguns casos, as fêmeas de animais, não menos do que os seres humanos, são estupradas. Mas em muitos outros casos elas solicitam ativamente relações sexuais com os machos que não são seu parceiro social reconhecido. As fêmeas de primatas, por exemplo, podem deixar temporariamente seu bando ou — se ostensivamente monógamas — seu "consorte" macho para ficar com um ou mais machos vizinhos; da mesma forma, as aves podem voar para territórios de outros machos já pareados, em geral no início da manhã. Nesses casos — e em especial quando o exame genético subseqüentemente revela que um ou mais dos descendentes dela têm como pai um macho que não é seu suposto parceiro —, não pode haver equívoco sobre o comportamento ou a motivação da fêmea... Não muito diferente de uma mulher que "por acaso" visita o quarto de hotel de um homem no meio da noite.[2]

Ainda é verdade que as táticas sexuais dos machos diferem daquelas das fêmeas, sendo mais ostentosas, atrevidas, visivelmente competitivas e às vezes até violentas. Além disso, assim como nem todos os machos são promíscuos, há alguns casos em que as fêmeas rejeitam vigorosamente as tentativas de acasalamento extracurricular de outros machos, o que sugere que as CEPs nem sempre são do interesse da fêmea. Todavia, vêm se acumulando evidências, rápida e furiosamente, de que as fêmeas não são monógamas tão confiáveis como se pensava — e que freqüentemente são aventureiras sexuais por iniciativa própria.

Por quê?

Uma possibilidade é de que as cópulas extrapar das fêmeas não sejam adaptativas, um subproduto inevitável da forte seleção por múltiplos acasalamentos pelos machos.[3] Assim, talvez, qualquer pendor de uma fêmea por CEPs seja apenas o equivalente dos mamilos nos machos de mamíferos, uma característica acessória que não tem valor em si, mas é mantida simplesmente por ser vantajosa para o sexo oposto e de certa forma não pode deixar de ser expressa nos dois sexos, embora seja significativa apenas em um deles.

É uma idéia interessante, mas que não é apoiada pelas evidências, em especial porque as tendências de acasalamento de macho e fêmea não têm correlação genética;[4] em outras palavras, a seleção pela alta freqüência de acasalamento em um sexo não produz necessariamente uma alta freqüência de acasalamento em outro.

96   O MITO DA MONOGAMIA

Somos apanhados pela questão: por que as fêmeas não são mais monógamas?

É relativamente fácil entender a recompensa evolutiva que os machos têm quando são irresponsáveis. Sem considerar as diferenças entre todos os seres vivos, mais cópula significa mais oportunidades para projetar seus genes no futuro, e — em geral — a um custo relativamente baixo. Mas o que faz com que as fêmeas procurem por CEPs? Uma resposta tentadora é simplesmente dizer que "elas gostam", ou talvez "elas achem excitante", ou "interessante", ou talvez "faça bem a elas". Em termos evolutivos, essas explicações são inadequadas, assim como é insuficiente explicar o sono, por exemplo, dizendo que é uma reação ao nosso cansaço.

Para os pesquisadores do sono, uma questão essencial é a seguinte: por que a vigília prolongada deixa as pessoas cansadas? O cansaço é simplesmente um estado interno que leva as pessoas, sob certas circunstâncias, a procurar dormir; não é uma explicação em si. O cansaço nada diz sobre o significado adaptativo ou sobre os mecanismos do sono e, portanto, por que o cansaço é o prelúdio para ele. Da mesma forma, para os biólogos da evolução, não basta dizer que as fêmeas procuram pelas cópulas extrapar porque "gostam" ou porque às vezes acham outro macho atraente. A questão crucial é: por que as fêmeas de muitas espécies que são socialmente monógamas se envolvem, pelo menos de vez em quando, em cópulas extrapar? Outra forma de dizer a mesma coisa: por que elas "gostam" disso?

A explicação adaptativa para todos os casos é de que as CEPs devem contribuir de alguma maneira para o sucesso reprodutivo das fêmeas que as realizam. O desafio, então, é identificar como se dá esse sucesso maior. Qual é a recompensa para tais fêmeas?

Falando de forma ampla, existem dois tipos de benefício que as fêmeas podem ter quando se acasalam com outro macho que não seu parceiro identificado. Elas podem lucrar indiretamente, por meio de uma prole superior gerada com a CEP, ou podem lucrar diretamente, adquirindo benefícios materiais para si mesmas e para seus descendentes. Neste capítulo,

ABALANDO O MITO: AS FÊMEAS (A ESCOLHA DOS GENES DO MACHO) 97

vamos examinar os benefícios genéticos diretos ou indiretos; no seguinte, passaremos a outro aspecto.

Uma possibilidade — a mais simples — é a garantia da fertilidade. Certamente, os machos produzem milhões, em geral centenas de milhões, de espermatozóides em uma única ejaculação, enquanto na maioria das espécies as fêmeas liberam não mais do que um punhado de ovos de cada vez. Assim como os fuzileiros navais americanos costumavam anunciar que estavam procurando por "alguns bons homens", é provável que as fêmeas, procurando por alguns bons espermatozóides, devam ter muito pouca dificuldade, uma vez que há espermatozóides disponíveis para fertilizar ovos em uma proporção de um milhão para um.

É certo que basta apenas um espermatozóide "bom" para penetrar em um ovo. E, no entanto, por motivos que não são claramente compreendidos, parece que deve haver milhões de espermatozóides dispostos e capazes por perto para que a fertilização seja confiável. Entre os seres humanos, por exemplo, um homem que produz "apenas" 50 milhões de espermatozóides por ejaculação é, em geral considerado estéril. Além dos meros números, o espermatozóide deve ser "viável", o que significa ser capaz de subir a corrente a nado — e rapidamente. Além disso, quando chega ao Santo Graal de sua jornada — um óvulo ou ovo maduro e pronto —, o espermatozóide deve exibir o tipo correto de envoltório de proteína que cerca os genes compatíveis. A conclusão é que as fêmeas que copulam com vários parceiros diferentes têm uma probabilidade maior de conseguir que todos os ovos sejam fertilizados;[5] constatou-se que isso era verdade para as moscas-da-fruta e para as aves.

As fêmeas de corvo-marinho têm uma probabilidade maior de se envolver em CEPs depois de terem produzido ninhadas relativamente pequenas. É claro que é possível que as fêmeas que tendem a ter CEPs tenham menos descendentes *porque* condescendem com CEPs, mas é mais provável que elas tenham CEPs porque, caso contrário, teriam menos descen-

98 O MITO DA MONOGAMIA

dentes. Isso é sugerido pelo fato de que as fêmeas que não conseguiram filhotes emplumados foram aquelas que subseqüentemente se envolveram na maior parte das CEPs.[6] Outras evidências vieram de um estudo de ninhos de pardais domésticos, que revelou que os ninhos que continham ovos inférteis ofereciam probabilidade significativamente maior de conter um filhote com pai de CEP do que os ninhos que careciam de ovos inférteis. As fêmeas têm mais CEPs quando seu sucesso na procriação é baixo, o que sugere que não é simplesmente uma questão de algumas fêmeas serem particularmente inclinadas a acasalar fora da união social.[7]

É interessante observar que entre as aves cujas fêmeas são geneticamente recompensadas por acasalamentos múltiplos estão os melros de asa vermelha,[8] a mesma espécie que surpreendeu o mundo da ornitologia mais de 25 anos atrás, quando se descobriu que as fêmeas pareadas com machos esterilizados tinham se reproduzido. Embora o efeito não seja drástico, ele é real: os melros de asa vermelha fêmeas que "pulam a cerca" põem mais ovos e desfrutam de uma taxa de incubação mais alta do que as que continuam sexualmente fiéis a um parceiro. Além disso, seu pico de CEP ocorre um dia *mais perto* da postura dos ovos — quando sua fertilidade é mais alta — do que no pico de CIPs (cópulas intrapar). Uma vez que não há provas de que essas fêmeas estão sendo estupradas ou coagidas de outras maneiras, a conclusão parece ser inevitável: os melros de asa vermelha fêmeas estão ajustando suas CEPs para maximizar a fertilização (veremos mais tarde que há algumas evidências de que os seres humanos — provavelmente sem saber — fazem a mesma coisa.)

Embora, sob condições naturais, muito poucos machos de melro de asa vermelha fiquem permanentemente estéreis, com certeza muitos têm problemas, pelo menos temporariamente, quando passam a produzir espermatozóides bem-sucedidos (mais de 10% dos ovos não são incubados). É interessante observar que o número de ovos que não conseguem incubar tem uma correlação positiva com o número de fêmeas socialmente pareadas com um determinado macho; uma possibilidade é de que, com muitas fêmeas para fertilizar, a produção de espermatozóides de alguns

ABALANDO O MITO: AS FÊMEAS (A ESCOLHA DOS GENES DO MACHO) 99

machos não seja capaz de atender à demanda. Conseqüentemente, as fêmeas podem "exigir" copular com outros machos. (O problema da depleção de espermatozóides não é totalmente desconhecido dos seres humanos: em geral, casais que se queixam de infertilidade são aconselhados a *reduzir* a freqüência do ato sexual, uma vez que uma vida sexual muito ativa pode diminuir a contagem de espermatozóides do homem a um ponto que interfere na fertilidade.)

Estranhamente, a fêmea de melro de asa vermelha não parece preferir machos de melhor qualidade; pelo menos elas não solicitam CEPs com machos que tiveram o mais alto sucesso reprodutivo no ano anterior. Ainda há muito para aprendermos sobre esse assunto!

A população de melros de asa vermelha descrita anteriormente foi estudada no centro do estado de Washington. Embora sua situação não seja singular, pode ser um equívoco generalizar tão prontamente para outras populações, para não falar de extrapolar para outras espécies. Assim, apesar de a fêmea de melro de asa vermelha do estado de Washington iniciar CEPs, em outras populações monitoradas de perto, no estado de Nova York, os melros de asa vermelha fêmeas limitam-se a aceitar ou resistir aos avanços dos machos. Elas não têm a iniciativa.[9]

Embora pareça provável que a seleção natural daria aos machos a capacidade de produzir esperma suficiente, é possível, no entanto, que as CEPs dêem às fêmeas uma espécie de "segurança de esperma", para o caso de o suprimento de seu parceiro cair. As cópulas extrapar são freqüentes entre os pardais domésticos fêmeas e especialmente entre aquelas que produzem ovos inférteis, o que sugere que, quando as fêmeas são pareadas com machos inférteis, é mais provável que elas procurem por CEPs.[10] A essa altura, não está de todo claro como uma fêmea pode averiguar o suprimento de esperma de seu parceiro.

É possível que elas não possam, e nesse caso pode valer a pena para elas acasalar com mais de um macho, só por garantia. Entre os cães-das-pradarias de Gunnison, a fêmea faz exatamente isso. Acontece que a rara fêmea de Gunnison que copula com apenas um macho tem uma probabilidade de 92% de engravidar e dar à luz, enquanto a probabilidade é de 100% para as fêmeas que copulam com três machos diferentes ou mais. Além disso, o tamanho da ninhada é maior quando o número de parceiros sexuais é mais alto.[11] Nem todos os mamíferos mostram esse padrão, porém, inclusive alguns outros esquilos terrestres, que são parentes próximos dos cães-das-pradarias.[12] Na realidade, mesmo em outra espécie de cão-das-pradarias, o cão-das-pradarias-de-rabo-preto, não há essa tendência.[13] Em alguns mamíferos, na realidade existe uma *redução* no sucesso reprodutivo da fêmea associado ao acasalamento com um segundo macho, pelo menos sob condições laboratoriais.[14] Mas talvez essa última descoberta não seja afinal tão contraditória: faz sentido que a fêmea possa deixar de conceber na presença de mais de um macho, enquanto ela pode se sair bem se tiver a oportunidade de se associar com um macho em uma época, privadamente, e de acordo com seus próprios termos.

Na maior parte do mundo animal, as fêmeas têm algo que os machos querem: os ovos. E quase sempre os machos estão dispostos — até ansiosos — para dar esperma. Como resultado, é improvável que as fêmeas fiquem tão desesperadas para conseguir doadores de esperma que não possam exercer um certo grau de discernimento. Esta é, na realidade, uma forma útil de ver o fenômeno da CEP: ela dá às fêmeas mais oportunidades de escolha, de selecionar um parceiro *genético* independente — se necessário — de seu parceiro *social*.

Não é de surpreender que as fêmeas tenham uma probabilidade menor de enfrentar a questão "fertilizar ou não fertilizar" do que a questão de "fertilizar bem ou não". De acordo com a lenda, Cleópatra — que não era famosa pela abstinência sexual — foi morta por uma víbora, uma espécie de cobra que, ao que parece agora, não é mais monógama do que a famosa rainha. Assim, em um artigo intitulado "Por que a Fêmea de Víbora Copula com Tanta Freqüência?", um grupo de pesquisadores relatou que em pelo menos um tipo de víbora as fêmeas que acasalam com vários

ABALANDO O MITO: AS FÊMEAS (A ESCOLHA DOS GENES DO MACHO) 101

machos diferentes têm menos crias natimortas do que suas contrapartes azaradas que são forçadas a se acasalar com um ou apenas alguns parceiros. Nesses casos, a contribuição essencial para distinguir um macho de outro parece ser se seus genes levam ao desenvolvimento saudável depois da fertilização. Muita coisa pode dar errado na jornada do ovo fertilizado até o filhote de cobra plenamente formado. Quanto mais machos acasalam com uma fêmea de víbora, mais provável será que ela encontre um parceiro cujo espermatozóide complementará seus ovos, levando a um sucesso maior ao lidar com as armadilhas da embriologia das serpentes.[15]

Este é um bom lugar para confrontar um possível mal-entendido, que pode atormentar muitos leitores, aqui e em outros lugares. Assim, alguns de vocês podem torcer o nariz para a idéia de que os animais escolham seus parceiros sexuais com um cuidado tão extraordinário. Você pode se sentir tentado a atirar este livro pela sala, exclamando de frustração: "Do que você está falando? Como uma fêmea de víbora pode saber tanto (aliás, alguma coisa!) sobre as armadilhas exatas de sua própria embriologia?" Na realidade, até biólogos bem treinados não sabem muito sobre a embriologia das serpentes. A questão é que os seres vivos evoluíram a capacidade de se envolver em todos os tipos de atividades, sem ter necessariamente a compreensão detalhada do que estão fazendo e do porquê. As flores brotam na primavera sem "saber" que suas sementes serão mais bem-sucedidas dessa forma, porque germinarão no verão. Os animais — inclusive os seres humanos — envolvem-se em um leque extraordinário de eventos bioquímicos, moleculares e elétricos complexos (pense na digestão, na respiração, na transcrição e tradução de DNA, na reação imunológica, pense até em si mesmo) sem entender conscientemente os processos gerais ou os detalhes.

Então, por favor, não fique nervoso com esses detalhes, pelo menos na medida em que eles pertencem à capacidade dos seres vivos de se comportar de forma adaptativa, assim como crescem e metabolizam de forma adaptativa mesmo que nunca tenham lido um livro didático, freqüentado um curso ou realizado um único experimento de laboratório!

Esperamos que você possa admitir, portanto, que a motivação de uma fêmea em obter uma ou mais CEPs pode ir além da garantia de fertilidade e incluir uma busca inconsciente, e de base evolutiva, por genes "complementares". Mas o que, especificamente, essa fêmea estará procurando? Baseando-nos só na teoria, parece que copular com mais de um macho não transmite um benefício em termos de diversidade genética maior, uma vez que parte do encanto da produção de gametas é a geração de uma diversidade genética astronômica; a variedade genética em si na ejaculação de um único macho é imensa, oferecendo quase a mesma gama que pode ser obtida no acasalamento com vários machos diferentes.

Por outro lado, geralmente existem custos substanciais associados à endogamia, o acasalamento de parentes próximos. É comum a ocorrência de deformidades físicas, por exemplo, entre os descendentes de lagartos-da-areia europeus aparentados. A impressão digital de DNA mostrou que quando uma fêmea de lagarto-da-areia se acasala com um parente próximo, é provável que ele seja pai de uma pequena parte da prole gerada;[16] machos de parentesco mais distante ("exógamos") são pais de uma parte maior dos filhotes. Pelo acasalamento múltiplo, uma fêmea parece poder aumentar a probabilidade de que encontrará um parceiro que seja geneticamente diferente dela.[17]

Essa não é uma característica só dos répteis. Em uma espécie de ave maravilhosamente chamada de "splendid fairy-wren", "garriça das fadas esplêndida" (*Malurus splendens*), uma alta freqüência de CEPs aparentemente se deve pelo menos em parte aos benefícios de evitar a endogamia.[18] Um grupo de genes conhecidos como o complexo de histocompatibilidade principal (MHC) serve como marcador-chave pelo qual o sistema imunológico distingue o "próprio" do "outro". Ele também serve para indicar a proximidade genética e é importante na produção de uma prole viável. Entre os camundongos, as crias com genes MHC incompatíveis são abortadas espontaneamente. É interessante observar que quando as fêmeas de camundongo se vêem ocupando territórios de machos cujos genes MHC são incompatíveis com os dela, elas se envolvem em CEPs com machos de

ABALANDO O MITO: AS FÊMEAS (A ESCOLHA DOS GENES DO MACHO)   103

territórios adjacentes, cujos genes MHC formam uma combinação melhor.[19] (Parece que genes MHC diferentes produzem diferentes odores, aos quais as fêmeas são sensíveis.)

As fêmeas de primatas, por sua vez, costumam mostrar um interesse particular por se acasalar com um macho que seja novo no bando.[20] Paradoxalmente, embora quase sempre sejam de classe social inferior, os recém-chegados têm apelo sexual para as fêmeas. Por exemplo, em um bando de macacos-do-japão, um macho recém-chegado ocupava a posição social mais baixa, porém acasalou mais do que outro macho com diferentes fêmeas.[21] Em um caso extraordinário, uma fêmea de macaco-guariba consistentemente rejeitava os rapazes do lugar, mas era receptiva sempre que encontrava um macho de um bando vizinho.[22]

O equivalente humano — se existir — não está claro, mas uma pista pode vir do interesse, e até fascínio, que costuma ser gerado pelo "errante", o recém-chegado misterioso. Até o clichê "Você vai conhecer um estranho alto e sombrio" também pode revelar parte do romance (literal) da novidade. No nível evolutivo, é pelo menos possível que a "preferência pelo macho estranho" tenha sua origem na prevenção da endogamia. De qualquer forma, não é assim tão estranho.

Uma questão essencial é que, em uma ampla gama de espécies, as fêmeas exercem a escolha direta de seus parceiros sexuais, em geral preferindo mais de um.[23] Embora tal comportamento possa se mostrar arriscado para as fêmeas se elas são castigadas por seu consorte traído, quando bem-sucedidas elas podem ser recompensadas pela concessão dos benefícios da exogamia em sua prole.

Mas não conclua rápido demais que as CEPs sempre compensam por meio de exogamia. Ao que parece, existem diferentes possibilidades para diferentes espécies: assim como há uma desvantagem em endogamia demais, a exogamia excessiva também pode ter seus custos. Em pelo menos um caso, a CEP parece, paradoxalmente, ser um mecanismo para manter os genes *dentro* da família em vez de introduzir novos genes. Em uma espécie de ave, o papa-moscas-preto, os pares em procriação que são

104　O MITO DA MONOGAMIA

geneticamente muito diferentes têm uma probabilidade maior de ter crias extrapar em seus ninhos do que aqueles que são geneticamente mais semelhantes. Nessa espécie, portanto, parece que as fêmeas tendem a mitigar os efeitos da exogamia extrema, procurando por CEPs com machos que são de algum modo mais *semelhantes* a elas geneticamente.[24] O problema da exogamia excessiva é que ela pode destruir combinações de genes adaptadas ao local, o que simplesmente significa que, pela combinação de indivíduos que são diferentes demais, a prole resultante pode vacilar entre duas combinações e terminar em nenhuma das duas. As fêmeas podem bem escolher como parceiros aqueles que têm uma probabilidade maior de atender ao critério da Cachinhos Dourados: um parceiro que não seja semelhante demais, nem diferente demais, mas Apenas o Certo. (É também possível, aliás, que quando um macho e uma fêmea de papa-moscas-preto são "diferentes demais" geneticamente, eles sejam de certa forma incompatíveis do ponto de vista também do comportamento, o que levaria diretamente a mais CEPs.)

A té agora, ao examinarmos a busca da fêmea por variedade sexual, vimos o sucesso genético simples em oposição ao fracasso: a geração de descendentes ou não. Isso mal arranha a superfície quando se trata dos motivos pelos quais as fêmeas podem escolher se acasalar com mais de um macho. Há muitos aspectos para se acasalar "bem".

Se as fêmeas copulam com muitos machos diferentes, então, em teoria, elas podem escolher entre o esperma desses vários machos e decidir qual deles favorecer com um ou dois ovos ou, como um especialista em planejamento financeiro, elas podem até preferir diversificar sua carteira genética, permitindo que uma mistura de diferentes machos fertilizem diferentes números de ovos — talvez até alocando alguns ovos a determinados espermas.

Isso pode parecer forçado, mas não é impossível. Mais plausível ainda é uma variedade de táticas relacionadas com as CEPs, pelas quais as fêmeas aumentam a probabilidade de que seus ovos sejam combinados com os melhores genes possíveis do macho. Imagine, por exemplo, uma fêmea pareada com um macho em uma ligação de par de longo prazo. Imagine, também, que o macho em questão não é exatamente um espécime excelente: adequado, mas nada que mereça destaque. Se tivesse oportunidade, a fêmea teria escolhido outro. Mas uma vez que a espécie em geral é "monógama", ela nunca teve muita oportunidade de escolher. Afinal, para cada fêmea há, em média, um macho, e vice-versa. Em uma espécie polígina, um macho pode acasalar com uma dúzia de fêmeas, em que cada uma das 12 fêmeas pode ter sido capaz de se aproveitar de 1 em 12 machos especialmente desejáveis, resultando em 12 fêmeas felizes enquanto também deixa em média 11 machos solteiros. Nesse caso, a perda dos machos representa um ganho para as fêmeas, uma vez que cada membro do harém conseguiu um parceiro de uma qualidade excepcionalmente alta — embora seja o mesmo parceiro —, que presumivelmente fornecerá genes de alta qualidade.

Mas no caso de nossa situação monógama hipotética, as fêmeas têm muito menos oportunidades de escolher um macho realmente de classe, uma vez que todos os melhores machos foram tomados, possivelmente pelas melhores fêmeas — as mais desejáveis. Além disso, vamos imaginar que nossa fêmea monógama não seja assim tão vencedora, de modo que ela não estava exatamente livre para escolher o macho de seus sonhos. Ela tem que "se acomodar". Imagine também que o esperma do macho é bom o bastante para fertilizar todos os ovos dela e produzir uma prole viável. Ainda assim, uma coisa é ser viável, outra é ser um sucesso arrasador.

Para se reproduzir, nossa fêmea precisava de um par social; caso contrário, ela não teria um ninho, por exemplo, nem um território de alimentação, nem a ajuda de um macho adulto, necessário talvez para defendê-la e aos filhotes ou talvez para ajudar a sustentar os filhotes. Mas lembre-se de que, na obtenção desses pré-requisitos — as necessidades materiais da reprodução —, ela precisa aceitar um macho cujas características genéticas não são tão atraentes. Em termos evolutivos, não é importante que uma fêmea dessas possa ficar "decepcionada" ou "insatisfeita" com o parceiro, a não ser que "decepção" ou "insatisfação" sejam uma forma humana de dizer que ela pode estar tentada a melhorar as características genéticas de sua prole, acasalando-se com outros machos... Provavelmente, um daqueles gostosões desejáveis com quem ela foi incapaz de estabelecer uma ligação de par.

É digno de nota que as fêmeas animais só raras vezes têm casos com solteiros (que, afinal, podem ser rejeitados). Em vez disso, elas preferem o parceiro de outra, provavelmente porque ele oferece genes melhores, além de — como veremos em breve —, talvez, outros recursos. Até fêmeas que vivem em haréns às vezes podem exercer algum controle sobre seus parceiros genéticos. Em espécies que vão de elefantes a elefantes-marinhos, as fêmeas parecem fazer qualquer coisa para se associar com um macho dominante. Elas também vocalizam alto quando um macho subordinado tenta montar nelas,[25] o que alerta outros machos para a tentativa de cópula, fazendo com que o macho dominante provavelmente afaste o intrometido subordinado e monte ele mesmo na fêmea. Não podemos dizer se a fêmea "sabe o que está fazendo", mas parece claro que, em conseqüência disso, a senhora elefante-marinho tem uma probabilidade maior de ser inseminada por um macho dominante do que por um subordinado.

Em vez de garantir diretamente os favores sexuais a um macho de preferência a outros, a escolha de acasalamento da fêmea pode ser indireta. Isso pode ajudar a explicar por que, em muitas espécies, as fêmeas são inclinadas a se reunir em um local de acasalamento, a partir do qual um único macho dominante pode excluir outros machos. Ou as fêmeas podem anunciar, por exemplo, que estão sexualmente receptivas, gerando assim as condições que levam os machos a competir.[26] O intumescimento evidente do cio de fêmeas de primatas pode, da mesma forma, ter evoluído a serviço da opção indireta de parceiro, com as nádegas em technicolor e os odores deliciosos das fêmeas no cio incitando a competição entre os machos, para o benefício genético último das fêmeas.

A fêmea de cobra-garter envolve-se em um tipo de *coito interruptus* que aparentemente permite que ela controle quem fertiliza seus preciosos

ABALANDO O MITO: AS FÊMEAS (A ESCOLHA DOS GENES DO MACHO) **107**

ovos. Em 8 de 12 cópulas observadas com parceiros inadequados, as fêmeas giraram o corpo loucamente, interrompendo o acasalamento e evitando a formação de um tampão copulatório.[27] O galo silvestre (o precursor selvagem dos galos domésticos de hoje) não tem de obrigar as fêmeas a copular com ele; só os galos subordinados devem se rebaixar a esse comportamento. É interessante observar que de dez cópulas forçadas observadas em um estudo, quatro foram seguidas de vigorosas sacudidas das penas por parte da fêmea, o que resultou na expulsão do esperma da cloaca.[28]

Aqui está um relato de algo que também pode instigar sobre uma ave comum, a mariquita-amarela. Parece que, em certa feita, um determinado macho ficou sem parear por toda a temporada de procriação, adotando, em vez disso, o hábito de forçar CEPs com fêmeas "casadas". Certa vez, depois de ter forçado a cópula, sua vítima imediatamente voou para seu parceiro e solicitou com sucesso uma cópula com ele![29] Nesse caso, uma interpretação parcimoniosa é de que a fêmea vitimizada de mariquita-amarela "preferiu" ter seus ovos fertilizados por seu parceiro social.

Mesmo sem machos atrevidos, as fêmeas sempre podem ser confrontadas com outra dificuldade sexual: um problema de amostragem. Afinal, elas costumam encontrar machos seqüencialmente; isto é, um de cada vez, talvez com uma longa pausa entre um e outro. A cada macho que encontram, elas devem "decidir" (conscientemente ou não) se acasalam ou esperam, mesmo sem "saber" se vão encontrar outros machos. Além disso, nossa fêmea deve avaliar a qualidade de cada macho para a procriação, seja por presunção ou comparando-o com algum padrão interno ou com a lembrança de outros machos que já conheceu. Uma opção — embora não seja a única — é acasalar com o primeiro macho que aparecer, depois acasalar novamente apenas se um pretendente subseqüente se mostrar melhor do que o anterior.

Pode ser dispendioso ou até impossível para uma fêmea experimentar muitos machos diferentes antes de se acomodar em uma parceria. Por exemplo, uma fêmea de papa-moscas-preto visita em média apenas 3,8 machos antes de escolher um.[30] Quando as fêmeas competem vigorosamente por um número limitado de machos especialmente desejáveis, suas opções podem ficar ainda mais restritas. Em conseqüência, dificilmente se pode esperar que as fêmeas tomem uma decisão bem fundamentada; ou, pelo menos, sua "escolha" de um parceiro pode ser em grande parte uma questão de se acomodar com o que conseguirem. Embora vejamos isso, algumas fêmeas, dependendo de quantos machos adicionais encontrem depois de pareadas, podem descobrir um macho que é mais desejável do que aquele com quem elas estão. Sob essas condições, "até que a morte nos separe" não faz muito sentido. É mais provável que seja uma estratégia de "matar dois coelhos com uma só cajadada".

Pense nisso como um tipo de catraca de duas vias, em que as fêmeas, depois de aceitarem um acasalamento inicial, se acasalarão novamente, mas só se, com isso, elas "puxarem a catraca para cima", melhorando a situação genética de sua prole. A tática seria acasalar com um macho aparentemente bom — um macho que atenda aos critérios mínimos, sendo da espécie correta, do sexo correto e, basicamente, adequado —, depois continuar disponível para acasalar com um melhor, se ele aparecer. Em uma espécie de salamandra, a *Triton punctatus*, as fêmeas escolhem os pacotes de esperma de machos que apresentam cristas particularmente grandes na cabeça. Em um experimento, as fêmeas foram expostas, a intervalos de vinte dias, a machos com cristas de tamanhos variados. As fêmeas acasalaram a primeira vez, depois tiveram a opção de acasalar uma segunda vez ou continuar a pôr os ovos fertilizados pelo esperma do primeiro parceiro. Nessa situação, a maioria das fêmeas só acasalou de novo se o macho a que foram expostas pela segunda vez tinha uma crista maior do que aquele cujo esperma elas aceitaram de início.[31] (A crista caída, nesses casos, é um problema bem grave.)

Em pelo menos uma espécie de aranha, as fêmeas que já acasalaram estão dispostas a acasalar novamente se encontrarem um macho com um tamanho corporal e capacidade de luta superiores ao do parceiro anterior. Além disso a prole dessas fêmeas de múltiplos acasalamentos tem uma taxa de crescimento maior do que aquelas produzidas por fêmeas que se acasalam uma vez só.[32]

ABALANDO O MITO: AS FÊMEAS (A ESCOLHA DOS GENES DO MACHO)

Por um motivo qualquer, as fêmeas podem se ver pareadas com machos que não são geneticamente os melhores: como já mencionamos, se a espécie é socialmente monógama, só uma fêmea consegue o melhor macho. Todas as outras "se acomodam". Em espécies territorialistas, uma fêmea geralmente escolhe um macho com base na qualidade do território dele, embora ela também possa usar outros critérios: se ele dá um bom cuidado parental, ou se é especialmente competente no abastecimento ou se é habilidoso na defesa de seus filhotes contra os predadores. Ou uma fêmea pode simplesmente se acomodar em uma propriedade familiar, aceitando o macho que estiver ali. Os biólogos tendiam a pensar que a vida chega, inteira, num pacote só: ao conseguir, digamos, um macho de bons recursos, uma fêmea também conseguia os melhores genes. Mas isso nem sempre precisa ser verdade. Se um macho geneticamente inferior termina com uma propriedade de alta qualidade, ele também pode terminar com uma fêmea que procura por parceiros sexuais em outros lugares.

Em espécies não-territorialistas, em que os machos são escolhidos não por seus recursos, mas com mais freqüência por suas qualidades pessoais, inclusive seus atributos genéticos, as CEPs podem ser menos importantes. Por exemplo, entre aves aquáticas como os patos, o pareamento é baseado nas características individuais, e não na posse de uma propriedade, e, significativamente, as fêmeas são notáveis pelo vigor com que resistem às tentativas de CEPs.[33] É provável que, no mundo dos patos, a maioria das fêmeas esteja satisfeita com a composição genética de seus parceiros; por conseguinte, elas são menos inclinadas a copular com outro.

Na maioria dos vertebrados, pelo menos, as fêmeas podem controlar o *timing* da cópula, o que significa que elas podem controlar as fertilizações. O padrão mais comum nas aves, por exemplo, é de as fêmeas tomarem a iniciativa: elas iniciam as cópulas e determinam quando se abster. Surpreendentemente, elas param de copular enquanto ainda estão férteis! A essa altura, elas obtiveram esperma suficiente para garantir a fertilização de seus ovos, mas parecem estar se precavendo na aposta genética, dando a si mesmas a oportunidade de "subir a catraca": se aparecer um

110 O MITO DA MONOGAMIA

macho de melhor qualidade, uma fêmea dessas tem a opção de copular com ele também. Devido à "vantagem do último macho" (último a entrar, primeiro a sair), esse macho provavelmente vai fertilizar mais do que sua parcela. Por outro lado, se não aparecer nenhum garanhão desejável, tais fêmeas nada têm a perder; seus ovos ainda serão fertilizados, desta vez por seu parceiro social.

Outra opção — e talvez mais simples — é a fêmea reter uma lembrança de seu último acasalamento e escolher um macho diferente a cada vez. Essa é a tática seguida por um estranho invertebrado pequeno conhecido como pseudo-escorpião. Em um estudo bem planejado, fêmeas que acasalaram uma vez tiveram a oportunidade de acasalar com seu parceiro anterior ou com um novo parceiro. Depois de um intervalo de uma hora e meia, as fêmeas invariavelmente preferiam os novos machos, rejeitando seus parceiros anteriores; depois de 48 horas, por outro lado, as probabilidades de acasalarem com os antigos amantes ou com os novos eram as mesmas. (Os machos estavam igualmente dispostos — na verdade, ávidos —, apesar do intervalo.) Essa parece ser uma maneira de as fêmeas aumentarem sua chance de adquirir uma gama diversa de espermatozóides, enquanto também se asseguram de que conseguiram o suficiente para fertilizar seus ovos.[34] Já foi demonstrado que as fêmeas de pseudo-escorpião — como as fêmeas de víbora européia — que acasalaram com mais de um macho têm mais sucesso reprodutivo do que as fêmeas artificialmente restritas a acasalar com apenas um (isto é, monogamia forçada).[35] A chave parece ser a incompatibilidade genética entre alguns machos e fêmeas, em vez de mérito intrínseco do esperma de um determinado macho. É menos uma questão de machos de qualidade superior e inferior do que de "aptidão genética" entre quaisquer dos candidatos a pais: o mesmo macho de pseudo-escorpião pode ter uma prole muito bem-sucedida com uma fêmea, mas muitos descendentes natimortos com outra.

Mas nesses animais os machos não parecem diferir acentuadamente, embora cada um deles seja distinto do ponto de vista genético. Assim, as fêmeas aparentemente não podem determinar se um dado macho é o certo

ABALANDO O MITO: AS FÊMEAS (A ESCOLHA DOS GENES DO MACHO)   111

para elas. As fêmeas de pseudo-escorpião também não são abençoadas com uma memória especialmente boa. Sob essas condições, pode ser que a melhor estratégia para as senhoras pseudo-escorpiões seja lançar suas redes reprodutivas mais amplamente, acasalando-se com novos machos em vez de velhos parceiros e tornando provável, assim, que pelo menos um de seus consortes sexuais lhe dê o espermatozóide que combine. (Aliás, os pseudo-escorpiões são criaturinhas maravilhosas. Eles residem na casca de árvores tropicais caídas e, para deixar uma dessas árvores e ir para outra, devem pegar carona sob a asa de outro pequeno invertebrado, o besouro-arlequim. Os pseudo-escorpiões machos competem entre si para monopolizar o limitado espaço de viagem; não é permitido levar bagagem.)

Em um tipo de besouro, a fêmea acasala de novo mais prontamente com um novo macho do que com o parceiro anterior, o que sugere que ela também está procurando por benefícios genéticos associados, com toda probabilidade, com uma maior variedade.[36] Em alguns insetos, a fêmea deposita um odor identificado no macho, o que permite que ela o discrimine quando quiser acasalar novamente![37]

Mais comumente, porém, parece que as fêmeas escolhem os machos com "bons genes", como é demonstrado pelo fato de que os machos com ornamentos sexuais maiores produzem proles mais viáveis (por exemplo, pavões).[38] Mas como conciliar isso com o acasalamento múltiplo pelas fêmeas? Se as fêmeas estão escolhendo o melhor macho, por que se acasalar com mais de um? Lembre-se de que uma fêmea simplesmente pode não conseguir se acomodar e criar uma família com o macho de seus sonhos; ele pode ter dona. Nesse caso, as CEPs são a oportunidade para as fêmeas formarem vínculos com um macho — e criar os filhotes com ele —, mas copularem com outro e, portanto, obterem seus genes.

Outra possibilidade é acasalar com seu parceiro social, mas repetir o ato — e ainda outra vez, quem sabe — com um macho mais preferível, se ele aparecer. Essa "escalada" não é promiscuidade da fêmea, a propósito, porque as fêmeas não estão agindo de forma sexualmente indiscriminada. Longe disso. Elas estão avaliando cuidadosamente os méritos de seus

112 O MITO DA MONOGAMIA

prováveis parceiros sexuais, procurando tirar proveito sempre que possível. Outros casos, como o dos pseudo-escorpiões, em que as fêmeas não podem avaliar a qualidade dos machos e simplesmente procuram por novidade, estão mais perto da promiscuidade. Mas mesmo aqui há um método em seu desregramento sexual. As fêmeas virgens de pseudo-escorpião, por exemplo, invariavelmente escolhem o primeiro pacote de esperma depositado por um macho; depois disso, 88% rejeitam o *próximo* esperma oferecido. Mas não é que essas fêmeas de repente tenham se desinteressado pelo acasalamento. Expostas a um novo macho logo depois, elas novamente escolhem o primeiro pacote de esperma... e depois rejeitam os subseqüentes. Elas só estão interessadas em acasalar com o mesmo macho duas vezes!

O padrão mais freqüente não revela tanto uma preferência pela diversidade, mas uma predileção pela qualidade. Os machos de pardais domésticos, por exemplo, possuem marcas escuras no pescoço, que indicam a sua qualidade — e é mais provável que as fêmeas tenham CEPs com machos que exibem grandes manchas no pescoço do que com aqueles cujas manchas são menos impressionantes.[39]

Na maior parte do tempo, além disso, as fêmeas escolhem seus parceiros de CEP a partir de um renque de machos casados — que podem ser de qualidade superior — em vez de se acasalar com solteiros, que via de regra são solteiros por bons motivos (isto é, não foram bem-sucedidos na obtenção de uma parceira, porque são de qualidade inferior).

Além disso, as fêmeas tendem a escolher como parceiros de CEP aqueles machos que de alguma forma são superiores a seus parceiros. Entre os diamantes-mandarim, as fêmeas avaliam a desejabilidade sexual de um macho pela nitidez da cor do bico;[40] elas só solicitam CEPs de machos cujos bicos não são apenas brilhantes, mas que tenham maior brilho do que o de seus parceiros atuais.

Muitas fêmeas de ave escolhem seus parceiros para alcançar territórios de procriação; as fêmeas que chegam primeiro devem, portanto, conse-

ABALANDO O MITO: AS FÊMEAS (A ESCOLHA DOS GENES DO MACHO) 113

guir os machos mais desejáveis, e é mais provável que as que chegam por último procurem por CEPs. Parece ser assim que acontece.

Se a diversidade genética fosse o motivo para as CEPs, então as fêmeas de espécies que produzem somente um ovo por ano deviam tentar CEPs somente em alguns anos, e não todo ano. (Uma prole com um determinado macho não pode ser diferente de uma prole com outro macho!) Por outro lado, se as fêmeas estão procurando por qualidade genética, elas devem ser motivadas a obtê-la a cada ano. Um estudo de tordas-mergulhadeiras, uma ave marinha que produz apenas um ovo por ano, revelou que a inclinação das fêmeas por CEPs continuava consistente ano após ano. O que apóia a hipótese de que elas estão procurando por qualidade, e não por diversidade.[41]

A predominância de CEPs é muito variável, de zero em algumas espécies a quase 100% em outras. Mesmo em uma dada espécie, geralmente há diferenças entre a participação de machos e fêmeas em CEPs, sendo o padrão geral uma proporção maior de fêmeas do que de machos envolvidos. Não é incomum, por exemplo, que cerca de 15% das fêmeas, mas apenas 7% dos machos, envolvam-se em CEPs. Isso atende à generalização inicial feita por sociobiólogos de que o sucesso reprodutivo dos machos varia mais do que o das fêmeas, uma vez que uma pequena proporção de machos "desfruta" um sucesso reprodutivo que vai além de sua própria ligação do par. Presumivelmente, aqueles que o fazem são especialmente desejáveis para as fêmeas em questão. É provável que qualquer fêmea disposta a assumir os riscos de uma CEP seja capaz de obtê-la, enquanto os machos costumam ansiar por ser chamados, mas só uns poucos são escolhidos.

Uma consideração importante — para machos e fêmeas — é o próprio sistema de procriação, por exemplo, se há outros "ajudantes" disponíveis para auxiliar com o cuidado dos filhotes. As garriças-das-fadas da Austrália em geral procriam de forma cooperativa, com todos os machos contribuindo para a alimentação e a defesa dos filhotes. A impressão digital de DNA mostra que mais de 75% da prole tem como pai machos de fora do grupo, que não dão cuidados parentais, e que 95% de todas as

114 O MITO DA MONOGAMIA

crias contêm jovens que têm como pai machos extragrupo. Essa é a incidência mais alta de traição animal de que temos ciência. As fêmeas de garriça-das-fadas preocupam-se muito mais quanto a com quem se acasalam: elas conseguem evitar todas as tentativas de CEP iniciadas por machos de fora, acasalando-se somente quando elas tomam a iniciativa e solicitam. E elas são muito seletivas. De 68 possíveis pais de fora do grupo identificados no estudo, só três foram pais de quase 50% de toda a prole extrapar. Como resultado dessa escolha (e, com toda probabilidade, o motivo para isto), os filhotes gerados por CEPs são muito bem-sucedidos na obtenção de CEPs.[42]

As garriças-das-fadas nem sempre formam grupos de procriação. Em alguns casos, eles se acasalam aos pares; nessas situações, o macho pareado tem uma probabilidade muito maior de ser o pai biológico do que o macho dominante em um grupo que procria em comunidade. Os machos pareados também contribuem muito mais para criar a prole, como é previsto pelo fato de que eles podem ser os pais. Em grupos de procriação comunal, as fêmeas têm menos ajuda de qualquer macho, mas, em troca, ganham liberdade de escolha reprodutiva, por meio de CEPs. Quando fêmeas de garriça-das-fadas têm machos disponíveis para ajudá-la — a situação do grupo —, elas ficam livres para escolher bons genes de fora do grupo. (Aliás, esses ajudantes geralmente são filhos das fêmeas; daí, elas têm uma recompensa genética indireta de seu sucesso materno na procriação — independente de quem seja o pai —, enquanto a fêmea adulta provavelmente ganha por ser sexualmente livre para escolher o melhor parceiro possível para CEP.)[43]

Não é de surpreender que as fêmeas de qualquer espécie que se acomodam, pareadas com machos especialmente bem-dotados, sejam menos inclinadas à traição sexual, enquanto aquelas cujos machos são menos desejáveis têm uma probabilidade maior de experimentar uma ou mais CEPs... E, quando o fazem, para insistir na "ascensão", reservam seu acasalamento extracurricular para aqueles machos que oferecem um pacote genético melhor do que o dos parceiros.

ABALANDO O MITO: AS FÊMEAS (A ESCOLHA DOS GENES DO MACHO) **115**

Vamos supor que, pelo menos em alguns casos, as fêmeas estejam de fato escolhendo bons genes. O que, precisamente, isso significa? Podemos saber que um conjunto de genes é melhor do que outro? De muitas formas.

Por exemplo, os bons genes podem simplesmente ser aqueles que levam a uma prole mais saudável. Provavelmente o melhor exemplo vem da pesquisa realizada por Allison Welch, então estudante de pós-graduação na Universidade do Missouri, na Columbia, e seus colegas. Eles estudaram a perereca-do-paraíso, uma espécie em que as fêmeas preferem acasalar com machos cujos grasnidos sejam comparativamente mais extensos (cerca de dois segundos de duração) do que muito curtos (cerca de um segundo de duração). Ao agirem com base nessa preferência, as fêmeas conseguem bons genes, levando a uma prole mais apta. Welch e associados fertilizaram ovos de fêmeas com esperma de sapos de grasnidos longo e curto, em seguida compararam a prole resultante enquanto girinos e depois que se metamorfosearam em sapos. O principal resultado: a prole dos machos de grasnido longo se saiu melhor. A principal interpretação: o macho de perereca-do-paraíso de grasnido longo produz descendentes que têm uma probabilidade maior de sobreviver e, por fim, de se reproduzir. De acordo com isso, as fêmeas têm razão em acasalar com os machos de chamado longo... o que elas fazem.[44]

Muitos animais têm cores vivas, e em geral os machos são especialmente adornados. Sugeriu-se que a cor viva evoluiu entre os machos como uma dica que permite às fêmeas escolherem como parceiros extrapar os que são especialmente saudáveis — sem parasitas ou resistentes a eles.[45] A saga continua: entre as escrevedeiras-amarelas — uma espécie de tentilhão europeu em que os machos são amarelo-brilhantes e as fêmeas, comparativamente, pardacentas, e em que os machos mais velhos e coloridos são especialmente bem-sucedidos na obtenção de CEPs — quanto mais viva a cor do macho, menos provável será que ele seja infectado por parasitas. Ao mesmo tempo, é mais provável que os machos mais opacos sejam traídos. Entre as escrevedeiras-amarelas, os machos de cores mais vivas e mais amarelos são também os mais velhos, assim o grau de amarelo e brilho é

116 O MITO DA MONOGAMIA

um indicador confiável de que o macho porta genes que levam à longevidade.

Compondo o quadro emergente de que as fêmeas se envolvem em CEPs para obter "bons genes" está o fato de que espécies com uma alta freqüência de CEPs têm uma probabilidade especial de ser sexualmente dicromáticas (diferenças substanciais na coloração de macho e fêmea) e ter baços grandes para seu tamanho corporal: isso sugere um sistema imunológico proporcionalmente mais desenvolvido. Tal correlação não prova estritamente nada, mas é coerente com a idéia de que as fêmeas de muitas espécies procuram por CEPs para obter para sua prole uma resistência maior a doenças e parasitas.[46]

Um pressuposto subjacente que relaciona esses exemplos é de que os machos que são especialmente saudáveis, e cuja saúde até certo ponto pode ser herdada, serão preferencialmente escolhidos pelas fêmeas como parceiros de CEPs. Podemos definir um macho "atraente" como aquele que é visitado por muitas fêmeas vizinhas, em busca de CEPs, e um macho "não atraente" como aquele que não é comparativamente visitado e que, assim, não está em demanda comparável. Também é revelador que as fêmeas associadas com machos atraentes não deixam seus machos para procurar por CEPs, enquanto as fêmeas associadas com machos "não-atraentes" (isto é, aqueles que não são visitados por outras fêmeas) freqüentemente visitam os machos próximos.[47]

Como, pode-se perguntar, as fêmeas julgam a qualidade de seu parceiro? E da mesma forma, como as fêmeas julgam a qualidade de seus vizinhos e os possíveis parceiros de CEP em comparação? Um grupo de pesquisadores holandeses conta um evento sugestivo: "Um macho [chapim-azul] feriu-se numa asa pouco antes da postura dos ovos. A fêmea dele visitou ambos os vizinhos e ambos dividiram a paternidade com o macho territorial. Depois que a ninhada foi chocada, o macho territorial morreu." Dito isso, dos cinco machos que morreram entre uma e três semanas depois de a fêmea ter começado a incubação, quatro tinham uma alta proporção de filhotes extrapar em seu ninho (5/6, 2/10, 3/3, 4/7).[48] É inteiramente possível que as fêmeas usem a condição física de um macho durante a temporada de reprodução como uma pista para indicar sua qualidade e, por sua vez, usar a qualidade do macho como o principal determinante na decisão de procurar ou não por uma CEP.

Em pelos menos outras duas espécies de aves — as andorinhas *Tachycineta bicolor* e os chapins-azuis —, as fêmeas pareadas com machos que são de qualidade comparativamente ruim envolvem-se de forma mais ativa na busca de CEPs do que as fêmeas pareadas com machos de boa qualidade. O que constitui a "boa qualidade" nesses casos é um tanto problemático. Mas estamos começando a obter algumas pistas. Entre os chapins-azuis, por exemplo, os machos diferem em sua probabilidade de sobreviver ao inverno, e aqueles que têm uma probabilidade menor de chegar ao inverno vindouro também têm uma probabilidade maior de ser traídos;[49] da mesma forma, os machos que participam da traição são os que têm maior probabilidade de vencer o inverno. Como as fêmeas de chapim-azul distinguem o durão do inverno do molengão do inverno? Ninguém sabe. (Ainda.)

Mesmo quando não concedem CEPs a machos fisicamente distintos, as fêmeas podem mostrar uma preferência por aqueles que podem ser de alta qualidade, talvez porque o comportamento deles se distinga... e, com freqüência, também se distingam geneticamente. Como se diz, sucesso atrai sucesso. E, na verdade, o sucesso social — medido pela posição em uma hierarquia de dominância — tem êxito principalmente quando garante as cópulas extrapar. (Talvez seja isso o que Henry Kissinger quis dizer quando observou que "o poder é o melhor afrodisíaco".)

Há uma ampla tendência para as fêmeas preferirem machos dominantes quando se trata de conceder seus favores em CEPs. O macho dominante de garça-vaqueira e guará-branco — que são bem-sucedidos nas lutas entre machos — têm uma probabilidade particularmente alta de obter CEPs.[50] Da mesma forma, entre os *Poecile atricapilla* (um parente norte-americano do chapim-azul europeu e participante comum no inverno de alimentadores de pássaros), as fêmeas reservam suas CEPs para os machos cujo

118 O MITO DA MONOGAMIA

status de dominância seja mais alto do que o dos próprios parceiros. Em um estudo de 14 anos de *Poecile atricapilla*, a ornitóloga Susan M. Smith observou 13 CEPs aparentemente bem-sucedidas feitas por indivíduos que tinham faixa colorida e cujas identidades e classe social eram conhecidas. Em todos os 13 casos, a parceira de CEP era uma fêmea de classe superior à de seu parceiro social. Nenhuma fêmea pareada com machos alfa chegou a se envolver em uma CEP. Além disso, as CEPs eram solicitadas principalmente pelas fêmeas — indivíduos que presumivelmente tinham de se acomodar a parceiros menos dominantes e estavam tentando compensar esse déficit. (Aqui está a catraca de novo.)[51]

Os *Poecile atricapilla*, devemos observar, em geral formam pares por toda a vida. Smith observou sete casos de divórcio; em cinco destes, uma fêmea de classe inferior desertou seu parceiro e estabeleceu uma nova aliança social e sexual com um macho alfa recentemente enviuvado. A dominância social costuma aumentar com a idade; além disso, os machos mais velhos — pelo menos porque sobreviveram por tanto tempo — são obviamente capazes de longevidade e podem portar genes que promovam uma vida mais longa. De acordo com isso, um macho mais velho de melro de asa vermelha é mais bem-sucedido na obtenção de CEPs.[52] Um padrão semelhante relacionado com a idade ocorre na gralha-calva (uma prima do corvo norte-americano): machos mais velhos pareados se envolvem em CEPs com fêmeas mais jovens.[53] Seria porque as fêmeas mais jovens provavelmente formavam pares com machos mais jovens... enquanto preferiam os mais velhos?

Vamos admitir que, em muitas espécies diferentes, as fêmeas com freqüência procurem por CEPs com machos que são especialmente atraentes e dominantes (bem como adequadamente maduros). Embora isso provavelmente se deva a uma preferência das fêmeas por machos com bons genes, o mundo natural é capcioso. Assim, é possível que os machos dominantes e mais velhos simplesmente possam estar mais disponíveis para CEPs porque têm mais esperma para espalhar ou porque, como resultado de sua dominância, é menos provável que eles sejam excluídos dos territórios de outros

ABALANDO O MITO: AS FÊMEAS (A ESCOLHA DOS GENES DO MACHO) 119

machos monógamos. Embora as fêmeas possam procurar — e conseguir — bons genes nessas ligações, isso não equivale a garantir que elas se envolvam em CEPs com machos de alta qualidade a fim de obter esses genes.

Todavia, as evidências estão se acumulando e são cada vez mais convincentes.

Em aves canoras, a qualidade de um macho pode se refletir em seu canto. No capítulo anterior, encontramos o rouxinol-grande-dos-caniços, entre os quais as fêmeas escolhem CEPs com machos que tenham longos repertórios de canto: a sobrevivência dos jovens rouxinóis-dos-caniços tem uma correlação positiva com o tamanho do repertório de canto de seu pai genético.[54] Assim, há um significado prático e imediato para mais cantos: genes melhores. E pode-se esperar que as fêmeas de várias espécies façam exibições de cópula especialmente intensas em resposta à audição de um repertório de canto elaborado. (Então talvez haja alguma coisa na velha tradição de fazer serenatas à amada.)

Se as fêmeas se envolvem em CEPs com machos que oferecem genes especialmente bons, surge uma possibilidade interessante — e controversa —, sugerida pela observação de que em algumas espécies as fêmeas resistem às CEPs, às vezes com bastante vigor. A possibilidade é esta: as fêmeas podem ganhar uma vantagem para sua prole (bons genes) se tiverem certeza de que seu parceiro de CEP realmente é de alta qualidade, certeza esta que adquirem resistindo às tentativas de CEP e submetendo-se a apenas um dos machos, aquele que se mostrou incomumente decidido, competente e — quase literalmente — irresistível. Como resultado, a prole do macho também pode ser decidida, competente e comparativamente irresistível quando se trata de obter CEPs. Tal pai, tal filho.

Por outro lado, a resistência da fêmea às CEPs, quando acontece, pode ser genuína: às vezes "não" significa realmente "NÃO"! Na balança, a resistência da fêmea às CEPs provavelmente é mais freqüente do que a aquiescência ou a solicitação. (Dada a recompensa óbvia para eles, não é de surpreender que os machos procurem por CEPs e que eles em geral o façam mais ativamente do que as fêmeas. O motivo para examinar a soli-

120 O MITO DA MONOGAMIA

citação da fêmea e a aquiescência em CEPs é que o fenômeno é tão inesperado — e, no entanto, tão freqüente.)

Haveria alguma característica simples e universal, facilmente discernível, que pode dar informações convenientes sobre a possibilidade de um indivíduo portar "bons genes"? Talvez haja. A característica é a simetria, especificamente o grau de correspondência direita-esquerda entre os dois lados do corpo de um indivíduo, sejam braços, pernas, olhos, orelhas, asas, nadadeiras e assim por diante. Todos os vertebrados têm simetria bilateral (já as medusas, os ouriços-do-mar e as estrelas-do-mar têm simetria radial). No caso das criaturas com simetria bilateral, esquerda e direita não são controladas por genes diferentes e, assim, supõe-se que a assimetria — a diferença entre esquerda e direita — reflita algum tipo de perturbação no desenvolvimento, causada seja por má nutrição, toxinas, mutações ou patógenos.[55]

Ocorre que os machos com baixa assimetria têm um sucesso maior no acasalamento e vice-versa; os machos simétricos são amplamente considerados atraentes, e vice-versa para aqueles que são desiguais. Isso tem sido encontrado em uma variedade de animais, de insetos a primatas. Dois artigos de pesquisa que lidam com andorinhas-de-bando e foram publicados no mesmo ano pelo célebre pesquisador dinamarquês Anders Moller contam uma história de lógica impressionante. Um foi intitulado "Preferência de Fêmea de Andorinha por Ornamentos Sexuais de Machos Simétricos".[56] Falando claramente: as fêmeas de andorinha preferem machos cujas caudas bifurcadas sejam do mesmo tamanho. O segundo estudo foi intitulado "Parasitas Aumentam Diferencialmente o Grau de Assimetria Flutuante em Caracteres Sexuais Secundários".[57] Traduzindo: os machos infestados de parasitas tendem a ser desiguais e assimétricos. Junte os dois: as fêmeas de andorinha preferem machos simétricos, muito provavelmente porque esses machos não são infestados de parasitas.

Ocorre que parte das evidências mais convincentes para o papel da assimetria vem de estudos de seres humanos. O procedimento é surpreen-

ABALANDO O MITO: AS FÊMEAS (A ESCOLHA DOS GENES DO MACHO) 121

dentemente simples: meça um número de partes corporais que sejam bilaterais (como pés, mãos, tornozelos, punhos, cotovelos, extensão e largura das orelhas), obtenha um índice composto do grau de simetria (ou assimetria) e veja se a medida resultante se correlaciona com as percepções de atratividade física. Assim acontece: mais simetria equivale a melhor aparência.[58] Não só isso, mas os homens simétricos em geral têm um número relativamente alto de parceiras *sexuais*, então a avaliação das mulheres não é só teórica![59] As mulheres chegam a relatar mais orgasmos quando fazem sexo com homens simétricos.[60]

Isso leva à previsão — especialmente relevante para nossos fins — de que os homens simétricos terão um número comparativamente maior de parceiras de CEP e vice-versa. A previsão se sustenta. Um estudo que envolveu mais de duzentos universitários fez-lhes várias perguntas, garantindo — por motivos óbvios — manter as respostas no anonimato. Especificamente, eles foram indagados sobre qualquer ligação sexual que tivessem tido (1) com alguém que já estava envolvido em um relacionamento amoroso com outra pessoa e (2) enquanto eles próprios estavam envolvidos em um relacionamento amoroso com outra pessoa. Além de serem medidos quanto à simetria física, os participantes foram indagados por idade, situação socioeconômica, provável salário futuro e estilo de ligação emocional. Eles também foram fotografados para avaliação independente de sua atratividade física.

Entre as descobertas interessantes: os homens simétricos relataram mais parceiras de CEP — quando estavam com outra pessoa e quando eram os "terceiros" — do que os homens assimétricos, um resultado que persistiu quando foram eliminados quaisquer efeitos de status social, provável salário, idade e até atratividade física. Assim, quando se trata de fêmeas já pareadas envolvendo-se em sexo nas horas vagas, as andorinhas-de-bando não estão sós: as mulheres também preferem se distrair com membros do sexo oposto que sejam simétricos.[61] Essa preferência pode bem funcionar na outra via, embora até esta data isso tenha recebido menos atenção da pesquisa: podemos apostar que os homens também preferem

122 O MITO DA MONOGAMIA

mulheres simétricas. Sugeriu-se que parte do fascínio dos homens pelos seios femininos deve-se a que estes órgãos bilaterais e protuberantes dão uma boa oportunidade de avaliar a simetria![62] (Já um pênis parece dar uma oportunidade muito menor para a avaliação de uma especialista, uma vez que — esteja ele pendurado mole ou orgulhosamente ereto — é apenas um mero membro no meio do corpo. Que falta de sorte. Mas para quem?)

Você pode ter percebido pelo menos dois problemas lógicos com tudo isso. Primeiro, as informações sobre os números de CEPs foram obtidas de relatos pessoais, isto é, o que as pessoas disseram ter feito, ao contrário do que elas realmente fizeram. O que pode ser um problema grave, embora inevitável. Por outro lado, a dificuldade só surge se as pessoas simétricas (ou assimétricas) tendem consistentemente a exagerar (ou subestimar) sua freqüência nos folguedos sexuais... Situações que parecem improváveis. Um segundo possível problema é de interpretação: mesmo que a simetria física tenha uma correlação genuína com as cópulas extrapar de um homem, não está claro, por exemplo, se as mulheres sintonizaram na verdadeira simetria física do potencial parceiro sexual ou se a simetria se correlaciona com algo mais (autoconfiança, feromônios desconhecidos, emanações cósmicas, o que for).

De qualquer modo, também é interessante observar que no estudo que acabamos de descrever o número de parceiros fora do par de uma mulher se correlacionou com seu "estilo de ligação emocional". Cada participante (homem e mulher) recebeu um "índice de ligação", baseado em dois estilos diferentes: "ligação de evitação" ou "ligação ansiosa". A ligação de evitação incluía a concordância ou discordância com declarações como "Fico nervoso se alguém chega muito perto de mim", enquanto uma amostra típica da escala de ligação ansiosa seria "Em geral eu me preocupo se meu parceiro realmente me ama". Os resultados? As mulheres com um nível mais alto de ligação ansiosa têm mais amantes fora do par, enquanto aquelas com um nível mais alto de ligação de evitação têm menos. O grau de simetria física de uma mulher não prevê o número de parceiros fora do par.

ABALANDO O MITO: AS FÊMEAS (A ESCOLHA DOS GENES DO MACHO) **123**

Essas descobertas combinadas são coerentes com a biologia básica das diferenças macho-fêmea: o sexo fora do par de homens se correlaciona com uma característica física que presumivelmente diz algo sobre sua desejabilidade, enquanto o sexo fora do par de uma mulher se correlaciona com uma característica mental que presumivelmente diz algo sobre sua disposição a ter um relacionamento desses. A implicação é de que os homens em geral estão dispostos, que as mulheres em geral são capazes e que as mulheres são mais sexuais com os homens simétricos.

Isto está muito claro: as fêmeas tendem a ter CEPs com machos que têm bons genes. E, como vimos, os "bons genes" podem incluir muitas coisas: ser suficientemente diferente da fêmea em questão (mas não diferente demais), ser geneticamente complementar de outras formas, ou portar genes relacionados com a saúde. Mas isso não é tudo. Se algumas características (simetria, plumagem brilhante) indicam bons genes e se, em conseqüência, as fêmeas estão em vantagem evolutiva quando preferem essas características, então o palco está montado para outra virada na saga da CEP: as fêmeas podem se beneficiar quando preferem aqueles machos cuja única virtude é a de que são preferidos por outras fêmeas! Tal preferência pode bem começar com características que são "genuínas", como simetria ou plumagem brilhante, mas, como assinalou o pioneiro da genética da evolução, R. A. Fisher, décadas atrás, pode rapidamente criar vida própria.

Na verdade, houve estudos que mostraram que em alguns casos a opção das fêmeas é impelida por nada mais do que a preferência da própria fêmea; ou seja, as fêmeas às vezes escolhem machos não porque eles produzem proles mais saudáveis ou de vida mais longa, mas simplesmente porque essa prole — em especial os filhotes machos — tem ela mesma a probabilidade de ser escolhida pela geração seguinte de fêmeas. Essa idéia, agora conhecida como a "hipótese do filho sexy", sugere que as fêmeas podem escolher os machos simplesmente porque outras fêmeas (uma geração depois) provavelmente terão a mesma preferência. Como resultado, uma

124 O MITO DA MONOGAMIA

fêmea tem razão ao se deixar seduzir por machos sexies, mesmo que eles não sejam excepcionalmente saudáveis ou possam gerar uma prole excepcionalmente saudável, desde que os filhos machos da fêmea sejam "sexies"...[63] Isto é, atraentes para a geração seguinte de fêmeas. Uma espécie de efeito dominó.

Por exemplo, em uma espécie de mosquito flebótomo, as fêmeas revelam uma preferência clara com relação aos parceiros. Em um experimento, as fêmeas não puderam exercer a escolha e foram obrigadas a acasalar ou com machos preferidos, ou com machos que seriam rejeitados. Não houve impacto da paternidade sobre a saúde geral ou a viabilidade de sua prole. Mas a prole dos machos preferidos era também preferida, assim como os machos rejeitados produziram filhotes machos que também foram rejeitados.[64]

Quando se trata de CEPs, as fêmeas de muitas espécies têm uma probabilidade especial de acasalar com machos que são mais atraentes do que os parceiros. Quase se pode ouvir as fêmeas — quer estejam pareadas ou não — exibindo o equivalente animal de um astro de cinema para si mesmas: "Eu quero ter filhos *dele*." Se for assim, o motivo parece ser que, em um nível inconsciente, elas podem ouvir os ecos de outras fêmeas dizendo a mesma coisa sobre a futura prole *delas*, prometendo, portanto, um número maior de netos para a possível mãe estupefata... que agora é uma candidata a uma ou mais cópulas extrapar com o gostosão sortudo.

O contrário também acontece: torne um macho menos atraente e será mais provável que sua parceira procure por genes masculinos em outro lugar. Há, por exemplo, uma pequena ave eurasiana socialmente monógama — e admiravelmente colorida — conhecida como pisco-de-peito-azul. Os machos — o que não é de surpreender — têm o pescoço azul vivo; o pescoço das fêmeas é branco. Quando os pesquisadores da Universidade de Oslo, Noruega, usaram tinta para diminuir o azul do pescoço dos parceiros, aumentou a probabilidade de as fêmeas de pisco-de-peito-azul se envolverem em CEPs.[65] (É também interessante observar que os machos que perderam o azul aparentemente perceberam que eram menos

ABALANDO O MITO: AS FÊMEAS (A ESCOLHA DOS GENES DO MACHO) 125

atraentes do que antes, talvez devido às mudanças no comportamento das parceiras, uma vez que eles aumentaram as atividades de guarda da parceira, embora inutilmente.)

A escolha da fêmea também pode ser influenciada pelo que é popular ou estiloso no momento. O fenômeno foi chamado de "imitação do parceiro". Aqui está como funciona: uma fêmea de guppy tem de escolher entre dois machos. A fêmea então observa o macho que ela rejeitou sendo escolhido por outra fêmea (na verdade, um modelo artificial de uma fêmea, manipulado pelos pesquisadores). Em seguida, o teste da escolha é repetido, e então a fêmea provavelmente vai mudar de idéia e preferir o macho que ela inicialmente rejeitou, mas que subseqüentemente observou que era "popular". Além disso, as fêmeas mais novas podem imitar as preferências exibidas pelas mais velhas.[66]

Há muitas evidências de que os machos sexies conseguem mais CEPs, independentemente, talvez, de serem realmente saudáveis ou portarem genes que são "melhores" em qualquer outro sentido. Os machos de andorinha cujas caudas bifurcadas são artificialmente prolongadas obtêm uma parceira dez dias antes dos machos normais, têm uma probabilidade oito vezes maior de acasalar novamente e produzir uma segunda ninhada e duas vezes mais chances de ter uma ou mais CEPs com uma fêmea já pareada.[67] Em um estudo especialmente impressionante, foram criados três tipos diferentes de andorinhas-de-bando machos; aqueles cujas caudas bifurcadas foram encurtadas, aqueles cujas caudas bifurcadas foram aumentadas e um grupo controle cujas caudas foram cortadas, mas depois colocadas novamente sem nenhuma alteração. Os resultados: a prole extrapar compunha cerca de 60% da prole de ninhos de machos de cauda mais curta, se comparados com 40% dos controles e cerca de 12% dos machos cujas caudas foram artificialmente aumentadas. Ao mesmo tempo, o número de filhotes biológicos criados em seus ninhos aumentava em proporção direta com o tamanho da cauda.[68]

Entre os pardais domésticos, as caudas bifurcadas longas não tornam um macho sexy; grandes manchas pretas no pescoço, sim. Os machos que

126 O MITO DA MONOGAMIA

se envolvem em CEPs têm uma probabilidade particularmente alta de ter manchas impressionantes no pescoço,[69] e é mais provável que as fêmeas se envolvam em uma CEP com um macho cuja mancha preta no pescoço seja maior do que a do "marido". Uma descoberta comparável se aplica a outro tipo de ave, o diamante-mandarim, em que a atratividade do macho depende da cor do bico (no mundo dos diamantes-mandarim, um bico vermelho é "excitante").[70] Pesquisadores chegaram a descobrir que, no caso do diamante-mandarim, a cor de faixas nas pernas, colocadas pelos pesquisadores, influencia a atratividade do macho e, assim, o pendor das fêmeas por CEPs. Novamente, o vermelho é desejável: era improvável que as fêmeas pareadas com machos que exibiam faixas vermelhas acasalassem fora do par, enquanto aquelas pareadas com machos de faixas verdes tinham uma probabilidade maior de ter "casos", em que a prole resultante tinha como pai os machos mais atraentes.[71]

Nos exemplos precedentes, se o objetivo das fêmeas era aumentar a diversidade genética de sua prole, então todas as fêmeas deviam ser igualmente inclinadas a CEPs. Por outro lado, se o objetivo é melhorar a *qualidade* genética ou a atratividade, então as fêmeas pareadas com machos particularmente de baixa qualidade devem ter uma tendência especial a CEPs (e têm mesmo). Se houver apenas alguns machos bons — e em especial se eles forem muito bons — então as CEPs devem ser particularmente freqüentes. Ao contrário, se todos os machos são "mais ou menos", as CEPs ofereceriam menos recompensa genética. Podemos também prever que as CEPs devem ser menos freqüentes nas ilhas — onde a diversidade genética é baixa — do que nos continentes, onde ela é alta. O mesmo acontece nas populações que recentemente passaram por um "gargalo" genético, o que resulta em menos diversidade genética: as chitas de vida silvestre, por exemplo, cruzam consangüineamente e carecem de diversidade genética; é provável que as chitas fêmeas não sejam especialmente inclinadas ao acasalamento múltiplo ou suscetíveis às CEPs.

ABALANDO O MITO: AS FÊMEAS (A ESCOLHA DOS GENES DO MACHO) 127

A evolução com freqüência funciona de formas estranhas e inesperadas. Isso certamente é verdade quando se trata da preferência da fêmea por determinadas características do macho. Assim, além de possivelmente preferir machos que produzem bastante esperma e que portam genes adequadamente variados, complementares, relacionados com a saúde e sexies, há um bom motivo para pensar que as fêmeas podem até favorecer certos machos com base nas características só de seu esperma.

Afinal, nem todo esperma é criado da mesma forma. Espermas de machos diferentes diferem na probabilidade de conseguir fertilizar um ovo. Foram realizados estudos em que uma ampla gama de animais — insetos, galinhas, camundongos, coelhos, porcos, bois — foram inseminados com quantidades semelhantes de esperma proveniente de dois ou três machos. As descobertas são que, em praticamente todos os casos, o esperma de um determinado macho era muito mais eficaz do que o de outros.[72] Há muitos motivos para isso: o espermatozóide tem diferentes formas e tamanhos e diferentes metabolismo, capacidade de nadar e características químicas — e tudo isso pode influenciar a motilidade do espermatozóide, sua longevidade, a capacidade de penetrar no ovo, a capacidade de sobreviver dentro do trato genital da fêmea e assim por diante.

Uma vez que os machos diferem na capacidade de fertilizar ovos, é bastante razoável que as fêmeas criem situações que exagerem essas diferenças. Por quê? Porque isso beneficiaria as fêmeas a serem fertilizadas por machos de alta fertilização, uma vez que a prole de seu parceiro provavelmente também teria bons fertilizadores. (Já encontramos a "hipótese do filho sexy". Agora conhecemos sua parente próxima, a "hipótese do esperma sexy".)

A forma mais simples de as fêmeas garantirem que serão fertilizadas por esperma sexy — ou, pelo menos, bem-sucedido na competição espermática — é criando competição; isto é, acasalar com mais de um macho. E é precisamente o que fazem. As fêmeas de esquilo terrestre de Columbia, por exemplo, ficam no estro por cerca de quatro horas por ano e, no entanto, durante esse breve intervalo de oportunidade sexual, a fêmea fica

128   O MITO DA MONOGAMIA

muito ocupada, copulando com uma média de 4,4 machos.[73] Em outras espécies de esquilos terrestres, as fêmeas ficam no estro por menos de sete horas por ano e durante esse período elas copulam com uma média de seis a sete machos.[74] E não há motivo para pensar que as fêmeas de esquilo terrestre são especialmente libertinas do ponto de vista sexual: mesmo quando a monogamia não está em questão, o acasalamento múltiplo por fêmeas é difundido, e a competição espermática pode ser o principal motivo.

Mas a história está longe de terminar. Se as fêmeas lucram armando competições espermáticas, é razoável pensar que elas lucrariam ainda mais se pudessem tornar a competição especialmente intensa, criando um ambiente genital que fosse desafiador e difícil, consistindo não só em muitos participantes diferentes, mas também equipado com obstáculos mecânicos e fisiológicos. Por exemplo, ao aumentar o tamanho do trato genital, acentua-se a capacidade de natação do espermatozóide. Os insetos e as aranhas são especialmente famosos por terem sistemas reprodutores tortuosos, uma série de labirintos através dos quais o espermatozóide deve nadar. Que vença o melhor homem — isto é, o melhor espermatozóide. (O padrão resultante tem sido chamado de "escolha críptica da fêmea", algo que deve ser especialmente importante nos casos em que as fêmeas têm relativamente poucas oportunidades de escolher um parceiro de acasalamento de forma mais patente.)

Aliás, não há nada de singular em fêmeas que estabelecem padrões elevados para os pretendentes: defender um território, envolver-se em rituais de corte adequados (e em geral difíceis), dar montes de comida durante e depois da corte, vencer um torneio de justa, matar um dragão, nadar o Helesponto e assim por diante. Considere, por exemplo, que as fêmeas de chimpanzé comumente acasalam com muitos machos diferentes. Provavelmente não é coincidência que os chimpanzés machos, além de exibirem testículos excepcionalmente grandes (o que lhes permite produzir uma grande quantidade de esperma), também tenham pênis compridos. Um pênis maior quase certamente dá uma vantagem ao esperma de seu dono, uma vez que ele pode ser depositado mais perto da cérvice. Assim, seria especialmente significativo se o esperma de mais de um macho estivesse competindo dentro de uma fêmea, o que, claro, é precisamente o que acontece se a fêmea acasala com vários machos enquanto está ovulando. (E é exatamente isso que faz a fêmea do chimpanzé.)

Em um estudo, a medição detalhada de 11 machos e 19 fêmeas mostrou que em 10 dos 11 machos o tamanho do pênis realmente superava a profundidade vaginal de 14 das 19 fêmeas![75] Isso não é tão estranho como parece, uma vez que o tamanho da vagina de uma chimpanzé varia com seu ciclo menstrual, tornando-se máximo quando a pele rosada do sexo incha totalmente, o que corresponde à época da ovulação. Nessas fêmeas, o tamanho vaginal aumenta durante a ovulação em aproximadamente 50%. Em conseqüência, 7 dos 11 machos descritos anteriormente teriam sido incapazes de chegar à cérvice de *qualquer uma* das 19 fêmeas, enquanto os quatro restantes só seriam capazes de chegar em uma delas. Ao aumentar o tamanho de suas vaginas quando estão ovulando, as fêmeas de chimpanzé tornam mais difícil para o macho fertilizá-las, dando uma vantagem aos parceiros sexuais que produzem um esperma especialmente abundante, móvel, capaz de suportar os rigores do ambiente vaginal e dotado de um pênis longo. (Será *por isso* que as vaginas de chimpanzés em ovulação aumentam? Boa pergunta.)

É estranho que, entre todas as espécies que praticam a fertilização interna, praticamente não se sabe de o macho introduzir seu esperma diretamente nos ovos da fêmea, o que resultaria em fertilização imediata. Sempre os ovos ficam atrás, bem no fundo, enquanto o esperma é depositado em algum tipo de antecâmara, a partir da qual deve prosseguir por vários canais sinuosos, com comportas e recipientes de armazenagem, em geral revestidos de cílios (que não é incomum que batam na direção contrária), percorrendo o que — para um espermatozóide minúsculo — devem parecer centenas de quilômetros, em geral por um terreno inóspito, quimicamente debilitante, se não letal, e, como se não bastasse, freqüentemente patrulhado por fagócitos imensos e agressivos que devoram espermatozóides.

Em um artigo intitulado "Por Que as Fêmeas Dificultam Tanto para os Machos Fertilizarem Seus Ovos?",[76] os biólogos Tim Birkhead, Anders Moller e W. J. Sutherland destacaram que, "em termos de estrutura, composição química e reação imunológica, o trato reprodutor da fêmea de mamíferos e aves é particularmente hostil para o espermatozóide" e que, em conseqüência, as fêmeas podem ser fertilizadas pelo espermatozóide mais apto ou, pelo menos, minimizar o risco de serem fertilizadas pelo "pior". Imagine que os machos difiram na capacidade de superar essa hostilidade da fêmea. Uma fêmea que permite indiscriminadamente que qualquer macho fertilize seus ovos provavelmente vai produzir filhos que só serão capazes de fertilizar um pequeno subgrupo de fêmeas de sua geração. Ao contrário, ao criar uma corrida de obstáculos difícil e exigente, uma fêmea aumenta a probabilidade de que seus filhos machos sejam capazes de fertilizar muitas fêmeas.

Se fosse do interesse das fêmeas facilitar a fertilização, não seria preciso forçar muito o potencial evolutivo para imaginar uma situação muito diferente, em que o esperma fosse ejaculado nos ovos — ou, na pior das hipóteses, perto deles — que "pretendiam" fertilizar. Mas embora seguramente seja do interesse das fêmeas que ocorra a fertilização (assim como é do interesse dos machos), há bem poucos motivos para que as fêmeas facilitem tudo. Na verdade, há bons motivos para que elas dificultem. Ou melhor, um bom motivo: a competição espermática.

"A expressão competição espermática", de acordo com o entomologista e teórico da evolução William Eberhard, "evoca a imagem de exércitos de minúsculos soldados caudados correndo pelos dutos das fêmeas ou lutando em combates corpo-a-corpo para ter acesso a tesouros grandes e passivos. Ela destaca, como é tradição na biologia, o papel masculino ativo nas interações macho-fêmea."[77]

Mas, na verdade, como assinala Eberhard, as fêmeas podem ter a chave da vitória na competição espermática:

ABALANDO O MITO: AS FÊMEAS (A ESCOLHA DOS GENES DO MACHO)   131

Movimentos simples e aparentemente insignificantes da fêmea, como algumas torções peristálticas "a favor da corrente" de seu trato reprodutor ou bater o revestimento de cílios do trato reprodutor na direção errada, podem resultar na expulsão, sem nenhuma cerimônia, do exército de pequenos "guerreiros" do corpo da fêmea ou no seu desvio para outros locais internos, onde serão digeridos.[78]

Provavelmente em reação às manobras da fêmea, os machos de inseto, por exemplo, envolvem-se em um amplo leque de momices peculiares durante a cópula. William Eberhard, pela última vez: "Os machos de diferentes espécies de insetos lambem, batem, esfregam, empurram, chutam, golpeiam, sacodem, apertam, alimentam, cantam e vibram a fêmea durante a cópula."[79] Tudo isso, ao que parece, numa tentativa de superar a resistência da fêmea.

As fêmeas criam várias barreiras para a fertilização; por exemplo, a vagina da maioria dos mamíferos tem um pH muito baixo, o que é prejudicial para a sobrevivência do espermatozóide. A explicação tradicional para uma vagina ácida é que isso reduz o risco de infecção microbiana. Supostamente, portanto, as fêmeas fazem o que têm de fazer — isto é, acidificam seu trato reprodutor — para se proteger, deixando que os espermatozóides lidem como puderem com a situação. Depois que as fêmeas optam por baixar o pH vaginal, os machos devem tentar fornecer os espermatozóides que farão o máximo possível em sua difícil situação. Com montes de espermatozóides sendo produzidos, pelo menos alguns têm uma boa chance de conseguir. (E, afinal, quaisquer machos que escolhessem sair da competição seriam verdadeiramente deixados de lado, suplantados por aqueles que se arriscaram no ácido.)

Ao mesmo tempo — e aqui está a novidade — as fêmeas são livres para reduzir seu pH ainda mais, aumentando a competição entre machos, resultando, talvez, em espermatozóides resistentes ao ácido, com armadura de gladiador cuja capacidade de viajar poderia rivalizar com a de Marco Pólo, secreções seminais que aumentam temporariamente o pH e assim

132 O MITO DA MONOGAMIA

por diante. De qualquer maneira, as fêmeas podem, dessa forma, terminar usando seu baixo pH vaginal como uma espécie de dispositivo de identificação de espermatozóide.

O trato reprodutor da fêmea é extraordinariamente hostil para os espermatozóides em outros aspectos. Não é incomum que a cérvice seja o lar de milhões de leucócitos (glóbulos brancos do sangue) que em outros contextos devoram bactérias invasoras, mas que também têm um bom apetite por espermatozóides invasores; afinal, o espermatozóide também é estranho ao corpo da fêmea. Nos seres humanos, em particular, também há altas concentrações de anticorpos antiespermatozóides no muco cervical. E, para piorar ainda mais as coisas, a anatomia reprodutora da fêmea em geral é elaborada, e os ovos só podem ser alcançados depois que o espermatozóide completou uma migração difícil, tortuosa e longa contra a corrente. Mesmo então, o espermatozóide não recebe calorosas boas-vindas de herói: os próprios ovos são, com freqüência, de penetração obstinadamente difícil.

A eficácia dessas várias defesas antiespermatozóide é atestada pelo fato de que somente uma proporção mínima do grande número de espermatozóides introduzidos em uma fêmea chega perto dos ovos. Até recentemente, isso foi amplamente considerado resultado de caprichos do acaso, mas acontece que pode não ser uma questão de acaso; na verdade, as barreiras antifertilização podem ser erguidas de forma específica pelas fêmeas. Seria particularmente interessante ver se as espécies caracterizadas por um alto nível de CEPs são aquelas em que o trato reprodutor das fêmeas são especialmente tortuosos ou possuem um alto nível de anticorpos antiespermatozóide, um pH vaginal particularmente baixo, ovos que são incomumente difíceis de penetrar e assim por diante.

Ao mesmo tempo, os pesquisadores devem estar cientes de uma tendência a exagerar na interpretação das vantagens do acasalamento desfrutadas por alguns machos em detrimento de outros, vendo qualquer desequilíbrio como prova de que as fêmeas estão necessariamente promovendo a competição espermática, quando podem não estar fazendo

ABALANDO O MITO: AS FÊMEAS (A ESCOLHA DOS GENES DO MACHO)   133

nada disso. Por exemplo, descobriu-se que quando a fêmea de *Scatophaga stercolaria* copula com machos grandes e pequenos, o primeiro fertiliza a parte do leão dos ovos. É tentador atribuir isso a uma seleção ativa do esperma dos machos grandes por parte das fêmeas, mas acontece que a vantagem do macho grande se deve simplesmente ao fato de que os machos grandes transferem esperma a uma taxa mais alta.[80] Todavia, parece cada vez mais claro que em muitos casos — talvez na maioria deles — as fêmeas são participantes ativas de sua própria fertilização, e não apenas na escolha de com quem se acasalam, mas também com relação ao que acontece depois do acasalamento.

Se uma fêmea tem apenas um parceiro sexual, ela não recebe recompensa alguma ao tornar as coisas difíceis para ele. Mas se ela acasala com vários machos, provavelmente seria de seu interesse que seus ovos fossem "difíceis de conseguir" — protegidos, como a Bela Adormecida, por dragões, espinheiros impenetráveis e outras barreiras desanimadoras. O Príncipe Encantado de sucesso deveria não só ser encantado, mas também perseverante e capaz de produzir espermatozóides que também sejam assim.

Ao mesmo tempo, as fêmeas fariam mal em levar isso longe demais. É bom ser meticulosa, mas aquelas que erguessem barreiras tão altas que nenhum macho conseguisse fertilizar seus ovos seriam excluídas na seleção, superadas por outras cujas expectativas fossem mais modestas e realistas. Portanto, até as geradoras de ovos de melhor defesa podem um dia ser penetradas — e quando isso acontece, é provável que seja pelos machos mais bem-dotados, possivelmente com uma pequena ajuda das próprias fêmeas.

Podemos chamar isso de solução de Atalanta, de acordo com a história grega de Atalanta e Hipômenes. Segundo o mestre contador de mitos Thomas Bulfinch, Atalanta ficava muito veloz quando estava apaixonada e muito atraente de várias maneiras:

A todos os pretendentes (porque tinha muitos) ela impunha uma condição que costumava ser eficaz para aliviá-la da perseguição deles — "Eu serei o prêmio daquele que me conquistar numa corrida; mas a morte deve ser a punição para todos os que tentarem e fracassarem". Apesar da condição difícil, alguns tentariam. Hipômenes foi o juiz da corrida. "Será possível que alguém seja tão imprudente para se arriscar a tanto por uma esposa?", disse ele. Mas quando ele a viu deixar de lado o roupão para a corrida, mudou de idéia e disse: "Perdoem-me, jovens, não sabia por que prêmio estavam competindo." Enquanto os vistoriava, ele desejou que todos fossem derrotados e inchassem de inveja daquele que parecia ter toda a probabilidade de ser o vencedor. Enquanto seus pensamentos eram esses, a virgem disparou para a frente. À medida que ela corria, ficava mais bela do que nunca. A brisa parecia dar asas a seus pés; seus cabelos voavam por sobre os ombros... Todos os concorrentes foram distanciados e postos para morrer sem piedade. Hipômenes, sem se intimidar com esse resultado, fixando seus olhos na virgem, disse: "Por que se jactar de derrotar aqueles pachorrentos? Ofereço-me para a disputa."

Atalanta olhou para ele com o semblante compadecido e não sabia se o conquistaria ou não. "Que deus pode tentar alguém tão jovem e belo a desperdiçar a própria vida? Tenho pena dele, não por sua beleza (embora seja belo), mas por sua juventude. Gostaria que ele desistisse da corrida ou, se for tão louco, espero que possa me vencer."[81]

Hipômenes não podia superar Atalanta, mas teve uma ajuda de Vênus. A deusa do amor deu a Hipômenes três maçãs douradas que, em pontos estratégicos durante a corrida, ele atiraria. E Atalanta, igualmente amável, parava para pegá-las. Como resultado, Hipômenes ganhou a corrida — e Atalanta.

Neste capítulo, demos uma amostra de parte da perspectiva da fêmea sobre as cópulas extrapar, concentrando-nos nos genes do parceiro de CEP. No seguinte, vamos continuar com nosso foco nas fêmeas, voltando-nos para outras considerações.

CAPÍTULO QUATRO

Abalando o mito: As fêmeas (Outras considerações)

"Procure a simplicidade", aconselhou Alfred North Whitehead, "e depois desconfie dela." No capítulo anterior, procuramos entender por que as fêmeas se envolvem em CEPs vendo simplesmente a preferência das fêmeas por genes do macho. (Nesse meio-tempo, descobrimos que até essa explicação "única" está longe da simplicidade, por se relacionar com questões de fertilização, saúde, diversidade, dominância, desejabilidade, "filhos sexies" e competição espermática — esta última talvez tramada pela fêmea.) Agora vamos nos voltar para outros fatores, que parecem oferecer, cada um, o canto de sereia sedutor da simplicidade, embora, na realidade, todos eles sejam complexos e estejam emaranhados com muitos outros de uma forma sutil. Tal compreensão é uma realização a ser procurada solenemente... E depois, talvez, desconfiemos dela.

Quando feitas pelos machos, as CEPs são bem interessantes, mas, de certa forma, não são extraordinárias, uma vez que são uma extensão lógica e "simples" do que se espera da estratégia sexual do macho: dado o

136 O MITO DA MONOGAMIA

que significa ser um macho (isto é, um produtor de esperma, comparati-vamente barato e fácil de ser substituído), podemos esperar que os ma-chos, mesmo que já pareados, sejam "levianos" e cautelosos, ainda que sua parceira extrapar também já esteja pareada. Se o machos são bem-sucedidos no acúmulo de cópulas adicionais e se essas cópulas acontecem com fêmeas férteis, eles geram sua própria recompensa evolutiva, porque qualquer tendência influenciada pelos genes de se envolver em CEPs será promovida na geração seguinte. Em resumo, uma CEP provavelmente será o sucesso de um macho ou, mais precisamente, um sucesso para os genes inclinados a CEPs dentro desses machos.

Ao mesmo tempo, da perspectiva da fêmea envolvida — e pressupon-do-se que a referida fêmea ganhe no processo —, um desvio da monogamia é uma estratégia feminina igualmente válida. As fêmeas, não menos do que os machos, têm muito a ganhar com as CEPs. Os biólogos também têm muito a ganhar reconhecendo isso, e recentemente eles começaram a reconhecer. Na realidade, houve uma mudança substancial no foco por parte de muitos biólogos, e o resultado tem sido um senso mais nuançado e preciso de como os seres vivos lidam com a vida. Em vez de se limitarem à perspectiva do macho e identificarem os sistemas sociais animais como poliginia, monogamia ou monogamia somada a adultério ("estratégias mas-culinas mistas"), ultimamente os pesquisadores estão falando mais em poliandria: uma fêmea acasalando-se com muitos machos, apesar do apa-rente sistema social.

No passado, o termo *poliandria* referia-se àqueles casos excepcional-mente raros em que uma única fêmea forma vínculo simultaneamente com mais de um macho. Porém, cada vez mais, vemos que um sistema domés-tico que é ostensivamente monógamo (um macho/uma fêmea) ou até polí-gino (um macho/muitas fêmeas) pode ser geneticamente poliândrico, com a fêmea acasalando-se com mais de um macho, apesar do que parece ser o sistema social.

Com o risco de exagerar na terminologia, é hora de empregar um novo termo, cada vez mais utilizado pelos biólogos: *monândrico* (literalmente,

ABALANDO O MITO: AS FÊMEAS (OUTRAS CONSIDERAÇÕES)   137

"um macho"), distinto de *poliândrico* ("muitos machos"). Ele tem a virtude de introduzir ao estudo dos sistemas de acasalamento — finalmente — uma perspectiva centrada na fêmea. Usar a palavra *polígino*, por exemplo, para descrever a vida sexual de uma espécie que forma harém pode ser útil para apresentar a perspectiva do macho: *polígino* significa muitas fêmeas, e um macho polígino bem-sucedido consegue acasalar com muitas fêmeas. Mas e o ponto de vista das fêmeas? Chamá-las de políginas implica que elas são limitadas a acasalar com um macho, o dono do harém. Na verdade, costumávamos pensar que poliginia *significava* acasalamentos múltiplos para o macho e acasalamento único para a fêmea. Mas não é mais assim. As fêmeas de acasalamento polígino podem ser fiéis a um dono de harém e, nesse caso, são *monândricas* ("um macho"). Mas agora sabemos que até nas espécies que habitam haréns, às vezes, as fêmeas têm CEPs adicionais com machos de fora, e nesse caso elas são poliândricas, assim como são de acasalamento polígino.

Assim, é útil empregar algumas palavras novas, que reflitam nossa nova compreensão. *Monândrica* ("um macho") significa que uma fêmea acasala com apenas um macho. Portanto, uma fêmea socialmente monógama pode também ser monândrica, e nesse caso sua vida sexual corresponde à vida social — ela só se acasala com um macho. Ou ela pode combinar a monogamia social com a poliandria genética, tendo CEPs com mais de um macho. Da mesma forma, uma fêmea polígina (habitante de harém) pode ser monândrica — acasalando-se com apenas um macho, presumivelmente o dono do harém — ou pode ser polígina e poliândrica — compondo socialmente o harém do macho, mas provavelmente se envolvendo sexualmente com um ou mais machos por meio de CEPs.

Observação a lorde Whitehead: uma coisa é procurar a simplicidade, outra bem diferente é encontrá-la. (Desconfiar dos resultados é uma terceira questão!)

138 O MITO DA MONOGAMIA

P or que as fêmeas copulam com tanta freqüência? Afinal, parece claro que elas não têm de ser inseminadas com muita freqüência só para conseguir que seus ovos sejam fertilizados. Uma vez que os ovos são muitos maiores do que o espermatozóide, eles necessariamente são produzidos em um número muito menor. Apenas alguns acasalamentos devem bastar. Em um estudo agora clássico e muito citado, publicado em 1948, o geneticista A. J. Bateman colocou um número limitado de moscas-da-fruta machos e fêmeas em pequenos recipientes e depois observou seu comportamento sexual e o resultado reprodutivo.[1] Obviamente, cópula nenhuma resultou em reprodução nenhuma, para os dois sexos. E as recompensas para a procriação de uma única cópula eram semelhantes para machos e fêmeas (embora não fossem idênticas, uma vez que o sucesso das fêmeas na procriação quase sempre aumenta muito desde seu primeiro acasalamento, enquanto o do macho às vezes não, se ele copulou com uma fêmea já fertilizada).

Uma das descobertas mais influentes de Bateman foi a de que, além do acasalamento inicial, o sucesso reprodutivo dos machos aumentava substancialmente com cópulas adicionais, enquanto o mesmo não acontecia com as fêmeas. Ou melhor, ele aumentava muito mais lentamente e chegava ao ponto de equilíbrio com mais rapidez. Isso porque os ovos da fêmea, uma vez que tenham sido fertilizados com sucesso, não podem mais ser fertilizados, enquanto um macho pode — pelo menos em tese — fertilizar outras fêmeas a cada vez, até que não haja mais candidatas.

Mas, na verdade, fêmeas de muitas espécies diferentes copulam muitas vezes, mais do que parece necessário para fertilizar os ovos. Na maior parte do tempo, esse aparente excesso sexual acontece com o mesmo macho e dentro da unidade social identificada; isto é, elas têm CIPs em vez de CEPs. Mas, como veremos, as CEPs podem estar implicadas nisso.

Os falcões (gaviões europeus) copulam quase 700 vezes por ninhada. As leoas copulam em média a cada 15 minutos — dia e noite — durante todo o seu frenético ciclo do estro de quatro dias. Geralmente, quando se encontra uma alta freqüência de acasalamento, é a fêmea que toma a iniciativa. O porco-espinho-indiano copula todo dia por todo o estro, a

ABALANDO O MITO: AS FÊMEAS (OUTRAS CONSIDERAÇÕES)   139

gestação e a lactação, embora nessas espécies as fêmeas sejam férteis por apenas pouco mais de 1% do estro (e nem um pouco enquanto grávidas ou em lactação).[2]

A explicação tradicional para esse comportamento tem sido a de que esse tipo de sexo não-reprodutivo ajuda a manter ou melhorar a ligação do par (como em pelo menos uma espécie, o *Homo sapiens*). Isso parece eminentemente razoável, mas não basta. É simplista e, como tal, merece descrédito. Por que uma alta freqüência de cópulas melhora a ligação do par... pressupondo-se que faça isso? Em um nível imediato e "aproximado", podemos concluir que os acasalamentos freqüentes geram satisfação sexual e que esse motivo é suficiente. Mas por que as fêmeas devem ser equipadas para se "satisfazer" dessa forma, em especial se tal comportamento não é necessário para a fertilização?

Uma possibilidade — sem uma possível relação com a questão das CEPs — é a avaliação do parceiro. Uma vez que a cópula consome tempo e energia do macho, uma fêmea pode avaliar o vigor e a saúde de um macho por sua capacidade e inclinação sexuais. Os acasalamentos repetidos também parecem importantes para a formação do par. Gaivotas *kittiwake*, *Larus tridactilus*, recém-pareadas copulam com mais freqüência do que pares antigos, um fenômeno que quase todos os seres humanos podem atestar.[3] Embora a inadequação sexual do homem de vez em quando seja citada pelas mulheres como motivo para pedir o divórcio, há alguns paralelos animais extraordinários, isto é, casos em que uma fêmea abandona o parceiro quando fica claro que ele não é sexualmente entusiasmado, é inadequado ou apenas não é nada inspirador. Há também alguns exemplos animais do que pode ser chamado de "opção de lady Chatterley", recebendo o nome do romance de D. H. Lawrence em que a esposa do paraplégico lorde Chatterley, eroticamente frustrada pela incapacidade do marido, tem uma série de CEPs com seu viril guarda-caça. Lady Chatterley é retratada como uma mulher excitada e apavorada com o pênis ereto do amante, embora isso possa nos dizer mais sobre a imaginação erótica de Lawrence do que sobre a realidade da psicologia sexual feminina.

140 O MITO DA MONOGAMIA

Por outro lado, algo semelhante pode ser comum no mundo natural, motivado não tanto pelas deficiências do parceiro como amante, mas por sua inadequação como inseminador: como vimos, as fêmeas de várias espécies reconhecidamente reagem à fertilidade menor do parceiro envolvendo-se em CEPs com outros machos mais competentes do ponto de vista reprodutivo. O desempenho sexual como tal pode ser usado pelas fêmeas como uma característica sexual secundária análoga à "hipótese do filho sexy": uma fêmea sexualmente voraz de falcão, leão ou porco-espinho pode, assim, ser mais uma estrategista do que uma ninfomaníaca, substituindo o entusiasmo sexual e a capacidade do parceiro pelo que em outras espécies é proporcionado por uma mancha preta irresistível no pescoço, plumas brilhantes ou uma cauda bifurcada impressionante.

Nos casos citados anteriormente, as CEPs se ocultam ao fundo, uma opção para as fêmeas se seus machos falharem nos exames sexuais. Em outros, as CEPs podem ser responsáveis de forma mais direta. As fêmeas podem copular repetidamente com um parceiro preferido de modo a inundar o esperma já recebido — por exemplo, mediante uma cópula forçada — de um macho de menor valor. Mesmo que não sejam vítimas de estupro, de vez em quando as fêmeas podem aquiescer às CEPs porque ceder é menos custoso do que resistir (mais sobre isso adiante). Nesses casos, uma fêmea pode então tentar retificar sua situação (isto é, inseminada por um macho menos desejável) copulando repetidamente com um macho preferido — que por acaso também pode ser seu parceiro.

Ou talvez as fêmeas procurem garantir a fertilização por um macho preferido depois de ter copulado recentemente com um ou mais machos cujos genes podem não ser tanto de seu agrado, mas, em troca de ter CEPs com a fêmea, proporcionam outros benefícios, como alimentação adicional da corte, a oportunidade de procurar suprimentos em seu território, a promessa de assistência parental para algum filhote gerado e assim por diante. A alta freqüência de cópula intrapar também pode ser a maneira de uma fêmea evitar a poliginia ou impedir que seu macho realize suas próprias CEPs.

ABALANDO O MITO: AS FÊMEAS (OUTRAS CONSIDERAÇÕES) **141**

As possibilidades são muitas. Por exemplo, ao copular freqüentemente, uma fêmea pode aumentar a confiança do parceiro de que ele é o pai, diminuindo a probabilidade de que ele a abandone, aumentando a probabilidade de que ele a ajude e, talvez, também, fazendo com que o macho fique menos inclinado a procurar por CEPs. Essa confiança maior sugere uma probabilidade mais alta de paternidade, mas não está além da capacidade de muitos animais enganar os parceiros com a provável paternidade para manter o macho por perto e mais inclinado a ajudar nos cuidados dos filhotes.

Por fim, uma fêmea que copula com freqüência pode não estar agindo simplesmente com base em sua motivação sexual; ela também pode estar *indicando* que está sexualmente inclinada. Em todo o mundo animal, tais inclinações são pelo menos um pouco correlacionadas com a ovulação e podem, portanto, influenciar o parceiro a ficar por perto e guardar a parceira... uma vez que as CEPs assomam como alternativa.

"É uma verdade universalmente conhecida", escreve Jane Austen na famosa frase de abertura de *Orgulho e preconceito*, "que um homem solteiro, possuidor de uma boa fortuna, deve estar necessitado de uma esposa." Ela prossegue:

> Por pouco que os sentimentos ou as opiniões de tal homem sejam conhecidos ao se fixar numa nova localidade, essa verdade se encontra de tal modo impressa nos espíritos das famílias vizinhas que o rapaz é desde logo considerado a propriedade legítima de uma de suas filhas.

Menos universalmente reconhecido é o apelo dos recursos materiais para aquelas próprias filhas, um apelo que pode ser tão grande que um homem "de posse de uma boa fortuna" possa obter cópulas mesmo que ele não seja solteiro ou não esteja "carente de uma esposa". Em resumo, as fêmeas podem ser inclinadas às CEPs mesmo que não estejam procurando por genes — se as recompensas materiais bastarem.

As gaivotas *Larus scopolinus*, estudadas na costa da Nova Zelândia, mostram um padrão comum: as fêmeas que são bem alimentadas durante a corte resistem a todas as tentativas de CEPs e também acasalam-se novamente com o parceiro no ano seguinte;[4] por outro lado, as fêmeas que foram mal provisionadas têm uma probabilidade especial de se divorciarem no futuro e uma probabilidade maior ainda de se submeterem a CEPs — e até a solicitá-las. Já analisamos um padrão semelhante entre as águias-pescadoras, outra espécie em que se espera que os machos dêem calorias substanciais e na qual as fêmeas se envolvem em CEPs quando os parceiros se descuidam.

É ao menos possível que entre espécies como as águias-pescadoras e as gaivotas *L. scopolinus*, que em geral formam ligações de par de longo prazo e investem muito na produção de filhotes e depois em sua criação, os machos cuidem melhor de suas esposas se não gastam seu tempo e energia bordejando. Afinal, nessas espécies, os machos que trocam de parceira terminam com uma prole menos bem-sucedida do que aqueles que continuam fiéis e afiliados. Nesses casos, como conclui o especialista em *Larus scopolinus*, J. A. Mills, "o atencioso prospera". A virtude conjugal — aqui, trazer para o lar o equivalente do "pão" para as aves — pode ser sua própria recompensa, ou melhor, pode levar a uma recompensa reprodutiva maior. O mesmo se pode dizer da fidelidade da fêmea, com toda probabilidade, mas com a ressalva de que, se o macho não é um bom provedor, você pode se sair melhor acasalando-se com outro.

Há uma lógica cruel porém arraigada nas fêmeas que trocam o sexo por recursos e, se possível (ou necessário), procuram em outro lugar por sexo na eventualidade de que os recursos adequados não estejam vindo do próprio parceiro. Entre os seres humanos, há uma longa história intercultural de mulheres sendo cortejadas pela exibição de recursos e perdendo o afeto por causa de carência material. Há também uma longa história intercultural de homens, casados ou não, usando o dinheiro para obter sexo de mulheres, que também podem ser casadas ou não.

ABALANDO O MITO: AS FÊMEAS (OUTRAS CONSIDERAÇÕES) **143**

Além disso, mesmo que a prostituição não seja a profissão mais antiga do mundo, ela é, sem dúvida, a mais difundida. E há uma diferença somente em grau entre a prostituta que oferece serviços sexuais em troca de uma taxa e a amante que faz uma troca semelhante com um homem que pode ser casado, mas que tem recursos suficientes para proporcionar-lhe vários benefícios materiais: um apartamento, roupas elegantes, jóias, refeições e férias luxuosas e assim por diante. Certamente, o homem que "mantém" uma amante ou visita uma prostituta não está tentando se reproduzir, nem — em quase todos os casos — a mulher envolvida. Mas no escambo de sexo — em geral CEPs — por recursos, as pessoas quase certamente estão reagindo a uma ligação antiga, uma ligação que a pesquisa recente tem evidenciado cada vez mais.

Da mesma forma, o mundo animal é cheio de exemplos de fêmeas que dão acesso sexual em troca de recursos controlados pelos machos. Entre os colibris *Eulampis jugularis*, os machos defendem territórios que contêm o máximo de árvores floridas de uma determinada espécie muito valorizada, caçando agressivamente outros machos. É interessante observar que eles também atacam fêmeas invasoras... a não ser aquelas que solicitam cópulas. O artigo técnico que descreve esse sistema é adequadamente intitulado "Comportamento de Prostituição em um Colibri Tropical".[5]

Outro exemplo vem de um estranho passarinho — o *Indicator xanthonotus* — que vive no Nepal e adora comer cera de abelha. Não é de surpreender que as colméias sejam muito valorizadas e defendidas com energia pelos machos *I. xanthonotus*. Para obter a preciosa cera de abelha, uma fêmea primeiro deve copular com o macho proprietário. No mundo dos *Indicator xanthonotus*, "quem tem, consegue", e quem não tem, não consegue. Na verdade, só os machos que possuem colméias acasalam, e observou-se um macho particularmente "rico" copulando 46 vezes com pelo menos 18 fêmeas diferentes durante uma temporada de acasalamento.[6]

Em outros casos, o conceito de macho como "provedor" é tomado de forma mais literal, a ponto de o macho bem-sucedido parecer menos invejável, pelo menos para o observador humano. Assim, em algumas

144   O MITO DA MONOGAMIA

espécies de aranha, as fêmeas praticam canibalismo sexual, só lucrando diretamente com as cópulas múltiplas porque conseguem devorar seus vários parceiros sexuais. Enquanto há poucos benefícios óbvios no consumo de apenas um macho (especialmente porque, nessas espécies, os machos tendem a ser muito menores do que suas parceiras vorazes), os acasalamentos múltiplos oferecem às fêmeas a perspectiva atraente de uma refeição de vários pratos.[7] É concebível que, nesses casos, o benefício material de mastigar os machos — ainda mais do que acasalar com eles — seja o que impele as fêmeas a copular com a freqüência com que o fazem.

O mundo dos insetos é especialmente rico nesses tipos de padrões peculiares, em que as fêmeas ganham benefícios materiais de formas inesperadas. Por exemplo, em uma espécie de mariposa, adultos e ovos conseguem proteção contra seus predadores por meio de certas substâncias chamadas alcalóides de pirolizidina (PA). As mariposas não conseguem sintetizar PA; elas precisam obter das plantas que comem ou — com mais eficiência — de um macho que tenha comido essas plantas. Os machos segregam PA nos espermatóforos, grandes globos proteináceos que são transferidos para a fêmea durante o acasalamento e consumidos por ela, onde eles protegem a fêmea e os ovos. As mariposas machos atraem fêmeas usando substâncias especializadas, os feromônios, e os feromônios mais eficazes — aqueles que mais provavelmente vão excitar uma mariposa fêmea — são os que contêm uma grande dose de PA.[8]

Ninguém jamais considerou os chimpanzés monógamos. Eles há muito tempo são conhecidos, na verdade, pela complexidade diversa, inescrutável e amorfa de sua vida sexual. Ou pode-se dizer que os arranjos sexuais dos chimpanzés foram notórios por sua simplicidade: eles *não têm* uma estrutura. Mas a primeira interpretação — a complexidade — provavelmente é mais precisa. Algumas novas descobertas perturbadoras sobre a vida sexual dos chimpanzés começaram a lançar uma luz não só sobre os próprios *Pan troglodytes*, mas também sobre outro motivo pelo qual as

ABALANDO O MITO: AS FÊMEAS (OUTRAS CONSIDERAÇÕES) **145**

fêmeas podem se envolver em CEPs: recrutar amantes para proporcionar melhores cuidados e proteção para sua prole.

Às vezes as fêmeas de chimpanzé no cio vão se associar preferencialmente com um macho, e a dupla costuma até se isolar dos outros membros do bando por vários dias a algumas semanas. Com mais freqüência, um macho dominante pode monopolizar (ou tentar monopolizar) o acesso sexual a uma determinada fêmea, em especial quando seu intumescimento anogenital indica que ela está no pico da fertilidade. Mais comumente ainda, as fêmeas copularão com muitos machos diferentes de seu bando, embora mesmo nesse caso elas pareçam tender especialmente a ser inseminadas pelo macho adulto mais dominante, uma vez que é mais provável que façam sexo com ele quando estiverem ovulando. Ao mesmo tempo, porém, pensava-se que os chimpanzés restringiam sua promiscuidade (será "promiscuidade restrita" uma contradição em termos?) a seu próprio grupo social. Não se pensa mais dessa forma.

Há muito se supõe que a fêmea adolescente de chimpanzé afasta-se de seu grupo social para evitar a endogamia. Ainda pode ser por isso. Mas agora também está claro que as fêmeas não se limitam ao bando em que residem; na verdade, elas podem fazer — e fazem — acasalamentos com outros machos às escondidas.

Agora está evidente — mais uma vez, em conseqüência da moderna tecnologia do DNA — que as fêmeas procuram ativamente e obtêm parceiros de acasalamento de fora da unidade social. (Não é bem um exemplo de CEP; podemos chamar de CEG — cópulas extragrupo.) Sabe-se há muito tempo, de observações de campo, que as fêmeas ocasionalmente deixam seus bandos por períodos de um dia ou mais, embora ninguém soubesse o porquê.

Recentemente, contudo, um estudo de chimpanzés na floresta tailandesa, Côte d'Ivoire, encontrou a resposta. As fêmeas procuram ativamente parceiros de acasalamento de grupos adjacentes. Em 13 casos, o conteúdo de DNA dos pares mãe-bebê foi analisado e os resultados foram comparados com perfis de DNA obtidos de machos do grupo. Os resultados foram surpreendentes: em 7 desses 13 casos, todos os machos do grupo podiam ser excluídos como possíveis pais![9] Assim, os bebês chimpanzés devem ter tido como pais machos que não eram do grupo da mãe. É interessante observar que todas essas sete fêmeas eram notórias por deixar seus bandos durante o período do estro, precisamente quando os bebês em questão teriam sido concebidos. É também interessante notar que estas ausências eram breves — em quatro casos, só de um a dois dias — e, além disso, os acasalamentos com machos de fora do grupo deviam ser extraordinariamente furtivos: durante 17 anos de observações contínuas, os pesquisadores de olhar aguçado não viram sequer um! (Sem a análise de DNA, não teríamos como saber desse aspecto dissimulado da vida amorosa das fêmeas de chimpanzé.)

Os pesquisadores sugerem que esse comportamento das fêmeas permite que elas escolham a partir de uma variedade mais ampla de parceiros de acasalamento enquanto ainda mantêm os recursos e o apoio social dos machos de seu grupo. Outra possibilidade importante: elas ganham tolerância para seus filhotes quando há interação de diferentes bandos. Os machos podem dizer a si mesmos, na realidade: "Eu me lembro dessa fêmea, uma antiga paixão de meses atrás. Então talvez, só talvez, esse bebê bonitinho seja meu filho!"

Esse tipo de percepção paterna, seja correta ou não, pode ser especialmente importante para a sobrevivência dos chimpanzés jovens. Uma descoberta eticamente perturbadora — com origem inicialmente na pesquisa pioneira da primatologista Sarah Hrdy — foi de que muitos animais praticam o infanticídio.[10] Em resumo, o padrão é o que se segue: entre espécies polígamas, quando o macho dono do harém é deposto, não é incomum que o novo macho em ascensão embarque em uma política pavorosa de assassinato dos bebês que ainda mamam. Embora desprezível pelos padrões morais humanos, tal comportamento tem um "bom" sentido evolutivo, uma vez que, depois que os mais novos são eliminados, as mães em lactação rapidamente reassumem a ovulação, e assim é provável que elas acasalem com o novo dono do harém... apesar de ele ter assassinado a prole dessas

ABALANDO O MITO: AS FÊMEAS (OUTRAS CONSIDERAÇÕES) **147**

fêmeas. Na medida em que os infelizes bebês tiveram como pai o macho precedente, seu destino não é de preocupação biológica para o macho infanticida recém-preponderante. Ele está interessado em sua própria progênie, e não na de outro.

A fêmea de langur evoluiu uma contra-estratégia interessante. Se uma fêmea langur está nos últimos estágios de gravidez quando acontece uma tomada de controle por um macho, ela pode passar por um "pseudo-estro", desenvolvendo genitais inchados e um apetite sexual pelo novo dono do harém. Depois, quando sua prole nasce, é mais provável que a atitude do macho adulto seja paternal em vez de infanticida.

Em muitas espécies, inclusive os chimpanzés e vários outros primatas, o risco de infanticídio não está limitado ao resultado de tomadas de controle por machos. Ele está presente sempre que dois grupos se encontram. Porém, como assinalou Sarah Hrdy, dado que até os machos adultos cruéis se preocupam com a própria progênie, pode ser que, por meio da cópula com mais de um macho, as fêmeas introduzam um certo grau de incerteza estratégica (ou até de confiança errônea) quanto à possibilidade de um macho que desfrutou dos favores sexuais de uma fêmea ser, de acordo com isso, o pai da sua prole. Se for assim, então as CEPs podem servir como uma espécie de garantia contra o infanticídio, um meio pelo qual as fêmeas conseguem alguma imunidade para sua cria.

Tal política não é barata. Se adotada por chimpanzés fêmeas, tem o custo de riscos substanciais. Por exemplo, as fêmeas ficam à mercê de predação, em especial por leopardos, enquanto transitam entre os grupos. Uma vez que os chimpanzés machos são maiores do que as fêmeas e são fisicamente dominantes, as fêmeas podem ser feridas, até mortas, quando se aproximam de um bando estranho. Além disso, há perigo se os membros do próprio grupo (em especial os machos) descobrirem que uma fêmea se acasalou fora da unidade social, embora não esteja exatamente claro como eles descobririam, nem que uma descoberta dessas tenha sido documentada.

Tenha em mente que, além de encontros ocasionais, as fêmeas de chimpanzés em geral imigram, quando adolescentes ou ocasionalmente quando adultas, para um bando diferente daquele em que nasceram. Pode ser que, nessas épocas, seu intumescimento sexual proeminente lhes dê um grau crucial de aceitação sexual. (É um fato interessante que as fêmeas recém-migradas em geral mantenham seus intumescimentos sexuais por um período de tempo incomumente longo e que, quando mudaram de bando recentemente, até fêmeas grávidas produzam intumescimento... algo que não acontece normalmente quando elas correm um risco menor.) É provável que o intumescimento do estro seja um "salvo-conduto" importante quando uma fêmea adulta encontra machos estranhos.

Pode parecer que os machos do bando doméstico seriam especificamente sensíveis à ausência das fêmeas, em particular se essa ausência tem correlação com a gravidez subseqüente. Mas, pelo menos na floresta tailandesa, as fêmeas que acasalaram com machos de grupos vizinhos não ficaram ausentes de seus próprios grupos por mais tempo do que aquelas que acasalaram exclusivamente dentro do bando, que de vez em quando partem por outros motivos, inclusive para "legitimar" cortes com machos do grupo. Assim, a ausência de uma fêmea do grupo não dá pistas confiáveis de inseminação por machos de fora. Isso pode ser muito importante, uma vez que é evidente que, sob outras circunstâncias, os chimpanzés são capazes de infanticídio dirigido contra a prole que obviamente tem como pai machos de fora.[11]

A sugestão original de Hrdy foi de que as fêmeas podem se envolver em acasalamentos múltiplos para ludibriar os machos com relação à sua paternidade e, assim, obter proteção contra o infanticídio. Desde então, ela ampliou essa concepção, sugerindo que as fêmeas também podem tender a acasalar com o(s) macho(s) mais capaz(es) e que mais provavelmente *protegerão* sua cria.[12] A partir daqui, não é preciso muita imaginação para conceber machos exibindo algum comportamento benevolente em relação à prole existente de uma fêmea como parte de suas táticas de corte. Está bem documentado que, entre muitos primatas que vivem em bandos de vários machos, as fêmeas preferem se acasalar com um determinado macho — ou às vezes com dois.[13]

ABALANDO O MITO: AS FÊMEAS (OUTRAS CONSIDERAÇÕES) 149

A primatologista da Universidade de Michigan, Barbara Smuts, afirmou que as fêmeas de babuínos acasalam-se preferencialmente com machos com quem já estabeleceram "amizades" íntimas e que, em troca, ganham proteção contra a agressão de outros machos dirigida a elas e sua cria.[14] Ela relata que em 91% das vezes, quando um macho defendeu uma fêmea ou os filhotes novos de outros babuínos, ele era amigo da fêmea. Entre os pequenos primatas das florestas tropicais conhecidos como sagüis-cabeça-de-algodão, os machos manifestam ao máximo sua benevolência para com a prole da parceira sexual: eles chegam a se acasalar enquanto, literalmente, seguram os filhotes de fêmeas adultas.

Diante do fato de que, entre os primatas em particular, os machos adultos costumam ser uma ameaça para a prole de uma fêmea de um macho diferente, não é de surpreender que um macho tenha uma probabilidade maior de ganhar o coração de sua amada mostrando que tem uma disposição benevolente em relação aos filhotes dela... ou, pelo menos, que é improvável que ele vá matá-los.[15]

A idéia pode ser ainda mais expandida. Parece que as fêmeas podem escolher seus parceiros de CEP com um olho voltado para encontrar amantes que não apenas evitarão matar sua prole e as defenderão de outros machos cabeça-quente, mas que também contribuirão com outras formas de cuidados parentais diretos.

As fêmeas de andorinhas-de-bando, por exemplo, podem avaliar a qualidade do macho como futuro pai: pelo tipo de ninho que ele construiu. Nessa espécie, a construção do ninho ocorre depois do acasalamento. Parece que o esforço gasto na construção do ninho serve como "exibição sexual do macho pós-acasalamento", quando os machos indicam a suas fêmeas que estão prontos e dispostos a investir na reprodução. Acontece que a fêmea de andorinha-de-bando realmente investe mais na reprodução quando seus parceiros construíram um ninho grande. A fêmea de andorinha-de-bando, você pode se lembrar, prefere machos com caudas longas e muito bifurcadas, embora esses machos dêem menos cuidado parental do que suas contrapartes de cauda menos bifurcada. Assim, se você é um macho de andorinha-de-bando geneticamente dotado de uma cauda relativamente curta, nem tudo está perdido: até certo ponto, você pode compensar isso demonstrando, por sua construção assídua do ninho, que você é digno da atenção de uma fêmea.[16] É precisamente isso que fazem as andorinhas-de-bando: os machos de cauda curta consomem mais tempo e esforço construindo o ninho do que os machos de cauda longa.

A avaliação que a fêmea faz dos machos que podem ser bons pais não é limitada, aliás, às aves e aos mamíferos comparativamente inteligentes:[17] entre os peixes conhecidos como gobião-da-areia, sabe-se que as fêmeas rejeitam machos dominantes em favor daqueles que são bons pais. Os machos de gobião assumem todos os cuidados com os filhotes. Por outro lado, em espécies com cuidados biparentais, uma fêmea que consegue enganar seu parceiro social numa CEP com um macho especialmente "paterno" pode receber uma dose dupla de assistência na criação da prole: de seu parceiro social e do parceiro sexual — isto é, do "marido" enganado e do verdadeiro pai de sua cria.

Já vimos como em uma pequena ave canora européia, o ferreirinha, os machos dão assistência paterna na medida em que copularam com a fêmea em procriação. Passando agora para a perspectiva da fêmea, é inteiramente possível que uma fêmea de ferreirinha reparta as cópulas entre os machos de sua comitiva, levando cada um deles a acreditar que é o provável pai e a reagir se comportando de forma paterna — em particular fornecendo alimento para as ninhadas dela e, se necessário, defendendo-a dos predadores. (Isso lembra a vovó das histórias, que abraça seus muitos netos, sussurrando para cada um deles, um de cada vez: *Você é o meu preferido!*")

Pode, portanto, ser do interesse da fêmea de ferreirinha acasalar com um grande número de machos diferentes, desde que cada um deles possa ser similarmente enganado. De sua parte, os machos, em especial se forem

ABALANDO O MITO: AS FÊMEAS (OUTRAS CONSIDERAÇÕES)   151

socialmente dominantes, tentam monopolizar a atenção sexual da fêmea, maximizando assim seu próprio sucesso reprodutivo. Em conseqüência, a fêmea de ferreirinha se envolve em uma grande quantidade de solicitação copulatória — às vezes mais de mil cópulas por ninhada. Não é por coincidência que os machos de ferreirinha também têm testículos grandes.[18]

Outra informação sobre os ferreirinhas: como parte do comportamento pré-copulatório, o macho bica a cloaca da fêmea; ela responde ejetando uma pequena gota de sêmen, que resta de sua cópula mais recente (provavelmente com um macho diferente). Talvez ela faça isso para convencer seu atual parceiro em potencial de que, com o esperma do rival expulso tão sem-cerimônia, ele pelo menos tem uma chance de fertilizar alguns ovos dela.[19]

Essa ilusão é uma opção especialmente disponível para as fêmeas que têm fertilização interna, como as aves e os mamíferos. Nesses casos, um macho nunca pode ter certeza de ser o pai da prole de uma fêmea: "Os bebês da mamãe; talvez do papai." Assim, ao permitir ou até solicitar cópulas, as fêmeas de aves ou mamíferos podem essencialmente fazer pender a perspectiva de paternidade de machos crédulos. Há também muitas espécies que participam de fertilização externa, como em vários peixes e salamandras. Nesses casos, os ovos e o esperma são expulsos para a água circundante, o que — apesar da maior vulnerabilidade dos gametas a essa água — pelo menos dá aos machos uma confiança maior em sua paternidade.

Uma coisa é o pai humano estar presente na sala de parto — e assim, talvez, ficar mais ligado aos filhos em conseqüência desta inovação —, outra, bem diferente, é um macho de sapo ou peixe estar literalmente presente no momento da concepção, que acontece em "público" e não nos confins privados do trato reprodutor de sua parceira. Ao mesmo tempo, a fertilização externa pode desafiar as fêmeas a garantir que todos os seus ovos sejam fertilizados, em especial quando há uma corrente de água errada que ameaça diluir o esperma do parceiro. Uma espécie de peixe-gato desenvolveu uma solução extraordinária para o problema: a fêmea de *Corydoras aenus* pratica uma forma singular de sexo oral: beber o esperma; para tanto, ela coloca a boca em volta do abdome inferior do macho. O

152 O MITO DA MONOGAMIA

esperma dele passa com extraordinária velocidade, bem como com imunidade digestiva, pelo estômago e pelos intestinos da fêmea e surge no ânus, onde fertiliza os ovos em um espaço protegido, criado quando a fêmea enrosca o corpo e as nadadeiras pélvicas.[20]

Entre peixes e anfíbios — em forte contraste com os mamíferos — é muito comum que os machos forneçam cuidados parentais. Isso faz sentido quando consideramos que, nos casos de fertilização externa, o peixe e o anfíbio macho comumente guardam os ovos a partir do momento em que são expulsos do corpo da fêmea; assim, eles podem garantir que são os pais. As aves machos, também, apesar da fertilização interna, em geral agem paternalmente, embora um experimento especialmente revelador tenha mostrado como essas tendências podem ser exploradas por fêmeas espertas, em especial quando elas precisam de ajuda. Machos de papa-moscas-preto (outra espécie de passarinho canoro) foram retirados do ninho logo depois de suas fêmeas terem posto os ovos. Essas fêmeas — vendo-se de repente como possíveis mães solteiras — começaram a solicitar cópulas de outros machos, e pelo menos alguns ajudaram as fêmeas a criar os filhotes, embora não fossem os pais genéticos. Mais provavelmente, os machos foram ludibriados;[21] certamente, nunca se observou que eles ajudassem na criação dos filhotes quando *não* copularam com a mãe. O padrão se assemelha ao daquelas fêmeas de langur, que de repente conhecem um macho novo e potencialmente infanticida, e reagem com um pseudo-estro sedutor. Embora a fêmea de papa-moscas-preto não tenha de se preocupar com infanticídio, elas reagem à perda de seus "maridos" de uma forma semelhante à do langur: solicitando cópulas de outros machos, alguns dos quais recrutados para ajudar na criação dos filhotes.

A triste verdade é que às vezes o sexo pode ser um trabalho e tanto... Em especial, ao que parece, para as fêmeas que devem lidar com machos que não só são mais ardentes, mas em geral fisicamente perigosos e exigentes. É razoável, portanto, que as fêmeas ocasionalmente possam se

ABALANDO O MITO: AS FÊMEAS (OUTRAS CONSIDERAÇÕES) **153**

envolver em CEPs não porque seja do interesse delas, mas porque é simplesmente mais fácil seguir adiante do que resistir. Esses casos não são exatamente estupro, mas são exemplos de coerção sexual.

Por exemplo, se uma fêmea de ave é sexualmente abordada enquanto está incubando, é possível que a resistência por parte dela possa prejudicar os ovos. Uma vez que a maioria dos machos de ave carece de um pênis, eles provavelmente são incapazes de forçar fisicamente uma cópula. Mas, na verdade, eles podem coagir uma CEP ameaçando destruir os ovos da vítima, a menos que ela concorde.[22] Assim, entre algumas espécies — inclusive os patos e os azulões —, quando as fêmeas se envolvem em CEPs que normalmente não solicitam, podem ocorrer cópulas extrapar simplesmente porque o custo de dizer "não" é alto demais.

Pode até haver um custo físico em dizer "sim". Entre os guarás-brancos, aves de bicos curvos incomumente encantadoras que vivem em pântanos, as CEPs são comuns — e também o roubo. Os machos de guará nunca contribuem com material para o ninho de suas parceiras extrapar; eles em geral roubam material delas! Um pesquisador do comportamento de acasalamento de guarás observou 164 casos de roubo de material de ninho. Dentre eles, 82,5% ocorreram logo depois de uma tentativa de CEP, em que o macho invasor — evidentemente não satisfeito em tentar roubar uma cópula — também roubou o ninho.

Aumentando o fardo da CEP para as fêmeas existe a violência, mesmo quando a fêmea não resiste: 16% de todas as tentativas de CEP nessa espécie envolvem machos que atacam fêmeas, golpeando-as e espancando-as com a ponta dos bicos, às vezes retirando penas e provocando sangramentos. O pesquisador relata:

> As fêmeas que eram cronicamente atacadas por determinados machos ficavam cansadas e deixavam os ninhos com a aproximação de quaisquer machos que não fossem seu parceiro. Em conseqüência, seus ninhos tendiam à predação... e ao roubo de material do ninho mais do que os ninhos de fêmeas que não sofriam maus-tratos.[23]

154   O MITO DA MONOGAMIA

É interessante observar que esse comportamento não era característico dos machos em geral que obtinham CEPs, mas só de alguns indivíduos: menos de um quarto de todos os machos era responsável por mais da metade dos ataques, o que sugere que alguns machos tendiam especialmente ao "sexo bruto" como parte de suas táticas de CEP;[24] também é digno de nota que as fêmeas tendiam a evitar esses machos. Ao mesmo tempo, é possível que eles, se não fossem brutamontes tão agressivos, não obtivessem CEP nenhuma.

Aqui está outro exemplo de fêmea aquiescendo a múltiplos acasalamentos, se não em CEPs como tais, para evitar a controvérsia de *não* acasalar com seus perseguidores inoportunos. Os machos da aranha *Linyphia linigiosa*, na corte, aparecem e se agacham na teia de fêmeas núbeis, onde passam a roubar um número substancial de presas. Só depois que as fêmeas finalmente cedem e se acasalam com eles os machos partem![25] A virtude pode ser sua própria recompensa, mas, para uma fêmea assediada de *Linyphia linigiosa*, uma recompensa ainda maior vem de dar aos machos inoportunos o que eles querem... de modo que eles possam sair do seu pé, ou pelo menos de sua teia.

Ao mesmo tempo, às vezes um pequeno ciúme sexual pode ser uma coisa útil. A fêmea de eider, por exemplo, desfruta uma taxa de alimentação mais alta quando é visitada por um macho que faz a guarda. Nessas circunstâncias, a fêmea é submetida a menos constrangimento por outros machos. R. E. Ashcroft, o biólogo que descreveu pela primeira vez o fenômeno mais de 25 anos atrás, acreditava que tinha identificado outra função da ligação do par — a diminuição do assédio — nessa espécie. Com a crescente consciência da importância das CEPs,[26] agora é possível ver a guarda da parceira e até a própria ligação do par como uma reação ao risco de CEPs, com os possíveis benefícios, como uma melhor eficiência na busca de suprimentos, podendo ser um subproduto secundário do principal motivo para esse comportamento: os esforços dos machos para conseguir CEPs.

Da mesma forma, as opções de acasalamento das fêmeas podem ser impelidas pela recompensa que vem de manter outros machos inconve-

ABALANDO O MITO: AS FÊMEAS (OUTRAS CONSIDERAÇÕES)   155

nientes à distância. Já consideramos a hipótese de que as fêmeas primatas podem tender a se acasalar com mais de um macho porque, assim fazendo, as mães em potencial podem recrutar um quadro de candidatos a pais que talvez inibam suas tendências infanticidas. Além disso, elas podem até escolher machos com uma probabilidade especial de proteger sua prole. Essa sexualidade esperta — pressupondo-se, é claro, que realmente ocorra — não precisa estar limitada aos primatas. Por exemplo, as patas acasaladas com machos atraentes produzem filhotes mais pesados do que quando acasalam com machos não-atraentes. Isso pode se dever ao fato de os machos atraentes produzirem proles mais saudáveis, mas o verdadeiro motivo parece ser ainda mais fácil de entender: as fêmeas acasaladas com machos desejáveis põem ovos maiores. Ninguém sabe o mecanismo envolvido, mas pode ser simples: essas fêmeas acasaladas com machos socialmente mais dominantes não são assediadas por outros machos e, assim, podem se alimentar com mais eficiência.[27] (Várias mulheres estão familiarizadas com a tática de escolher passar a noite com o homem de físico mais imponente em um bar ou boate, e assim conseguir uma espécie de imunidade social para elas... Pelo menos no que diz respeito a serem incomodadas por *outros* homens!)

Talvez um motivo para que os machos atraentes tendam a investir menos em sua prole seja o fato de suas fêmeas tenderem a investir mais. Há evidências em várias espécies diferentes de que as fêmeas em geral põem mais ovos, cada um dos quais é maior e mais pesado, e que elas também alimentam sua cria mais ativamente quando acasaladas com um macho atraente. Sob essas condições — com as fêmeas ansiosamente assumindo a parte dos outros, ou pelo menos aumentando o ritmo —, talvez não seja tão surpreendente que os machos invistam menos! "Pavoas Põem Mais Ovos", proclamava o título de um artigo de pesquisa digno de nota, "de Pavões com Caudas Maiores".[28]

156 O MITO DA MONOGAMIA

Entre os seres humanos, o divórcio tem uma forte correlação com CEPs e vice-versa. A maioria das pessoas acredita, na realidade, que as CEPs, depois de descobertas, levam ao divórcio. Na verdade, o adultério está entre as bases mais freqüentemente citadas para a dissolução conjugal.

Mas a causa pode seguir outra via: os casais que caminham para um rompimento devem encarar uma probabilidade maior de ter CEPs. Leve esse raciocínio um passo adiante — como alguns pesquisadores vêm fazendo em seus estudos com animais — e você terá o seguinte: um motivo para se envolver em cópulas extrapar pode bem ser para explorar a possibilidade de se divorciar do parceiro atual e se religar com o parceiro de CEP.

Às vezes isso pode ser simplesmente outro caso de fêmeas querendo algum tipo de garantia, análoga aos padrões de "garantia de fertilização" no Capítulo 3. Nesse caso, as CEPs podem ser uma estratégia adequada para uma fêmea que se encontrar divorciada ou viúva no futuro.

Mesmo para quem é meticuloso com a linguagem, não deve ser mais incongruente falar em "divórcio" animal do que descrever "corte" "acasalamento", "hierarquias de dominância", "territórios", "reprodução", "cuidados parentais" de animais, ou mesmo empregar outras palavras também usadas para descrever atividades de seres humanos, como "comer", "dormir", "migrar", "digerir", "copular", "defecar", "respirar" e "transpirar".

Primeiro, vamos observar que o divórcio não é desconhecido entre os animais; assim como podem ser formadas, as parcerias podem ser rompidas, e não só pela morte de um dos parceiros. Acredita-se que alguns animais (a maioria das águias, dos gansos, castores e, possivelmente, das raposas) formam par "para toda a vida", mas estamos descobrindo que até nessas espécies os indivíduos de vez em quando abandonam o parceiro e estabelecem um relacionamento com outro. Considere, por exemplo, os gibões, aqueles grandes macacos de braços compridos da Indonésia e do sudeste da Ásia cujas acrobacias aéreas os tornam os favoritos dos zoológicos e que têm sido admirados também por outro motivo. Eles foram por muito tempo considerados modelos de monogamia de toda a vida. Agora está claro, porém, que a permanente monogamia dos gibões é um

ABALANDO O MITO: AS FÊMEAS (OUTRAS CONSIDERAÇÕES) **157**

mito. Assim um estudo referiu-se a suas "ligações de par dinâmicas", uma forma elegante de dizer que a "ligação de par" entre os gibões mais parece ligada por um elástico. O sistema de acasalamento dos gibões é tão "dinâmico" que nos leva a concluir que estes animais, afinal, gostam de um "agito", e não só em questões de braquiação. Assim, de 11 pares heterossexuais observados em um estudo de longo prazo em Sumatra, cinco foram separados quando um indivíduo deixou o par para se unir a um adulto vizinho do sexo oposto.[29]

Há muitos motivos possíveis para o rompimento dos pares — animais, não menos do que humanos.[30] Entre eles, incompatibilidade entre os membros, um dos parceiros sentindo que tem uma opção melhor, reconhecimento de que um ou outro cometeu um erro, um terceiro que invade e força um membro do par a partir, e assim por diante. Costumava-se pensar que o divórcio animal resultava simplesmente de incompatibilidade (de comportamento, genética, fisiológica, até anatômica) entre os parceiros, e nesse caso um rompimento seria benéfico para ambos. Assim, um renomado estudo de gaivotas que nidificam em penhascos conhecidas como *kittiwakes* revelou que o melhor indicativo de divórcio nessa espécie era o fracasso na procriação bem-sucedida no ano anterior.[31]

Uma visão alternativa, apresentada recentemente, é a da chamada "hipótese das melhores opções", que sugere que o divórcio resulta de uma decisão unilateral feita por um membro de um par unido que procura melhorar sua situação.[32] O que leva à possibilidade de que as CEPs e o divórcio possam estar estreitamente relacionados, se o primeiro for um meio pelo qual uma fêmea determina se iniciará o último.

Assim, divórcio e CEPs podem estar intimamente conectados como parte de um processo de "amostragem de parceiro" pelo qual as fêmeas usam as CEPs para avaliar a qualidade dos parceiros em potencial antes de se divorciar do parceiro atual. Um artigo de pesquisa intitulado "Por Que o Ostreiro Tipicamente Monógamo... Envolve-se em Cópula Extrapar?"[33] responde à pergunta como se segue: para identificar um parceiro melhor. Há, porém, outra possibilidade. Talvez as CEPs ocorram particu-

158   O MITO DA MONOGAMIA

larmente quando o divórcio *não* é uma opção! Pressupondo-se que muitos seres vivos, se não todos, são inclinados a "ascender" se houver a opção, uma estratégia igualmente coerente seria de que, se você não puder, e se estiver preso a um parceiro de certo modo inadequado — ou melhor, menos desejável do que outro que pode estar disponível —, então experimente CEPs.[34]

Mas um corpo crescente de evidências sugere que as fêmeas que se envolvem em CEPs podem estar tentando preparar o caminho para uma eventual troca de parceiros, fortalecendo uma possível ligação de par com um futuro parceiro. Os maçaricos-pintados, por exemplo, podem parear com indivíduos com quem eles já se envolveram em CEPs. Esse comportamento foi descrito como "táticas de aquisição de parceiro" e é empregado particularmente pelas fêmeas. Do mesmo modo, em outra espécie de ave, a torda-de-alto-mar, as CEPs são evidentemente usadas para a avaliação do parceiro.[35]

Como vimos, agora se sabe que as fêmeas de muitas espécies invadem o território de machos extrapar, onde solicitam cópulas. Elas podem até estar aumentando suas chances de adquirir mais CEPs ao escolherem se acomodar em um lugar onde haja muitos machos vizinhos.[36] Também se sugeriu que a tendência de muitas espécies a procriar em grupos sociais densos ("colônias") pode se dever à insistência das fêmeas em acasalar com machos cujos ninhos estejam próximos dos territórios de outros machos, especificamente porque isso dá a essas fêmeas a oportunidade de se acasalarem com outros machos, se elas preferirem![37] (Se é assim, os machos teriam relativamente pouca influência; um macho que se recusa a participar e insiste em manter seu esplendor solitário, de modo a não ser ameaçado pela perspectiva de que sua parceira copulasse com um macho vizinho, pode terminar solitário de verdade.)

Quando os *Sialia sialis* já conseguiram procriar juntos com sucesso e são "casais há muito casados", acasalados por pelo menos uma segunda vez, eles têm uma probabilidade significativamente menor de se envolver em CEPs do que os "recém-casados", que procriam juntos pela primeira vez.[38] Talvez seja menos provável que as fêmeas de *Sialia* se envolvam em CEPs se elas já forem "esposas felizes". Em espécies de ave tão diversas como o zarro-cabeça-roxa (um pato), as andorinhas-de-bando e os azulões, as fêmeas pareadas com machos mais jovens têm uma probabilidade maior de trair sexualmente; aquelas pareadas com machos mais velhos têm uma probabilidade menor de fazê-lo.[39]

Geralmente, a taxa de divórcio tem uma associação positiva com a taxa de CEP; em resumo, o divórcio e o adultério são estreitamente relacionados nos animais, assim como nos seres humanos. É provável que as fêmeas sofram da possível deserção do parceiro se ele descobrir que elas se envolveram em CEPs (mais sobre isto em breve). Mas, apesar de muitos esforços para testar essa conexão, quase nenhuma pesquisa confirmou a possibilidade. Um estudo comparativo, envolvendo muitas espécies diferentes, revelou uma associação positiva entre o divórcio e a freqüência de CEPs em muitas espécies diferentes; isso certamente é sugestivo, mas pode se dever a outra coisa. Assim, se o divórcio é mais provável quando há uma inadequação individual ou há incompatibilidade entre os membros do par, então essa inadequação ou incompatibilidade pode dar origem às CEPs e também — de forma independente — ao divórcio, em vez de o divórcio surgir *porque* o parceiro detectou a infidelidade da fêmea e assim terminou o relacionamento.[40]

Em nossa espécie, é provável que a relação entre divórcio e infidelidade sexual funcione de várias maneiras: para começar, o adultério provavelmente leva ao divórcio; na verdade, há muito tempo é o motivo citado com mais freqüência para a dissolução conjugal. Mas, ao mesmo tempo, o adultério não ocorre em um vácuo. Um indivíduo bem casado não se vê de repente sendo adúltero — em nossa terminologia mais asséptica, envolvendo-se em uma ou mais CEPs — sem nenhum antecedente, como se repentinamente fosse acertado por um raio, pulverizado por um meteoro errante ou atingido por um vaso de flores que por acidente caiu da janela do décimo andar. É mais provável que, mesmo que o adultério não tenha sido cuidadosamente planejado, haja uma predisposição a ele devido a uma

160 O MITO DA MONOGAMIA

certa vulnerabilidade dentro do par. Quando marido ou esposa percebe que algo está errado (mesmo que só um pouquinho errado, e mesmo que a insatisfação esteja abaixo do nível da consciência), pode bem haver uma abertura maior para a "perspectiva" de um parceiro alternativo. Assim, o divórcio iminente — ou, pelo menos, os problemas com o casamento — também pode causar o adultério.

Vamos nos voltar agora para alguns motivos para *não* se envolver em CEPs. Alguns provavelmente são os mais óbvios. Talvez o parceiro de uma fêmea pareada simplesmente seja mais desejável do que qualquer possível macho extrapar. Talvez a guarda da parceira feita por ele seja tão eficaz a ponto de não permitir nenhuma cópula extracurricular. Ou talvez a opção da fêmea seja evitada pelos machos de outras maneiras. Embora não haja dúvida de que a escolha da fêmea é importante, com freqüência de forma assoberbante, há situações em que as fêmeas simplesmente não têm muitas opções, em geral quando os machos são substancialmente maiores e mais agressivos, como no alce, por exemplo, ou nos elefantes-marinhos. Nesses casos, quando os machos podem ter várias vezes o tamanho das fêmeas, bem como exibir um armamento potencialmente letal (chifres, presas etc.), as fêmeas podem ficar com o macho que as mantém em um harém.

O alce macho, fisicamente impressionante e de comportamento intimidador, quase certamente deve seus atributos à competição entre machos: machos maiores e mais ferozes conseguem superar outros machos, que são um pouco menores e menos ferozes. Enquanto isso, eles também podem impor sua vontade às fêmeas... que, afinal, em geral têm poucos motivos para se queixar, uma vez que é do interesse delas acasalar com os machos cujas características os levaram a ter sucesso. (Porque a prole, por sua vez, provavelmente terá essas características e desfrutará sucesso semelhante.)

Em outros casos, a escolha da fêmea e a competição entre machos coexistem com dificuldade. Por exemplo, o seguinte experimento foi

ABALANDO O MITO: AS FÊMEAS (OUTRAS CONSIDERAÇÕES) **161**

realizado com trutas cativas. A truta fêmea foi exposta a dois machos fisicamente separados que difeririam no tamanho de sua nadadeira adiposa (cujo tamanho é a característica-chave usada pela truta fêmea para escolher seus parceiros). Depois que a fêmea revelou sua preferência — preparando o ninho mais perto de um deles, quase sempre aquele com a nadadeira adiposa maior —, os dois machos foram soltos. Eles passaram a lutar pela oportunidade de procriar com a fêmea em questão. O resultado foi que menos da metade das fêmeas acabou procriando com o macho que tinha escolhido.[41] Assim, embora a escolha do parceiro seja um fenômeno real para as fêmeas de truta, a escolha — pelo menos em laboratório — pode ser superada pela competição entre machos. É interessante observar que os machos bem-sucedidos tinham níveis maiores de androgênios, o que sugere que, embora as fêmeas estivessem escolhendo com base em uma característica física (o tamanho da nadadeira adiposa), o sucesso do macho na competição com outro pode ser influenciado por outros fatores fisiológicos, como os níveis de hormônio.

As fêmeas de CEPs também podem ser limitadas pelo custo direto gerado pelas fêmeas. No Capítulo 2, consideramos os possíveis custos para o macho que procura por CEPs: ser traído por outros machos enquanto está fora de casa, ser ferido pelo parceiro da amante, simplesmente perder tempo e energia se não tiver sucesso ou se a amante for infértil. Há razões para se pensar que as desvantagens das CEPs são mais pronunciadas para as fêmeas.

Uma possibilidade é a doença sexualmente transmissível. O risco é notório, em especial para seres humanos na era da Aids. (Embora, claramente, as doenças venéreas antecedam a Aids, sendo a gonorréia e a sífilis — e, mais recentemente, o herpes — flagelos antigos daqueles cujas aventuras sexuais transcendem a monogamia.) É provável que as CEPs entre os animais também imponham riscos potenciais para a saúde, embora saibamos extraordinariamente pouco sobre doenças venéreas entre animais silvestres.[42]

Os machos costumam ser mais ousados quando partem para possíveis cópulas extrapar, enquanto, em quase todas as espécies, as fêmeas são furtivas, em geral muito seletivas. Os "casamentos abertos" são excepcionalmente raros no mundo natural; quando as fêmeas se envolvem numa CEP, na maioria das vezes isso só acontece quando seus parceiros estão ausentes. Na verdade, a seletividade também explica por que as CEPs não foram observadas de modo geral por biólogos que estudavam o comportamento de animais silvestres, mesmo depois de literalmente milhares de horas de observação. Se as fêmeas estão tentando enganar os parceiros, elas provavelmente serão mais bem-sucedidas com os observadores humanos, que provavelmente serão mais obtusos! (A isso devemos acrescentar uma questão importante sobre a interseção da ciência com a psicologia: mesmo em um empreendimento tão estritamente "realista" como a ciência natural, a maioria de nós tende a usar antolhos intelectuais, com freqüência deixando de reconhecer algo antes que tenhamos uma explicação para ele... ou pelo menos uma expectativa dele. Acreditar é ver.)

O fato de que as CEPs quase sempre são escondidas sugere fortemente que a detecção desse comportamento pelo macho sai cara para as fêmeas. Por exemplo, em um estudo de melro de asa vermelha no estado de Washington, Elizabeth Gray descobriu que 78% de todas as CEPs ocorreram quando a fêmea estava fora do território onde tinha o ninho. As CEPs aconteceram no território do macho extrapar ou totalmente fora do charco. Ou seja, nessa espécie, é mais provável que os encontros extrapar aconteçam na "casa dele" ou em um lugar neutro.[43] (Teriam os melros de asa vermelha o equivalente de motéis baratos?)

Uma vez que as cópulas animais em geral requerem só alguns segundos, às vezes elas acontecem sub-reptícia e inconsutilmente nos interstícios de um dia que seria normal. Em contraste com as unidades sociais macho-fêmea, que normalmente são formadas só depois de um longo toma-lá-dá-cá de uma corte longa e manifesta, as CEPs são o equivalente animal do que a escritora Erica Jong batizou memoravelmente de "zipless fuck" ("foda sem zíper"), uma troca sexual tão rápida e transitória que os participantes mal se incomodam em tirar as roupas.

ABALANDO O MITO: AS FÊMEAS (OUTRAS CONSIDERAÇÕES) **163**

O ecólogo do comportamento britânico Nick Davies conta a seguinte história: um par de ferreirinhas estava se alimentando juntos, saltando pacificamente para um arbusto. Ao chegar a ele, o macho partiu para um lado, a fêmea para outro. Depois de estar fora do campo de visão do macho, a fêmea imediatamente voou para a moita vizinha, onde copulou com um ferreirinha diferente que estava escondido ali.[44] Logo depois, a fêmea voou de volta ao arbusto, surgindo do outro lado, e se uniu novamente ao macho, agindo como se nada tivesse acontecido.

Padrões semelhantes são observados entre os primatas não-humanos, em especial em várias espécies de macacos: a fêmea copula muito apressadamente atrás de uma pedra, uma árvore ou um arbusto, enquanto seu consorte está temporariamente distraído ou não tem ciência do que está acontecendo. Imediatamente depois, o macho extrapar costuma cobrir o pênis ereto com a mão, como que para esconder do macho traído a prova. E, nesse meio-tempo, a sra. Macaca assume uma pose de uma indiferença quase cômica.

Por que todo esse segredo?

Uma possibilidade é a de que o macho ultrajado vá atacar a fêmea, castigando-a fisicamente por sua infidelidade. Surpreendentemente, talvez, isso muito raramente foi documentado. Uma exceção é a pesquisa de David sobre a "Reação do Macho ao Aparente Adultério da Fêmea em *Sialia corrucoides*".[45] Nesse estudo, ele prendeu um modelo de *S. corrucoides* macho perto de dois ninhos diferentes, ocupados por pares formados enquanto o macho estava fora buscando comida. Ao voltar, cada macho foi confrontado com a aparência de que sua fêmea havia sido sexualmente infiel. Em cada caso, a resposta dele foi atacar o modelo com muito vigor; além disso, em um caso o macho de *S. corrucoides* realmente atacou a parceira também, arrancando duas penas primárias de vôo. Ela partiu e foi substituída por outra fêmea, com quem o macho subseqüentemente criou uma ninhada. (O pesquisador, devidamente abrandado e sem querer continuar no papel de Iago de Shakespeare, não interferiu mais na bem-

164 O MITO DA MONOGAMIA

aventurança conubial desse Otelo em particular. Sua Desdêmona presumivelmente ainda estava viva, embora morasse em outro lugar.)

Nesse caso, o macho atacou sua parceira logo depois de atacar o modelo de macho invasor; o castigo de sua parceira aparentemente infiel — mas, na verdade, inocente — pode ter se dado por causa da agressão implacável, gerada pelo modelo, mas a raiva do "marido traído" não totalmente descarregada, uma vez que o modelo não reagiu contra ele. No caso de CEPs da vida real, o "marido" ultrajado pode expor sua fúria mais sobre o macho invasor do que na "esposa errante". Além disso, cada espécie apresenta uma situação ligeiramente diferente. Os *S. corrucoides* nidificam em buracos vazios nas árvores; porque cada um desses locais de ninho é raro, há normalmente um reservatório de fêmeas de *S. corrucoides* não-pareadas e disponíveis para acasalar com um macho que expulsou a parceira suspeita de adultério. Entre muitas outras espécies, os machos podem não ter o luxo de reagir com tanta agressividade. Sua contramedida mais eficaz parece ser uma retirada da assistência parental.

Essa não é uma ameaça banal.

Criar filhos sendo solteiro é difícil, seja entre animais ou seres humanos. Na verdade, a vantagem de dois pais sobre um parece ser o principal motivo para que ocorra a monogamia social. Dado que, em muitas espécies, as fêmeas fazem o grosso do investimento parental, elas são especialmente vulneráveis a ficar sozinhas com o fardo — para nossos fins, os bebês — sem ajuda do parceiro. Em outras palavras, entre as aves e os mamíferos há um risco muito maior de que as fêmeas sejam abandonadas por seus parceiros e passem a ser mães solteiras do que de os machos passarem a ser pais solteiros. E entre os fatores de risco que parecem contribuir para o abandono, as CEPs ocupam uma posição muito alta. Afinal, é improvável que os machos invistam tempo e energia, ou corram um risco substancial, para cuidar dos filhos de outro.

ABALANDO O MITO: AS FÊMEAS (OUTRAS CONSIDERAÇÕES) **165**

No clássico musical da Broadway de autoria de Rodgers e Hammerstein, *Oklahoma!*, há uma música maravilhosa cantada pelos dois protagonistas, Ado Annie (a "Garota que Não Consegue Dizer Não") e seu noivo, Will Parker. Will castiga Annie por seu jeito rebelde, exigindo que, para que eles se casem, ela concorde em ser uma esposa casta, submissa e zelosa: "Se não pode me dar tudo, não me dê nada, e nada é o que terá de mim". Annie responde:

> Não vou reclamar, não vou fazer cara feia,
> Vá se divertir, vá para a cidade,
> Fique até tarde e só volte depois das três.
> E vá dormir direto se estiver com sono...
> Mas não espere acordado por mim!

Em vez de exceções, as Ado Annies do mundo são abundantes e talvez até sejam a regra. (Daí este livro.) Ao mesmo tempo, é digno de nota que no final da mesma canção, quando Annie pergunta, "Será que devemos ter mais um na família?", Will responde imediatamente, "É melhor que se pareça muito comigo!"

As fêmeas de andorinhas-de-bando que "não conseguem" dizer "não" — ou, pelo menos, não o fazem —, obtêm menos ajuda de seus parceiros: quando as fêmeas copulam repetidamente com outros machos, seus parceiros dão menos assistência na criação dos filhotes do que quando as fêmeas raramente copulam fora da parceria, se o fizerem.[46] Quando os machos reduzem os cuidados parentais em resposta às CEPs da fêmea, elas em geral aumentam os próprios cuidados maternos, mas freqüentemente não o bastante para compensar de todo; em conseqüência, sua prole costuma sofrer com isso.[47] Em outros casos, parece que a compensação oferecida pela fêmea é completa, embora elas pareçam sofrer a longo prazo, provavelmente por taxas de sobrevivência reduzidas fora da temporada de acasalamento ou uma expectativa de vida menor.[48]

Embora os *Sialia sialis* sejam de modo geral monógamos — pelo menos socialmente —, quando os machos são removidos experimentalmente, as fêmeas que ficam cuidando sozinhas da prole são bem-sucedidas criando as ninhadas, como se fossem famílias com ambos os pais presentes.[49] Tal capacidade e inclinação por parte da fêmea de *S. sialis* para compensar a ausência do macho pode ter o efeito paradoxal de estimular os machos a vagar em busca de CEPs. Também sugere que, mesmo em algumas espécies socialmente monógamas, as fêmeas podem não ser totalmente dependentes dos machos, como supunham os pesquisadores anteriores... Embora, mais uma vez, ainda seja possível — e até provável — que quando as fêmeas são obrigadas a compensar a ausência do parceiro, elas sofram a longo prazo, talvez com uma expectativa de vida mais curta.

O risco de que os machos possam reduzir sua contribuição parental pode limitar o grau em que as fêmeas procuram por CEPs, em particular em espécies com cuidados biparentais.[50] Os fulmares e gaivotas *kittiwakes* são aves marinhas de reprodução colonial para quem a cooperação entre machos e fêmeas é essencial para a criação das ninhadas. Nessas espécies, as CEPs são notavelmente raras, talvez porque o custo da detecção seja demasiado alto para valer o risco.[51]

Por outro lado, os bem estudados melros de asa vermelha normalmente são políginos, mas não necessariamente monândricos. Uma vez que a maioria das fêmeas forma par com machos que têm outras "esposas", elas já estão adaptadas a cuidar de sua prole sozinhas. E não é de surpreender que as CEPs sejam comparativamente freqüentes nessa espécie, uma vez que as fêmeas têm menos a perder. Não se quer dizer com isso que a contribuição do macho é banal. Em uma população de melros de asa vermelha estudada no leste de Ontário, a defesa do ninho é a principal contribuição dos pais. (Os filhotes de melros são uma refeição saborosa para vários predadores, inclusive corvos, gaivotas, falcões, doninhas, *racoons* e visões.) A pesquisa anterior mostrou que os machos de andorinhas são menos inclinados a defender sua cria de um modelo empalhado de predador (apresentado pelo pesquisador) quando suas fêmeas já se envolveram em CEPs.[52]

ABALANDO O MITO: AS FÊMEAS (OUTRAS CONSIDERAÇÕES) **167**

Um estudo de cinco anos sobre os melros de asa vermelha no leste de Ontário revelou que quanto maior a proporção de ninhadas geradas por CEP, menos vigorosa é a defesa do ninho proporcionada pelos machos residentes. Os ninhos em que o suposto pai havia gerado todos os filhotes tiveram a taxa de sucesso mais alta (número de filhotes recém-emplumados). Aqueles em que todos os filhotes haviam sido gerados por CEPs tiveram a taxa mais baixa. As crias mistas foram intermediárias. Não só os machos residentes são dedicados na defesa dos jovens, na medida em que são pais de alguns deles, como há até alguma evidência de que os machos que geram filhotes por meio de CEPs em outros territórios têm uma probabilidade maior de defender esses filhotes.[53] Esses resultados não foram encontrados em todos os casos. Mesmo em outras populações da mesma espécie, os melros de asa vermelha se comportaram de forma diferente. Um estudo realizado pelo biólogo da Universidade de Kentucky David Westneat, por exemplo, não descobriu diferenças no sucesso dos filhotes entre ninhos com e sem crias extrapar.[54] Na verdade, Westneat descobriu que as crias geradas por machos múltiplos eram *mais* bem-sucedidas. Sem ter descoberto nenhuma diferença na alimentação de ninhadas nos dois casos, Westneat concluiu que os ninhos de paternidade mista se saíam melhor porque os machos adicionais proporcionavam, no todo, mais defesa paterna, e não menos.

Mas esses estudos não são necessariamente contraditórios: vamos supor que um macho de fora do par de melros de asa vermelha tenha uma probabilidade maior de ajudar sua potencial prole se tiver tido uma CEP com a mãe. Então, simplesmente, torna-se uma questão de se a assistência abandonada (do macho residente, cuja confiança na paternidade diminui se ele sabe da CEP da parceira) é compensada pela defesa adicional obtida (do macho extrapar).

Mas em muitos casos parece que, quando se envolve em uma ou mais CEPs, a fêmea corre o risco de que sua prole vá receber menos cuidados paternos. Uma descoberta de destaque de um esforço de pesquisa foi transmitida no título de um artigo: "Investimento Paterno Inversamente Rela-

168   O MITO DA MONOGAMIA

cionado com o Grau de Paternidade Extrapar na Escrevedeira-dos-caniços."[55] Em alguns casos, os machos evidentemente recusam-se a dar apoio aos filhos se a parceira copulou com outro. Depois que uma CEP aconteceu no meio do período fértil de uma fêmea, um macho de gralha abandonou o ninho que ele e a parceira vinham incubando; logo depois disso, ele iniciou outra tentativa de acasalamento...[56] é interessante observar, com a mesma fêmea. (Um segundo casamento, já se disse, representa o triunfo da esperança humana sobre a experiência; talvez algo semelhante possa ser dito da segunda nidificação, pelo menos entre as gralhas.)

Os machos jovens de andorinha-azul, que em geral são traídos por machos mais velhos, são muito letárgicos na alimentação de "seus" ninhos, sendo significativamente menos atenciosos do que as fêmeas. Por outro lado, machos mais velhos de andorinha-azul, traídos só raramente, são comparáveis às fêmeas quando se trata de cumprir os deveres parentais.[57] (É claro que também é possível que os machos jovens só não estejam dispostos a alimentar as ninhadas, quer tenham sido traídos ou não.)

O ecólogo do comportamento Bert Kempenaers conta esta história: depois que um macho de chapim-azul foi ferido — aparentemente por um gavião —, sua parceira visitou outros machos em vários territórios próximos e foi vista copulando com pelo menos um deles. Ela depois colocou vários ovos e, alguns dias após, seu parceiro (o macho ferido) morreu. Dos seis filhotes gerados, a análise de DNA revelou que um tinha como pai o macho falecido, três eram filhos de um macho extrapar que foi visto copulando com a fêmea e os dois restantes tinham como pai um terceiro macho. Nenhum dos machos extrapar ajudou a criar os filhos bastardos, embora seja interessante que um deles tenha ameaçado um observador humano que visitava o ninho da fêmea viúva; nunca se havia visto machos de chapim-azul comportando-se desse jeito em relação a um ninho que não fosse seu...[58] Então, talvez esse macho estivesse exibindo pelo menos uma inclinação paterna mínima.

Além da desvantagem potencial de que um macho traído possa dar menos cuidados parentais, as CEPs podem sujeitar a prole a um risco maior

ABALANDO O MITO: AS FÊMEAS (OUTRAS CONSIDERAÇÕES)   **169**

de outra maneira: sem elas, todos os filhotes teriam como pai o mesmo macho (e seriam concebidos pela mesma fêmea, é claro). Em conseqüência, todos seriam irmãos, com uma alta probabilidade de compartilhar genes e, assim, compartilhar o interesse no sucesso do outro. Com as CEPs, alguns dos filhotes teriam diferentes pais e, portanto, seriam meios-irmãos, o que diminuiria a proximidade genética por um fator de dois. Está cada vez mais claro que os genes compartilhados correspondem a um altruísmo maior e a menos egoísmo; conseqüentemente, a prole produzida por CEPs, tendo menor parentesco, pode resultar numa divisão menor da comida, menos defesa mútua e um sucesso genético reduzido.[59] E já se descobriu que, quando os companheiros de ninho têm um parentesco menor, eles tendem a se comportar de forma mais ruidosa e egoísta; o que, por sua vez, pode atrair mais predadores.[60]

Pode também ser custoso para as fêmeas se expor ao ciúme de seus parceiros, além da possibilidade de castigo físico ou abandono. Até ser protegida pelo parceiro pode ter um impacto negativo, e não é irracional supor que as fêmeas que tendem às CEPs podem ser protegidas mais de perto. Por exemplo, os machos de ferreirinha vigiam as parceiras enquanto elas estão buscando suprimentos, e isso resulta em uma ingestão menor de comida.[61] Entre os ferreirinhas que são verdadeiramente monógamos, ao contrário dos grupos que consistem em dois machos ou mais e uma fêmea, os machos guardam as fêmeas menos de perto, e assim elas podem procurar por alimentos de forma desimpedida e com mais eficiência.

É hora de terminar este capítulo. Mas primeiro vamos ver brevemente um estranho aspecto da reprodução extrapar por parte de algumas fêmeas de ave. Tal aspecto responde pela indelicada expressão *largada de ovos*.[62]

Normalmente, pensamos que as CEPs produzem uma situação em que o macho é traído porque a fêmea "dele" acasalou-se com outro. Em conseqüência, parte da prole produzida não é dele... embora ainda seja dela.

170 O MITO DA MONOGAMIA

Mas não necessariamente. Às vezes acontece de as fêmeas depositarem ovos fertilizados no ninho dos outros, deixando que os pais adotivos cuidem dos filhotes. Esses casos são notórios em vários animais conhecidos como "parasitas de ninho", espécies como o cuco europeu ou o chapim-cabeça-castanha, que em geral não ligam para a própria prole; em vez disso, colocam furtivamente os ovos nos ninhos de espécies "anfitriãs" inadvertidas.

Isso não é considerado largada de ovos; na verdade, é uma estratégia reprodutiva da espécie, embora seja parasitária. Os verdadeiros largadores de ovos são encontrados em espécies que normalmente cuidam de sua prole, mas em que um pequeno número de indivíduos optou por essa tática de semiparasitismo. Não é de surpreender que as aves fêmeas tenham uma probabilidade maior do que os mamíferos de impingir seus descendentes a outra fêmea. E, entre as aves, uma "largadora" bem-sucedida pode "enganar" outra fêmea, não menos do que o parceiro. Ao mesmo tempo, também é possível que a "largadora" tenha copulado (por CEP) com o parceiro da fêmea vitimizada... E, nesse caso, podemos esperar que o macho seria especialmente solícito para com a prole, supondo-se que ele saiba que os ovos foram depositados por sua amante clandestina! Já existe uma expressão na literatura técnica que descreve essa situação em que o macho assistente, mas não a fêmea, é o parente genético: *quase-parasitismo*.

Há muito sabemos que em muitas espécies de aves existe um tipo de submundo das fêmeas, uma população de chamadas flutuantes — indivíduos que não procriam e são mantidos no status de solteironas por uma escassez de recursos, em geral de locais adequados de ninhos. Uma descoberta recente foi de que não é bem verdade que essas flutuantes não procriam, como se pensava. Por exemplo, um estudo de estorninhos capturou flutuantes atraindo-as para caixas de ninho construídas artificialmente. Descobriu-se que quase 50% dessas fêmeas sem-teto, não-pareadas e que ostensivamente não procriaram tinham posto um ovo em um ninho ou carregado um ovo plenamente desenvolvido em seu trato reprodutor, o que indica que elas haviam se acasalado com alguém e estavam prestes a

ABALANDO O MITO: AS FÊMEAS (OUTRAS CONSIDERAÇÕES) 171

depositar seu ovo em algum lugar. Uma vez que elas não tinham o próprio ninho, esse "algum lugar" seria o ninho de outra.[63] Como regra, as fêmeas flutuantes são significativamente mais jovens e menores do que as procriadoras normais.

Geralmente, não fica claro se a largada de ovos é em grande parte obra de flutuantes, mas é muito provável que seja. Entre as aves aquáticas conhecidas como galeirões, por exemplo, isso está bem estabelecido.[64] De qualquer modo, é provável que não apenas os machos tendam a uma "estratégia reprodutiva mista". Enquanto para os machos essa estratégia envolve a monogamia combinada com cópulas extrapar, para as fêmeas ela inclui a opção a mais de ser uma flutuante que larga seus ovos no ninho dos outros (dependendo, portanto, de que os outros tenham filhotes). Via de regra, porém, é improvável que a largada de ovos seja uma estratégia preferida. Em vez disso, em muitos casos provavelmente é uma tentativa feita pelas fêmeas em desvantagem para reverter uma situação ruim, imposta a elas pelo equivalente animal da pobreza.

Por outro lado, em pelo menos um caso documentado, as fêmeas que largam ovos são a nata: entre os patos-olho-d'ouro, as fêmeas mais velhas e mais fortes não só mantêm os próprios ninhos, com também põem outros ovos nos ninhos de outras fêmeas. Parece que as fêmeas mais jovens e mais fracas são incapazes de produzir tantos ovos; daí, é menos provável que elas larguem ovos e mais provável que outras o façam no ninho delas.[65]

Embora seja relativamente incomum, a largada de ovos ocorre em aves de poleiro, como os estorninhos e os pardais domésticos e da savana, bem como em patos.[66] Um estudo revelou que, entre as andorinhas-de-dorso-acanelado (que nidificam de forma monógama, mas em colônias que consistem em dezenas, às vezes centenas, de indivíduos), quase um quarto de todos os ninhos continha ovos postos por uma fêmea ou mais que não estava incubando nem alimentando os filhotes.[67] O pesquisador concluiu que a largada de ovos é um importante aspecto negativo da vida colonial, pelo menos entre as aves. Entre os mamíferos, as fêmeas têm completa confiança em sua maternidade (uma certeza que os machos nunca podem ter). Mas entre as aves, nem as fêmeas podem saber com certeza se as ninhadas são realmente delas!

Podemos esperar que as possíveis vítimas — machos e fêmeas — fiquem em guarda para evitar as largadas... A não ser, como observamos, que o macho tenha copulado recentemente com quem os largou. Então ele e ela podem estar em conluio. (Em uma novela de Joseph Conrad, a determinação de um homem de adotar uma criança órfã leva a esposa dele a suspeitar — erroneamente, como se vê — que o marido é pai da criança, concebida por meio de um caso extraconjugal.) No livro infantil do Dr. Seuss, *Horton Hatches the Egg*, a ave Mayzie — de *lazy*, preguiçosa — deixa um ovo aos cuidados de nosso herói, um elefante muito bonzinho, que o protege inabalável e resolutamente. Mayzie por fim volta e exige seu ovo, pouco antes de ele eclodir; a integridade acaba por ser recompensada, porém, porque a criatura que surge tem uma semelhança surpreendente com o generoso e gentil Horton!

Talvez, enquanto Horton, o elefante, estava incubando o ovo de Mayzie, parte dos genes de Horton de alguma forma tenha vazado para dentro da casca (um evento único). Ou talvez Horton e Mayzie tenham sido parceiros de CEP ou tenham copulado nas horas vagas (o que é igualmente improvável, uma vez que mamíferos e aves normalmente não se cruzam, nem mesmo um pouquinho). De qualquer forma, a justiça poética do Dr. Seuss satisfaz a nossa idéia do que é justo: Mayzie, a "largadora" de ovos, foi ludibriada.

CAPÍTULO CINCO

Por que a monogamia acontece?

O eminente ensaísta e crítico inglês do século XVIII, dr. Samuel Johnson, certa vez escreveu isto sobre um cachorro que andava sobre as pernas traseiras: "Ele não está se saindo bem; mas você se surpreenderia em descobrir que andou mesmo assim." Podemos dizer o mesmo sobre a monogamia: considerando a quantidade de golpes contra ela, como vacila a maioria dos seres vivos quando procuram se equilibrar sobre as pernas monógamas, é extraordinário que consigam praticá-la mesmo assim. Uma vez que tanto machos como fêmeas têm motivos para se desviar dela, por que a monogamia acontece?

Certamente a monogamia é rara. Mas às vezes ela acontece, e assim a lógica sugere que ela deve — pelo menos de vez em quando — ter algo que a faça andar. Há várias possibilidades, algumas exclusivas dos seres humanos e outras que parecem se aplicar aos animais de modo geral. Vamos ver primeiro os padrões gerais.

É melhor o diabo que se conhece do que o que não se conhece. Talvez alguns animais (e, ocasionalmente, pessoas) formem uniões monógamas porque eles são, de certa forma, conservadores. Afinal, a corte e o acasalamento são arriscados, exigindo que os dois parceiros se aventurem para fora de sua concha pessoal e se tornem vulneráveis à rejeição, às lesões, às opções ruins ou apenas à mera perda de tempo e energia. Depois de terem passado por tudo isso uma vez — e tendo conseguido obter um parceiro —, é possível que alguns indivíduos possam apenas preferir parar com essa ansiedade e perspectiva de risco e se acomodar a uma vida de domesticidade confortável e aconchegante. "Se ainda não quebrou, não conserte." Basta deixar como está.

Numa observação mais positiva, depois de encontrar um relacionamento confiável e mutuamente recompensador, por que virar o barco? Mais positivamente ainda, foi documentado entre os animais que, quanto mais tempo os pares ficam juntos, mais provável será que consigam criar os descendentes. Isso pode ser porque a experiência e a familiaridade dão pais melhores e mais eficientes. A familiaridade não precisa gerar desdém; pode também gerar competência (em particular a competência na procriação!). Por outro lado, a causa também pode funcionar na outra via: é mais provável que os pares que continuam juntos por anos de sucesso sejam aqueles reprodutivamente bem-sucedidos. Assim, a competência gera o contentamento. E, por sua vez, o compromisso. O divórcio, como vimos, é comum na natureza, em geral correlacionado com o insucesso reprodutivo do par no passado. Entre as gaivotas *kittiwake*, por exemplo, é mais provável que os casais se separem depois de um ano em que não conseguiram procriar.[1]

Também é provável que muitos seres vivos — inclusive os seres humanos — tenham um senso de seu valor pessoal, medido por seu sucesso potencial no que pode ser chamado de "mercado do acasalamento". Uma das tendências mais bem documentadas na corte animal e na seleção de parceiros entre animais (e no homem) é o "pareamento distributivo", que se refere ao fenômeno em que os parceiros tendem a ser semelhantes.

POR QUE A MONOGAMIA ACONTECE? **175**

Certamente, os opostos se atraem — pelo menos os sexos opostos —, mas é extraordinário ver a que ponto os indivíduos escolhem membros do sexo oposto que são *parecidos* com eles. Seja em questões de tamanho físico, formação cultural, inteligência, inclinações políticas ou grau geral de atratividade pessoal, as pessoas gravitam para os parceiros que são parecidos com elas. (Com que freqüência você conheceu uma mulher nada atraente casada com um homem bonito ou vice-versa?) Um padrão semelhante também é encontrado nos animais.

O que isso tem a ver com a monogamia? Só isto: quando um par unido consiste em indivíduos que não só parearam, mas também combinaram, provavelmente há uma chance maior de que sua monogamia vá persistir. A maior estabilidade presumivelmente viria de uma situação em que cada parceiro realmente é — ou assim se percebe — apenas um pouco menos desejável do que o outro! Nesse caso, cada um deles provavelmente pensaria que ele ou ela conseguiu um bom partido (isto é, um parceiro um tanto "melhor" do que merecia) e seria improvável arriscar virar o barco por querer mais ainda. Quanto maior a disparidade, maior a chance de que o indivíduo mais valorizado venha a tentar terminar ou termine o relacionamento ou, se não conseguir, afaste-se da união monógama.

Os biólogos há muito sabem que as fêmeas em geral são o sexo seletivo e que os machos tendem a ser muito menos meticulosos. Mas existem exceções interessantes. Por exemplo, quando os machos se acham especialmente desejáveis, eles tendem a se tornar proporcionalmente mais exigentes, preferindo apenas parceiras de alta classe.[2] Não é de surpreender que o mesmo se aplique às fêmeas, em um grau até maior, uma vez que elas têm algo — seus grandes ovos ou, no caso dos mamíferos, a promessa de nutrir a prole durante a gravidez e a lactação — que os machos querem.

Às vezes, porém, as opções para os dois sexos são restritas simplesmente pela força das circunstâncias. O resultado é uma probabilidade maior de monogamia, simplesmente porque há poucas alternativas. Se não houver parceiros em potencial a quem escolher, ou se for literalmente difícil se aproximar de outro, o resultado provável é um grau mais alto de fide-

176 O MITO DA MONOGAMIA

lidade — não devido à escolha ou porque os parceiros são especialmente virtuosos, mas simplesmente por necessidade.

Alguns estudos que lidam com peixes revelam um padrão de exceções na seletividade das fêmeas (ou melhor, exemplos de sintonia fina). Em um caso, os pesquisadores projetaram uma estrutura experimental na qual o peixe fêmea tinha de nadar contra uma corrente de água a fim de conseguir chegar a diferentes machos. Nessa situação, os machos que eram inaceitáveis de repente se tornaram muito atraentes, *se* as alternativas normalmente preferidas fossem inalcançáveis.[3]

Em uma publicação anterior, os mesmos pesquisadores relataram que o peixe fêmea usa a coloração do macho na seleção do parceiro, evitando, portanto, machos parasitados (que são incapazes de produzir uma cor brilhante).[4] Essas descobertas levaram Silvia Lopez, então estudante de doutorado da Universidade de Oxford, a fazer a seguinte pergunta: e o efeito da parasitose nas *fêmeas*? Assim, o que acontece quando as próprias fêmeas são menos saudáveis e, portanto, menos desejáveis? Elas se tornam menos seletivas. Para sua pesquisa, Lopez escolheu guppies, o peixe de aquário comum e de cores vivas.

Os machos de guppy envolvem-se em uma de duas estratégias de corte: tentar convencer as fêmeas a se acasalar com eles vibrando e curvando o corpo colorido (corte tradicional do guppy) ou tentando roubar uma cópula. Com a primeira estratégia, os machos de cores brilhantes têm uma vantagem definida, sendo preferidos pelas fêmeas. Isso parece duplamente benéfico para as fêmeas, uma vez que elas não só aumentam a probabilidade de produzir filhotes que também tenham cores vivas, porque herdaram os genes sexies do pai, como também evitam machos parasitados, que podem infectá-las ou a sua prole e cujo estado parasitado pode indicar uma fraqueza genética no que se refere a manter parasitas à distância.

Lopez observou, contudo, que quase nada se sabia sobre o efeito da parasitose no comportamento das fêmeas. Então ela estabeleceu populações de guppies virgens, algumas das quais sem parasitas, e algumas infectadas. As descobertas? Elas são indicadas pelo título de seu relato de pesquisa: "Fêmeas Parasitadas de Guppy Não Preferem Machos Ostento-sos."[5] As indigentes, ao que parece, não podem ser seletivas... Nem entre os guppies. Talvez às fêmeas parasitadas faltasse energia para avaliar vários machos diferentes e depois escolher o melhor deles. Ou talvez essas fêmeas reconhecessem que elas eram, de certa forma, "bens danificados" e redu-zissem suas perspectivas de acordo com isso. É até possível que seu com-portamento fosse um tanto manipulado por seus parasitas: tenha em mente que os parasitas têm interesse em se disseminar para novos hospedeiros, e machos sem parasitas podem bem ser um tanto resistentes a eles, então os parasitas de guppy podem optar por parasitar machos que sejam alvos mais vulneráveis. O mundo da biologia viu outros resultados que são pelo menos igualmente tortuosos.

De qualquer forma, a conseqüência, nesse caso, é que as fêmeas, não menos do que os machos, podem ter limitações na escolha de parceiros de acasalamento devido a fatores relacionados com sua própria desejabi-lidade. Provavelmente não será sensato prever um futuro monógamo bri-lhantemente fiel para uma fêmea saudável que pareia com um macho muito parasitado ou vice-versa. Mas pares que combinam — em que macho e fêmea são ambos saudáveis ou ambos doentes — podem estar destinados (ou condenados) a toda uma vida de bem-aventurança monógama.

Dizem que William James compôs este poemeto, embora com insights inspirados pelo ópio e não pela biologia da evolução:

> Hígama hógama, a mulher é monógama
> Hógamo hígamo, o homem é polígamo.

E em sua "Análise Geral da Situação do Sexo", Dorothy Parker colo-cou a coisa desta forma:

O MITO DA MONOGAMIA

> A mulher quer a monogamia;
> O homem se deleita com a novidade.
> O amor é a lua e o sol da mulher;
> O homem tem outras formas de diversão.
> A mulher vive para seu senhor;
> Conte até dez, e o homem se entedia.
> Com isso a essência e a síntese é:
> Que diabo de bem pode vir daí?[6]

Agora entendemos que as mulheres (fêmeas) não são assim tão monógamas, e que os homens (machos) nem sempre são polígamos. Mas também sabemos que é mais provável que, em geral, os machos — porque são produtores de espermatozóides e não de ovos — procurem mais oportunidades de acasalamentos múltiplos do que as fêmeas. Também é verdade que o sucesso biológico de um macho tem uma probabilidade maior de ser diminuído pelas CEPs da fêmea do que o sucesso dela pelas CEPs por parte do macho. (Isso porque os machos são passíveis de traição — de serem reprodutivamente excluídos — pelos acasalamentos extrapar de suas fêmeas, enquanto uma fêmea continuará a ser a mãe de sua prole mesmo que o macho dela copule com uma ou mais fêmeas adicionais.) Todavia, uma CEP do macho ainda pode ter conseqüências para sua parceira social, e quase sempre essas conseqüências são negativas. O macho pode ser ferido enquanto bordeja e, assim, ficar menos capaz de ajudar nas responsabilidades domésticas. Ele pode contrair uma doença sexualmente transmissível e depois infectar a parceira. Ele pode preferir deixar a parceira, depois de descobrir uma parceira mais desejável. E — possivelmente o maior risco, porque é o mais provável — ele pode se ver dedicando tempo e esforço à prole da amante, dando-lhe benefícios que são deduzidos de sua parceira "oficial" e seus descendentes.

O risco é ainda maior em espécies que às vezes são monógamas, às vezes políginas — isto é, em que os machos ocasionalmente conseguem transformar a busca por CEP em outra parceira reprodutiva de tempo integral. Podemos, portanto, esperar que, nesses casos, as fêmeas sejam fortemente motivadas a impedir que seus machos se envolvam em CEPs — e ainda mais fortemente inclinadas a evitar que troquem a monogamia pela poliginia. O resultado: os machos podem procurar parceiras múltiplas e até a poliginia, mas acabam ficando com a monogamia devido à intervenção de suas fêmeas, que não os deixam levar as namoradas para casa.

Em uma espécie de lagarto comum do sudoeste dos Estados Unidos, as fêmeas defendem pequenos territórios, dos quais excluem outras fêmeas. Os machos não podem monopolizar mais de uma fêmea porque as fêmeas antagonizam tanto entre si que seus territórios são dispersos.[7]

Em muitos casos como esse, parece que as fêmeas são impelidas a afastar outras fêmeas quando os machos têm alguma contribuição de valor a dar — em geral, cuidados parentais. Mas às vezes, mesmo quando os machos não dão quase nada à sua prole (além de esperma), a monogamia continua sendo o sistema mais freqüente; por exemplo, entre lagópodes-escoceses, moradores de hábitats na montanha e no ártico semelhantes ao tetraz, é provável que as fêmeas sejam dispersas demais para permitir a bigamia. Esses animais também podem ser agressivos demais uns com os outros para acomodar uma segunda fêmea em seu domínio...[8] como o macho poderia querer.

Não está claro o que a fêmea lagópode "casada" perderia ao permitir que o marido tivesse uma segunda esposa, uma vez que a contribuição dele é essencialmente nula; provavelmente não é uma questão de ter de dividir o *macho*, mas, em vez disso, de ter que dividir recursos limitados de alimentação com outra fêmea e sua cria. Da mesma forma, entre os *Sialia sialis* (normalmente monógamos), os machos dão pouco mais do que uma cavidade para o ninho.[9] O que gera a monogamia social no mundo dos *Sialia sialis* é o fato de os locais adequados para ninhos serem poucos e distantes entre si, e a fêmea de *S. sialis* — agindo em causa própria — não os partilha. (Devemos assinalar, porém, que as fêmeas polígínas nem sempre sofrem um custo óbvio quando seu macho assume outra parceira; é possível que nesses casos os machos sejam capazes de acrescentar uma

180 O MITO DA MONOGAMIA

ou mais fêmeas ao seu harém precisamente porque isso não representa nenhum custo adicional para as fêmeas existentes. Quando isso é verdade, as esposas atuais procuram não interferir.)[10]

No mundo dos estorninhos, a procriação ocorre em pares socialmente monógamos, ou em trios bígamos que consistem em um macho e duas fêmeas, ou ocasionalmente até em quartetos trígamos de um macho e três fêmeas. Os últimos arranjos beneficiam os machos e têm desvantagens para as fêmeas, uma vez que os machos com várias parceiras proporcionam menos cuidados parentais por ninho do que o fazem suas contrapartes monógamas. Em um experimento, machos tiveram a oportunidade de formar relacionamentos bígamos ou trígamos, bem como de continuar pareados de forma monógama com sua fêmea atual. Os machos que continuaram monógamos quando aparentemente tinham a oportunidade de atrair uma segunda ou terceira fêmea foram aqueles pareados com fêmeas incomumente agressivas. (Sua agressividade, aliás, era dirigida contra as fêmeas que podiam destruir o lar, e não ao macho.)[11] Nos estorninhos, pelo menos, a agressividade da fêmea é um indicador confiável do status de pareamento do macho.[12] Assim, se você for um macho de estorninho com um pendor por acasalamentos múltiplos, é melhor escolhê-los no extremo mais tranqüilo do espectro de fêmeas.

Em outra espécie de ave cujo sistema de procriação cobre todo o mapa conjugal, o ferreirinha, parece que o canto da fêmea serve para deter fêmeas rivais.[13] Assim como os machos cantam para atrair as fêmeas e fazer um sinal vocal de "não ultrapasse" para outros machos, as fêmeas evidentemente podem informar outras fêmeas de que "este macho tem dona"... E não só isso, ele tem como dona uma fêmea brigona.

Essa agressividade pode se tornar letal. O biólogo espanhol José Veiga estudou pardais domésticos que procriavam de forma monógama, ainda que perto de outros pares acasalados. Ele queria saber por que 90% deles eram monógamos. Veiga pôde eliminar várias explicações possíveis: a monogamia nos pardais domésticos não se devia ao fato de que um macho atencioso era necessário para criar os filhotes (as fêmeas com parceiros

POR QUE A MONOGAMIA ACONTECE? **181**

bígamos criaram o mesmo número de descendentes). Nem se devia à relutância da fêmea em acasalar com machos que já estavam pareados. E
não foi por não haver fêmeas disponíveis e não-pareadas em número suficiente. Por quê, então? Porque as fêmeas pareadas eram agressivas com
outras fêmeas: mover as caixas de ninho para mais perto induzia as fêmeas
a atacarem umas às outras.[14] Antes, Veiga tinha descoberto que uma fêmea de pardal doméstico às vezes matará a cria de outra fêmea que esteja
compartilhando as atenções sexuais de seu parceiro... Sombras do filme
Atração fatal. Dado que as fêmeas de pardal doméstico estão dispostas a
levar a rivalidade sexual a esses extremos, evidentemente há uma certa
sabedoria proativa e não-violenta em um grau saudável de repulsa entre
as fêmeas.[15]

Um número cada vez maior de estudos tem confirmado que, entre os
animais, as fêmeas freqüentemente são agressivas com as possíveis "des-
truidoras de lares".[16] No Capítulo 4, examinamos o fenômeno peculiar
da largada de ovos, em que as fêmeas de vez em quando depositam ovos
no ninho de outra; a agressividade entre fêmeas de aves pode ser motiva-
da por uma vigilância antilargada por parte das fêmeas pareadas. Assim,
quando uma ave fêmea afasta outras fêmeas, ela pode estar menos preo-
cupada que as invasoras tentem acasalar com o macho "delas" do que já
tenham acasalado com alguém e agora estejam procurando — como a
nêmese de Horton, a infame Mayzie — largar a prole em seu colo (ou
melhor, em seu ninho).

Qualquer que seja a origem, é provável que o alerta entre fêmeas também dê um impulso à monogamia, simplesmente porque fica mais difícil
para um macho se ligar com mais de uma fêmea. Pode-se também lembrar daqueles animais — em particular, aves — para os quais as CEPs costumam preceder o divórcio. Por extensão, portanto, pode satisfazer a uma
fêmea romper com essas ligações, de modo a tornar menos provável que
seu parceiro vá abandoná-la e montar casa com uma nova amada. (Consideremos como certo que a atenção agressiva entre machos serve, em
muitas espécies, para evitar que a monogamia se torne poliandria, na

182 O MITO DA MONOGAMIA

medida em que, pela guarda da parceira, o macho evita que as fêmeas "dele" se liguem — ou façam CEPs — com outros machos.)

Entre os mamíferos, a monogamia também parece ser mantida, ocasionalmente, pela agressividade entre fêmeas: há uma certa tendência entre as fêmeas de mamíferos monógamos a ser agressivas, em especial com relação a outras fêmeas. A agressividade da fêmea residente de castor, por exemplo, parece manter outras fêmeas à distância.[17] Se a madame castor fosse menos agressiva, talvez a espécie fosse polígina.

Esse tipo de vigilância da fêmea é evidentemente comum também em primatas não-humanos. A primatologista Barbara Smuts relata que as fêmeas de babuíno comportam-se agressivamente para com outras fêmeas que mostram interesse sexual por seu consorte ou pelas quais o parceiro mostra interesse sexual.[18] Também pode haver muitos casos em que as fêmeas de mamíferos — em especial entre os canídeos sociais, como os lobos, chacais e cães selvagens africanos — evitam que as fêmeas subordinadas procriem.[19] Uma alcatéia de lobos, por exemplo, normalmente conterá apenas uma fêmea em procriação, que também, não é de surpreender, é socialmente dominante sobre as outras fêmeas. Só se esta fêmea alfa for retirada é que as outras copularão e produzirão filhotes.[20] Em conseqüência, o macho dominante da alcatéia pode ser *socialmente* polígino (isto é, ele "tem" um harém que consiste em mais de uma fêmea), mas ele continua *reprodutivamente* monógamo devido ao impacto, sobre as rivais, da fêmea que procria.

Temos discutido casos em que a monogamia é mantida pela agressividade da fêmea com relação a outras fêmeas, reduzindo as inclinações políginas de seus parceiros. É apenas lógico que devam existir também espécies em que as fêmeas impõem a monogamia pelo comportamento agressivo em relação a seus parceiros quando eles mostram uma tendência a CEPs ou — pior ainda, da perspectiva da fêmea — uma ou mais parceiras adicionais. Só temos ciência de um caso desses, o escaravelho-enterrador *Nicrophorus defodiens*. Nesse inseto monógamo, macho e fêmea cooperam na tarefa improvável de enterrar um animal morto — em geral um camundongo — sobre o qual a fêmea porá seus ovos. Depois de iniciar o enterro de uma carcaça, que a fêmea ungiu devidamente com seus ovos fertilizados, o macho de escaravelho às vezes é movido a emitir substâncias de atração de parceira (feromônios). Se bem-sucedido nessa manobra, o macho terá seduzido uma segunda parceira que, depois de copular com ele, colocará seus ovos no atraente monte de carne de camundongo bolorenta já ocupado pela cria em desenvolvimento da primeira fêmea. Como resultado, as larvas recém-incubadas da fêmea número dois competiriam por alimento com a prole da fêmea número um, que, afinal, chegou ali primeiro, já "desembuchou" os ovos e, além disso, também consumiu esforço para conseguir que o camundongo morto fosse preparado para se tornar bichado por suas próprias larvas.

E, então, o que faz a fêmea "ultrajada"? Assim que detecta que o parceiro está começando a se sentir folgazão e tende a espalhar seus feromônios, ela dispara até ele, empurra-o do poleiro onde ele está tentando espalhar sua poção do amor e, em geral, o morde também! Não é de surpreender que isso interfira na sua capacidade de satisfazer as esperanças polígamas dele. Para demonstrar isso, pesquisadores tentaram amarrar fêmeas número um, de modo que elas não pudessem alcançar os machos que secretavam feromônios. Livres dessa forma de suas esposas ciumentas, os machos alegremente espalharam seus aromas sensuais por longos períodos — e foram recompensados com mais namoradas.[21]

Esses exemplos mais ou menos diretos de competição entre fêmeas não devem nos cegar para a existência de formas sutis de manobra sexual entre elas, que também podem todas ser aplicadas na manutenção da monogamia.

Assim, as fêmeas ciumentas não se limitam à agressão total em sua busca para manter os parceiros monógamos. Estorninhos bem casados foram experimentalmente apresentados a um local de ninho extra a diferentes distâncias de seu ninho atual. Entre essas aves, como entre muitas outras, há oferta limitada de locais de ninho; assim, a perspectiva de dois locais de ninho equivale à perspectiva de trocar a monogamia pela bigamia. Mas quando as oportunidades adicionais de acasalamento estavam próximas de seu domicílio existente, bem poucos machos de estorninho tornaram-se polígamos; quanto mais distante o novo ninho de amor em potencial, mais provável que ele fosse utilizado. Na realidade, a maioria dos machos tornou-se polígina quando havia distância suficiente entre suas novas amantes e as parceiras preexistentes — mas só nessa situação. Isso sugere que o que prende os machos pareados na monogamia é a existência de suas parceiras, mas, por si, isso não explica como uma esposa de estorninho interfere nos planos de poliginia do parceiro.[22]

Também existem várias formas de uma fêmea atrapalhar os esforços do parceiro para adquirir fêmeas adicionais. Uma das mais interessantes envolve a própria sexualidade: uma fêmea de estorninho tem uma probabilidade especial de solicitar cópulas de seu parceiro quando ele está cortejando ativamente outras fêmeas! Nada pode fazer uma fêmea de estorninho se sentir mais amistosa e sexy do que a perspectiva de que o parceiro vá mostrar interesse por outra fêmea. Igualmente interessante: uma grande proporção dessas solicitações é recusada pelo parceiro, e, no entanto, elas conseguem fazer com que as fêmeas em potencial partam.[23] Não é de surpreender, porém, que o macho com freqüência não fique extasiado com uma exibição de solicitude sexual por parte da parceira. Os biólogos belgas Marcel Eens e Rianne Pinxten observaram 14 casos de machos de estorninho atacando ou perseguindo suas fêmeas depois que as senhoras solicitaram uma cópula. Algumas dessas perseguições eram muito vigorosas, durando mais de meio minuto. Em muitos casos, os machos tinham pousado antes em outro ninho e estavam cantando, evidentemente tentando atrair uma fêmea adicional. Em contraste, de dez machos que eram monógamos e mostravam todos os sinais de que iam continuar assim, não se observou nenhum atacando sua fêmea quando ela solicitou uma cópula. Por que os machos candidatos a políginos se recusam a copular? Há dois motivos prováveis: primeiro, ao fazer isso, eles revelam a qualquer nova parceira em potencial que já são pareados. Segundo, ao copular com uma parceira existente, eles podem esgotar seus recursos de esperma e ter uma probabilidade menor de fertilizar qualquer recém-chegada.

(Seria interessante saber se há alguma coisa comparável nos haréns na peculiar espécie dos *Homo sapiens*. Reconhece-se amplamente que as mulheres em haréns humanos competem entre si pelos recursos e benefícios, em especial aqueles potencialmente úteis para criar os filhos. Mas elas também competem sexualmente pelas atenções eróticas do dono do harém? Se for assim, então talvez devamos ter pena dos pobres e sexualmente assediados sultões, que devem ficar duplamente exaustos, não só devido à simples demanda numérica de suas várias esposas e concubinas, mas também devido à pressão extra gerada se cada mulher — graças ao seu relacionamento competitivo com as co-esposas — desejar especialmente sua atenção sexual.)

Por que a fêmea de estorninho não ataca simplesmente as possíveis rivais? Provavelmente pelo mesmo motivo que os membros de haréns humanos não o fazem: é má política, que pode evocar a ira do macho. Nesses casos, as táticas sutis e sedutoras devem ter mais sucesso.[24] Assim, a guarda da parceira — do tipo que vimos no Capítulo 2 — não é uma tática exclusivamente masculina. As fêmeas às vezes mudam sua rotina só para "ficar na cola" de seus machos, em especial quando aqueles machos são particularmente atraentes. Entre os chapins-azuis, por exemplo, os machos atraentes são seguidos mais por suas parceiras do que os machos pouco atraentes, sendo o "atraente" definido como "aqueles machos que recebem muitas visitas de fêmeas férteis vizinhas".[25] É possível que as fêmeas de chapim-azul cujos machos não são atraentes tenham confiança de que seus machos não serão "achados" por outras fêmeas; além disso, essas fêmeas podem bem estar gastando parte de seu tempo livre sondando para ter suas CEPs com outros machos mais atraentes!

Há outro motivo para que as fêmeas de vez em quando interfiram no esforço de CEP dos parceiros. Até certo ponto, a seleção natural é um jogo

186 O MITO DA MONOGAMIA

de soma zero: o sucesso para você significa menos sucesso para mim e vice-versa. Isso é especialmente verdadeiro se alguns recursos fundamentais têm pouca oferta; se, por exemplo, um ambiente só pode suportar um número restrito de filhotes de uma determinada espécie, então a prole da fêmea A se sairá pior na competição com a prole da fêmea B, se B foi inseminada por um macho de alta qualidade. Assim, uma fêmea pareada com esse macho pode ser mais bem-sucedida se os bons genes dele não forem disseminados. Isso porque sua própria prole não teria de competir com outras para dividir os dotes genéticos de alta qualidade. Ao acasalar repetidamente com um macho especialmente desejável, uma fêmea pode aumentar a competitividade de sua própria prole mantendo o garanhão de alta qualidade funcionalmente esgotado de esperma — e, assim, é improvável que ele fertilize outras fêmeas.[26]

É notável que a guarda de parceiro feita pela fêmea — quer leve à agressão entre fêmeas ou a uma maior solicitação sexual do macho — tenha sido observada entre espécies políginas, mas só raras vezes em espécies socialmente monógamas.[27] Isto é inesperado. Parece que a possível perda da assistência do macho seria um golpe maior para uma fêmea socialmente monógama (que mais provavelmente vai depender da ajuda do parceiro) do que para uma polígina, que presumivelmente já está resignada a dividir seu macho com outras do harém. Aparentemente, é raro que machos socialmente monógamos complementem a CEP com ainda outro comportamento que cause prejuízo para suas parceiras; já entre espécies políginas, é mais provável que os machos ajudem as fêmeas secundárias ou do território, ou até as convidem para o harém.

De qualquer modo, o uso do sexo como estratégia de guarda do parceiro não se limita às aves (ou possivelmente aos seres humanos). Pode acontecer com os leões, entre os quais se sabe que as fêmeas no cio solicitam — e obtêm — mais de cem cópulas por dia durante um período de quatro a cinco dias! Quando se trata de copular, a parte do leão é verdadeiramente impressionante. Mas pode-se perguntar: "Por que se incomodar?" Afinal, no caso dos leões, não há dúvida de que as fêmeas obriguem

POR QUE A MONOGAMIA ACONTECE? **187**

os machos à monogamia, uma vez que os leões costumam viver em grupos que consistem em muitas fêmeas, às vezes seis ou mais, e é improvável que a fisiologia reprodutiva delas seja tão ineficiente que uma leoa saudável precise copular a cada 10 ou 15 minutos por dias sem fim só para ser fertilizada.

A resposta parece ser que o rei da selva e seus descendentes devem com freqüência suportar períodos em que as presas são escassas, e nessas épocas os filhotes correm um risco particularmente alto de inanição; de acordo com isso, é pelo menos possível que, ao fazer exigências sexuais extraordinárias ao macho dominante, uma leoa amorosa torne improvável que outra fêmea seja fertilizada por ele na mesma época. O resultado possível é que, quando seus filhotes nascerem, não terão de competir com outros filhotes gerados por outra fêmea. Se for assim, então, a seleção natural recompensaria as leoas que são mais exigentes do ponto de vista sexual, resultando em uma espécie de reprodução em série: não monogamia, mas um sistema em que cada fêmea pareada de forma polígina se reproduz uma de cada vez em lugar de todas ao mesmo tempo.

Sugeriu-se que o acasalamento múltiplo por fêmeas pode ser uma tática também de primatas não-humanos, planejado para privar outras fêmeas do esperma de seu parceiro sexual.[28] Afinal, embora o esperma seja barato, ele não pode ser infinitamente reposto, e até os machos mais "garanhões" podem ter dificuldade para produzir um suprimento constante que não diminua. É até possível que algo semelhante a uma competição entre fêmeas pela atenção sexual do macho explique um mistério feminino interessante: a sincronia menstrual. Sabe-se que quando as mulheres moram juntas — em alojamentos, irmandades, repúblicas estudantis —, seus ciclos menstruais tendem a se tornar sincronizados. Mulheres jovens em geral começam o ano acadêmico com a menstruação aleatoriamente distribuída por todo o calendário, mas nas provas finais, em maio ou junho, quase todas do mesmo domicílio estão procurando por absorventes higiênicos nos mesmos dias.

188 O MITO DA MONOGAMIA

Isto é, como Yul Brynner ficou famoso por dizer em *O rei e eu*, "um embaraço". Mas não um embaraço impossível. Talvez ao "concordar" em ovular na mesma época, as mulheres estejam revelando uma reação antiga, pré-histórica e adaptativa à poliginia primata, em que elas reduzem a capacidade de um macho de monopolizar a fertilidade de muitas mulheres diferentes. Um problema aqui é que é difícil ver como essa estratégia beneficiaria fêmeas subordinadas; elas se sairiam melhor caso se recusassem a cooperar e não sincronizassem com os ciclos das fêmeas dominantes. Mas talvez elas tenham poucas alternativas — talvez sua fisiologia simplesmente seja manipulada pelas dominantes. Além disso, pode até ser de seu interesse, se a prole de fêmeas menos dominantes for submetida à competição prejudicial quando os recursos forem limitados, e se seu nascimento coincidir com o de bebês concebidos por fêmeas dominantes.

Apesar de essa estratégia parecer forçada, tenha em mente mais uma vez que isso não exige consciência alguma e nem é mais sofisticado do que as "estratégias" surpreendentes pelas quais as células vivas desativam toxinas ou as células nervosas conduzem pulsos. E, na verdade, não é apenas entre os vertebrados "superiores" que se sabe que as fêmeas competem para monopolizar sexualmente um macho. Considere os chamados sapos verdes, cujas substâncias letais contidas na pele de cores vivas são usadas por índios de florestas tropicais para envenenar suas flechas e dardos. Entre muitos desses anfíbios, os machos proporcionam a maior parte dos cuidados parentais, então é do interesse da fêmea restringir a atenção sexual dele a si mesma. Nesses casos, as fêmeas costumam continuar perto dos parceiros, envolvendo-se em comportamento repetitivo de corte, provavelmente para evitar que eles se acasalem com outras fêmeas.[29]

De tempos em tempos, os cuidados com a prole aparecem como uma questão importante na manutenção da monogamia. As idéias da maioria dos biólogos sobre a evolução da monogamia têm se centrado na suposta necessidade de cuidados parentais por parte do macho. A idéia era de que

POR QUE A MONOGAMIA ACONTECE? **189**

as fêmeas quase sempre preferem a monogamia porque ela lhes dá — e à sua prole — a atenção integral de um macho. De acordo com este raciocínio, a poliginia torna-se possível quando os machos podem ser "emancipados" de seus deveres paternos; isto é, quando as fêmeas podem carregar todo o fardo sozinhas. (Além disso, é claro, quando as fêmeas não são agressivas demais com relação às outras... Mais provavelmente quando elas não precisam da ajuda dos parceiros para criar os filhotes.)

Provavelmente há mais do que um grão de verdade nesse pressuposto. Assim, embora a monogamia seja amplamente um mito, mesmo entre as aves, ainda é verdade que o mundo das aves tende mais à monogamia do que qualquer outro grupo de animais. Não é coincidência que elas tenham um metabolismo muito rápido e as ninhadas devam ser alimentadas com quantidades imensas de comida, às vezes um inseto a cada 15 segundos! Com demandas tão extraordinárias, há uma recompensa óbvia em ter dois adultos comprometidos no cuidado da cria, de modo que é compreensível que a monogamia social seja uma especialidade das aves.

Pelo mesmo motivo, é compreensível que a monogamia seja especialmente rara entre os mamíferos, uma vez que as fêmeas de mamífero são unicamente qualificadas para nutrir sua prole. Os machos mamíferos — embora não inteiramente irrelevantes — têm comparativamente pouco com que contribuir. Quando os machos provêm a prole, eles devem — o que não é de surpreender — ter a paternidade garantida; isto é, só é provável que os machos se comportem paternalmente quando as fêmeas não se envolvem em muitas CEPs. Por conseguinte, encontramos uma solicitude paterna extraordinária em espécies ostensivamente monógamas, como raposas, castores e alguns primatas não-humanos, como os pequenos sagüis do Novo Mundo. Em algumas espécies de sagüis, os machos carregam os filhotes quase tanto quanto as fêmeas, e eles até agem como "parteiros", auxiliando no nascimento de sua cria, que — não por coincidência — é provável que seja realmente dele.

A explicação teórica predominante para a poliginia, o "modelo do limiar da poliginia", propõe que as fêmeas preferem a poliginia quando, ao escolherem-na, obtêm benefícios adicionais suficientes (alimento, bons locais para o ninho, proteção) para compensar a assistência parental integral que de outra forma receberiam de um macho monógamo.[30] Por outro lado, esse modelo foi desenvolvido com aves em mente, e ainda é ornitocêntrico. Quando se trata do cuidado paterno direto, os mamíferos machos em geral têm menos com que contribuir do que suas contrapartes aviárias; um candidato à poliginia pode oferecer mais a uma fêmea em recursos, qualidade de território e assim por diante do que ela perderia se dispensasse sua assistência paterna insignificante. E assim a maioria dos mamíferos nem mesmo é socialmente monógama.

Os seres humanos são uma exceção dramática a essa generalização. Os bebês humanos são mais semelhantes a filhotes de aves do que de mamíferos. Certamente, os gatos e cães recém-nascidos são indefesos, mas esse desamparo não dura muito tempo. Já o bebê de *Homo sapiens* continua indefeso por meses... E depois se tornam bebês que engatinham indefesos! Que, por sua vez, acabam se tornando crianças praticamente indefesas. (E depois? Adolescentes que não fazem a menor idéia de nada.) Assim, pode haver alguma recompensa para as mulheres em parear com um homem monógamo, afinal de contas.

É uma proposição interessante que a monogamia possa ter surgido como uma reação do macho à competição espermática; isto é, como uma forma de os machos minimizarem o risco de que o esperma de outro vá fertilizar os ovos de uma determinada fêmea. Os ratos machos, por exemplo, preferem o odor de fêmeas não-acasaladas àquele de fêmeas que recentemente acasalaram com outro macho.[31] É provável que os machos políginos sejam mais passíveis de traição do que os monógamos, simplesmente porque é mais difícil para um macho ficar de olho em muitas esposas do que em uma. O que, por sua vez, pode ajudar a pesar a balança em favor da monogamia ou, pelo menos, da monogamia ostensiva.[32] O argumento pode parecer contraditório, mas tem coerência interna: as fêmeas,

POR QUE A MONOGAMIA ACONTECE? **191**

como vimos, têm muitos motivos para procurar por CEPs e, além disso, elas se tornaram muito hábeis em esconder esse comportamento dos machos. Os machos animais, ao contrário dos sultões das fábulas de antigamente, não podem arregimentar a assistência de eunucos para proteger seus haréns. De acordo com isso, é bem possível que eles descubram que, a longo prazo, seu sucesso na reprodução será mais alto se eles só tiverem uma parceira, e acompanharem de perto a vida sexual extracurricular dela, do que se acumularem muitas... já que cada uma delas pode ser infiel a ele.

Essa especulação pode ser levada mais adiante, até a possibilidade de que a guarda de parceiro (por cada um dos sexos ou por ambos) tenha preparado o caminho para a evolução do cuidado paterno. A idéia é de que, se um macho continua estreitamente associado a uma fêmea, copulando com a mesma até que ela não seja mais fértil, então ele tem um nível alto de confiança em sua própria paternidade e assim está predisposto a ajudar a cuidar da cria. Além disso, pelo menos no caso das aves, ele provavelmente estará em cena quando os ovos forem postos e, portanto, estará disponível para assumir sua parte nos cuidados dos filhotes. Esse é o caso entre as aves porque é mais comum que um ovo seja posto por dia e que seja fertilizado pouco antes da postura. Se um macho de ave copula com uma fêmea pouco antes de ela pôr seu ovo, esse ovo provavelmente portará os genes dele. Nas aves, portanto, há uma recompensa em ser o último macho a copular, e uma vez que normalmente é produzido um ovo por dia, há uma recompensa adicional em ficar por perto; daí — talvez — a monogamia. Entre os mamíferos, por outro lado, o benefício da atenção do macho em geral é mais limitado, uma vez que o estro é mais restrito no tempo. Portanto, é melhor que o macho seja sexualmente atencioso com a fêmea quando ela está no cio, mas — ao contrário do caso das aves, que ficam de plantão na postura dos ovos porque podem ter copulado com a fêmea imediatamente antes — não há motivo em particular para que os mamíferos machos estejam presentes quando a fêmea está dando à luz.

Ao contrário das aves, os mamíferos vivem uma longa demora entre a cópula e o nascimento, tempo durante o qual a fêmea está grávida. Por-

192   O MITO DA MONOGAMIA

tanto, não é provável que o comportamento paterno entre os machos mamíferos simplesmente resulte do fato de que eles estão perto quando "sua" fêmea dá à luz, como se afirmou para as aves. (Lembre-se de que os papais aves podem estar presentes na sala de parto aviária simplesmente porque eles copularam recentemente com sua fêmea.) Ao mesmo tempo, parece que os mamíferos *são mesmo* paternais quando ficam de plantão não só no nascimento de seus filhotes, mas também em todo o estro da parceira; afinal, as fêmeas de mamíferos, ao contrário de insetos e aves, não têm órgãos de armazenamento de esperma. Os mamíferos paternais podem dar bons pais, se não forem traídos... Uma correlação que pode não ser coincidência.

Geralmente, a monogamia em mamíferos e os cuidados paternos dependem das alternativas disponíveis. Anteriormente, consideramos aqueles grandes esquilos terrestres conhecidos como marmotas grisalhas — primos montanhosos do oeste da marmota comum. Eles mostram um leque de comportamento parental do macho, da paternidade dedicada à quase indiferença. A chave está na ecologia local. Algumas marmotas ocupam grandes campinas abertas em que há vários adultos machos, muitas fêmeas adultas e uma gama de filhotes. Sob essas condições, os machos passam grande parte do verão bordejando em busca de oportunidades adicionais de acasalamento, e também na guarda da parceira, tentando frustrar os outros machos que bordejam. Os machos nessa situação social atarefada essencialmente ignoram sua prole; eles estão demasiado presos à pressão das ameaças e oportunidades sexuais. Por outro lado, algumas marmotas ocupam pequenas campinas isoladas que só podem sustentar o que é essencialmente uma única família ampliada; um macho, uma ou duas fêmeas e sua prole. Aqui, sem as distrações sexuais e sociais de outros adultos, os machos de marmota se acomodam e tornam-se "homens" de família dedicados, brincando com os filhotes, alertando-os da aproximação de predadores e assim por diante.[33] Pode ser significativo que, sob essas condições mais isoladas, os machos também tenham uma probabilidade maior de ser pais daqueles filhotes com quem eles são tão solícitos.

No caso das marmotas, como para a maioria dos mamíferos, parece que os machos são *capazes* de comportamento paterno; é só que eles podem auferir uma recompensa mais substancial interagindo com outros adultos... especialmente porque suas parceiras certamente vão amamentar e, assim, prover pelo menos um cuidado mínimo. O envolvimento substancial dos pais é evidentemente uma prioridade menor, algo que só acontece à revelia: "Se não houver outras fêmeas para solicitar e nenhum outro macho com que se preocupar", pode-se quase ouvir os machos anunciando a si mesmos, "então eu posso ajudar a cuidar dos filhos."

Em contraste com os cuidados parentais do macho, que em geral são "facultativos" — isto é, algo que pode acontecer ou não —, os cuidados parentais da fêmea (em especial entre os mamíferos) podem ser obrigatórios. Mesmo fêmeas de aves não raramente ficam presas com a maior parte dos cuidados com os filhotes. Entre aves conhecidas como abibes, ocorrem monogamia e poliginia, e no entanto, nem machos nem fêmeas se comportam de forma diferente de uma situação social para outra. Quer sejam monógamas ou políginas, as fêmeas de abibe ainda terminam assumindo o grosso dos cuidados com os filhotes.[34] Quando acasaladas de forma polígina, as fêmeas acabam fazendo quase toda a incubação, chegando a ter pouco tempo disponível até mesmo para se alimentar. Quando acasaladas de forma monógama — de modo que presumivelmente tenham a vantagem da assistência do macho com parte das tarefas de criação dos filhotes —, as coisas não ficam melhores!

(Algo aflitivamente semelhante acontece em pelo menos outra espécie: o *Homo sapiens*. Mesmo em lares supostamente liberados, em geral espera-se que as mulheres assumam a maior parte das tarefas domésticas e de cuidado dos filhos. Mesmo quando as mulheres trabalham fora em tempo integral, os homens costumam fazer muito pouco para cuidar da casa. Para um grande número de mulheres, o esforço profissional é simplesmente somado ao esforço em casa.)[35]

As circunstâncias ecológicas parecem assomar na "decisão" de uma espécie — ou um indivíduo em particular — ser monógama, polígama,

194 O MITO DA MONOGAMIA

promíscua ou qualquer outra coisa. Os exemplos são tão diversos e tão fascinantes quanto a própria vida. Aqui está uma pequena amostra: as aves-do-paraíso, um grupo de espécies tropicais em que os machos exibem uma plumagem espetacular — daí o seu nome —, são quase todas políginas, com os machos procurando acasalar com um número relativamente grande de fêmeas e sem oferecer essencialmente nenhum cuidado parental. Contudo, em uma espécie estreitamente relacionada, o *Manucodia keraudrenii*, os machos são parceiros fiéis e pais dedicados. O motivo? Os *Manucodia* comem figos, que são ricos em carboidratos, mas comparativamente pobres em proteína e gordura. Além disso, as figueiras são relativamente raras (pelo menos nas montanhas da Nova Guiné, onde essas aves foram estudadas) e, ainda, elas frutificam de forma imprevisível. Dois pais são necessários, portanto, para trazer bastante figo semidigerido de baixa qualidade para as ninhadas a fim de garantir sua sobrevivência. O resultado? A monogamia dos *Manucodia* — não por moralismo, mas forçada pelo figo. Entre as outras aves-do-paraíso, aliás, o alimento preferido é mais rico em energia, e assim as fêmeas geralmente podem prover o bastante para si mesmas, o que, por sua vez, libera os machos para saírem em busca de parceiras sexuais adicionais... o que eles realmente fazem.[36]

Uma das coisas atraentes na monogamia é seu igualitarismo: um macho, uma fêmea, todo mundo igual. Afinal, a poligamia é inerentemente desigual, independente de que sexo termine como dono do harém. Se um macho "tem" muitas fêmeas (poliginia), existe a implicação de que ele, de algum modo, "vale" todas elas reunidas e é mais valioso e mais importante do que qualquer uma de suas esposas; da mesma forma, se uma fêmea "tem" muitos machos (poliandria), parece que o valor e o mérito de cada um de seus maridos são menores do que os da fêmea dominante. O mesmo não acontece com a monogamia, que — quaisquer que sejam suas dificuldades biológicas — parece moralmente correta, pelo menos porque é

POR QUE A MONOGAMIA ACONTECE? **195**

um laço perfeito, um compromisso meio a meio em que macho e fêmea desfrutam igual peso.

Também é agradável pensar que a monogamia é uma situação de recompensa mútua, na qual as necessidades de macho e fêmea são igualmente atendidas. Isso pode ser verdade, mas uma visão mais sombria e cínica também pode ser justificada, em que a monogamia não é bem o resultado de um jogo eficiente de soma positiva, com os participantes equilibrados, mas de um conflito prolongado de interesses em que macho e fêmea perdem a igualdade. (Em vez de um copo meio cheio, a monogamia pode, portanto, ser um copo meio vazio.)

O conflito fundamental aqui é o interesse de cada sexo em restringir seu parceiro a um só parceiro sexual — ele mesmo — enquanto ao mesmo tempo obtém parceiros adicionais, quer pela poligamia ou por CEPs. A guarda do parceiro seria assim um dos muitos exemplos de como esses conflitos de interesses são resolvidos. É mais evidente por parte dos machos, que geralmente procuram melhorar sua adequação reduzindo as oportunidades da parceira de se envolver em CEPs... contrariando a preferência da fêmea. Assim, como vimos, as fêmeas de vez em quando burlam a guarda feita pelo macho, escapulindo para ter CEPs sempre que possível. Quando as fêmeas guardam o parceiro, seus objetivos são semelhantes: evitar que o parceiro obtenha aquelas parceiras adicionais — ou acasalamentos — que ele preferiria. Nessa perspectiva patentemente soturna, a monogamia ainda é uma história de sucesso: cada sexo é igualmente bem-sucedido em frustrar os desejos do outro!

A guarda da parceira estreita e persistente pode ser um prejuízo de outras formas — como é demonstrado em animais tão distintos como ferreirinhas (aves) e *Gerrus remigis* (aracnídeos) —, interferindo com a capacidade das fêmeas de obter alimento ou evitar predadores. Às vezes, como no caso do *Gerrus remigis*, existem custos energéticos diretos, uma vez que os machos em guarda costumam montar nas fêmeas, que são então obrigadas a carregar os "guardiões" nas costas.[37]

196   O MITO DA MONOGAMIA

As oportunidades para o conflito parecem intermináveis. Por exemplo, pode haver conflito entre os recursos fornecidos pelo macho. Entre as moscas-escorpião, os machos geram uma massa salivar rica em calorias que é transferida para a fêmea durante o acasalamento; enquanto a fêmea mastiga, o macho acasala. Quanto maior o dote nupcial do macho, maior a duração da cópula (simplesmente porque a fêmea leva mais tempo para consumi-lo), e quanto maior a duração da cópula, maior o sucesso do macho na fertilização dos ovos da fêmea. Além disso, quanto maior a massa salivar do macho consumida pela fêmea, maior o tamanho e o sucesso dos ovos que a fêmea será capaz de produzir. Não é de surpreender que, quando a massa salivar de um macho é pequena demais, as fêmeas procurem terminar a cópula... prematuramente, da perspectiva do macho. A essa altura, o macho de mosca-escorpião deve usar uma estrutura anatômica especializada, seu órgão notal, que prende a fêmea — evidentemente contra a vontade dela — e a coage a continuar o acasalamento por mais tempo do que seria do interesse dela.[38]

O mundo natural está cheio de exemplos similares de conflitos macho-fêmea que são inerentes à reprodução sexuada. Entre as moscas-da-fruta, por exemplo, os machos se beneficiam dos acasalamentos repetidos. Quanto mais cópulas, especialmente com fêmeas adicionais, mais descendentes. Mas para as fêmeas a situação é bem diferente. Embora um número mínimo de acasalamentos seja necessário se quiserem se reproduzir, os acasalamentos são dispendiosos. Na verdade, a cópula é perigosa para sua saúde: quanto mais uma mosca-da-fruta acasala, mais curta é sua expectativa de vida. Isso porque, durante a inseminação, os machos introduzem não só esperma, mas também um coquetel subletal de substâncias que aumentam seu sucesso na reprodução, mas a um custo para as parceiras. Essas substâncias sexuais induzem as fêmeas a botar ovos com mais rapidez, diminuir sua receptividade a outros machos e combater qualquer esperma que já esteja presente no seu trato reprodutor. Essas substâncias, em particular, parecem prejudicar a fêmea e encurtar sua expectativa de vida.[39] Toda essa guerra de substâncias entre machos pode refletir ainda

POR QUE A MONOGAMIA ACONTECE? **197**

outra estratégia trapaceira dos machos: ao produzirem uma infusão tão desagradável, eles não só competem com machos anteriores (e subseqüentes), mas também podem restringir o desejo das fêmeas de acasalar novamente com outro macho, uma vez que quem o fizer obterá outra dose de substâncias problemáticas. O resultado não é bem a monogamia da fêmea imposta pelo macho, mas sem dúvida a falta de inclinação da fêmea a ser sexualmente aventurosa, como poderia ser.

Um estudo notável, realizado por William Rice da Universidade da Califórnia, em Davis, procurou induzir as prováveis adaptações e contra-adaptações de macho e fêmea de *Drosophila* estabelecendo um sistema em que um dos sexos era desarmado, unilateralmente. Mediante manipulações genéticas complexas, o macho de *Drosophila* em uma população de laboratório pôde evoluir, mas as fêmeas foram impedidas de desenvolver contra-adaptações. Depois de 41 gerações, a linhagem de machos evoluídos era mais bem-sucedida na competição espermática do que os machos das populações controle, enquanto a linhagem de fêmeas que não evoluíram sofreu de uma mortalidade incomumente alta, devido à toxicidade do fluido seminal.[40] Sob condições normais, quando a seleção natural age sobre as fêmeas e sobre os machos, o cabo-de-guerra entre adaptações do macho para a competição espermática e contra-adaptações da fêmea tem um resultado evidentemente mais equilibrado, em que cada um dos lados mantém o outro em xeque.

O conflito sexual em geral ocorre quando o sucesso reprodutivo de um sexo é aumentado por algo que prevê o sucesso reprodutivo do outro. Os machos, de acordo com isso, procuram minimizar a competição espermática, como pela guarda da parceira, enquanto as fêmeas procuram promovê-la. Entre os ferreirinhas, um macho alfa guarda a parceira para proteger sua paternidade, enquanto uma fêmea tenta escapar da guarda do macho alfa e estimula ativamente as tentativas de cópula por parte dos machos beta, provavelmente para induzir o macho beta a auxiliar na criação dos filhotes (aumentando a probabilidade de que os filhotes também sejam dele).

198   O MITO DA MONOGAMIA

Entre os mamíferos, consideramos a possibilidade de que a sincronia na reprodução possa ser uma contra-adaptação da fêmea à poliginia, tornando mais difícil para um dono de harém sozinho inseminar — ou até proteger — todas as fêmeas que podem ser fertilizadas. Na medida em que a sincronia aumenta as oportunidades para as fêmeas se envolverem em CEPs, é provável que seja do interesse das fêmeas contrariar os interesses dos machos.

Então há a questão dos tampões copulatórios: machos e fêmeas têm um interesse comum em evitar que o esperma do macho vaze. (Isso pressupõe, é claro, que o macho que insemina tenha sido escolhido pela fêmea em questão e não tenha forçado a cópula.) Mas as perspectivas provavelmente diferem sobre se é desejável evitar que outros machos consigam entrar! Por conseguinte, pode ser digno de nota que se tenha observado a fêmea de esquilo-raposa, bem como a de esquilo *Sciurus carolinensis*, removendo os tampões copulatórios da vagina — ou descartando-os, ou comendo-os — 30 segundos depois da cópula.[41] Os esquilos machos presumivelmente preferiririam que suas parceiras sexuais deixassem os tampões no lugar, mas provavelmente há pouco que eles possam fazer a este respeito.

Em muitos animais, os machos preferem acasalar com virgens. Dessa forma, eles ganham uma confiança maior na paternidade. Além disso, entre espécies como as moscas-escorpião, em que os machos fornecem um dote nupcial metabolicamente valioso, um macho cuja parceira esteja se envolvendo em sexo pela primeira vez tem a garantia de que seu investimento nutrirá os ovos fertilizados por ele e não por um macho precedente. Mas as fêmeas podem ver as coisas de uma forma diferente, uma vez que podem obter nutrientes extra acasalando-se com mais de um macho. Entre os grilos de arbusto — outra espécie de inseto —, os machos não conseguem distinguir as virgens das não-virgens, porque as fêmeas evidentemente evoluíram meios de disfarçar as pistas químicas e físicas de sua história erótica. Para não ser inteiramente sobrepujado, porém, o macho de grilo de arbusto adotou outra tática para avaliar a desejabilidade sexual

POR QUE A MONOGAMIA ACONTECE? **199**

das possíveis parceiras: eles escolhem as fêmeas por idade, preferindo as mais jovens, uma vez que, sem outras diferenças, têm uma probabilidade menor de já terem acasalado.[42] (É claro que uma preferência por virgens — como parceiras de casamento, e não para "ficadas" — não está limitada a animais não-humanos. Entre muitas sociedades humanas, ainda é considerado uma transgressão que uma mulher tenha perdido a virgindade antes do casamento; na verdade, há uma tradição em diferentes culturas de anular um casamento se a noiva não é virgem. Médicos no Japão e — de forma mais velada — no Oriente Médio há muito tempo têm um negócio explosivo de recriar virgens por cirurgia plástica.)

Quando se trata do conflito reprodutivo entre machos e fêmeas, há um arranjo que vai além do infame padrão duplo; isto é, a coerção sexual. As práticas sexuais coercitivas em geral são casos de uma via, impostas por machos às fêmeas, com o estupro sendo só a forma mais extrema. E o estupro tem poucas implicações, se tiver alguma, para a monogamia. Mas há espaço para que os membros de um sexo — em geral, mas nem sempre, os machos — induzam as fêmeas a parar com seu jeito errante e aceitar a monogamia em troca de algumas promessas, normalmente promessas que envolvem o cuidado da cria.

A bióloga Patricia Gowaty introduz o conceito novo e mais suave de machos "proveitosamente coercitivos", indivíduos que convencem as fêmeas a acasalarem-se com eles ajudando-as a criar a prole.[43] Em alguns casos, os benefícios dessa ajuda podem não ser suficientemente grandes para compensar a perda de benefícios genéticos que podem ser obtidos com CEPs, e as fêmeas resistirão à monogamia sexual ou seguirão essa estratégia consagrada: adotar a monogamia social, mas se envolvendo em CEPs às escondidas.

As fêmeas que têm muito a perder se o macho retirar sua ajuda são mais propensas a ser coagidas (ou, para colocar de uma forma mais sutil, seduzidas) por ofertas masculinas de amparo parental. O mesmo ocorre com aquelas fêmeas que têm relativamente pouco a ganhar com as CEPs;

isto é, se só houver pequenas diferenças na qualidade genética entre os machos disponíveis. Também é possível que fêmeas de alta qualidade sejam especialmente capazes de conseguir criar os filhotes sem a ajuda do macho. Dessa forma, as fêmeas de alta qualidade — sendo menos temerosas de perder a ajuda do macho — devem ser especialmente liberadas para procurar por sexo extrapar. Isso, por sua vez, pode dar uma nova explicação sobre por que as ninhadas com filhotes produzidos por CEPs geralmente têm um índice de sucesso mais alto: não tanto porque os machos extrapar fornecem especialmente boa alimentação, genes, proteção ou qualquer outra coisa, mas simplesmente porque essas ninhadas são produzidas por "superfêmeas", que, escoradas em sua superioridade, podem desprezar os esforços proveitosamente coercitivos de seus maridos para mantê-las em casa.

Não que os machos não tentem manter as parceiras escravizadas, em geral indiretamente. Os machos que competem com sucesso pela escolha da propriedade, por exemplo, podem fazê-lo como uma tentativa de evitar que suas eventuais parceiras procurem por oportunidades de acasalamento em outros lugares. Em conseqüência, é possível que essas fêmeas sejam seduzidas a acasalar com machos de qualidade genética relativamente baixa. Mas isso é improvável, uma vez que, com toda probabilidade, os machos de alta qualidade — devido à sua superioridade — conseguem vencer a competição entre machos também por recursos. As ligações de par podem, todavia, se transformar em prisão de par, mesmo sem a coerção física direta.

Embora não haja vencedores em um mundo de conflitos sexuais entre machos e fêmeas, pode ser tranqüilizador observar que provavelmente tampouco há perdedores claros. As adaptações dão origem a contra-adaptações, medidas geram contramedidas e, em qualquer espécie de reprodução sexuada, toda reprodução representa um triunfo preciso e matematicamente igual para um macho e uma fêmea. Assim, embora os indivíduos vençam ou percam, machos e fêmeas em geral se saem igualmente bem. (Tecnicamente, os machos são tão "aptos" quanto as fêmeas.)

POR QUE A MONOGAMIA ACONTECE? **201**

O biólogo Leigh van Valen introduziu a "hipótese da Rainha de Copas" como uma nova lei evolutiva: tal hipótese remete à cena em que a Rainha de Copas do País das Maravilhas ensina a Alice que, com o mundo se movendo tão rapidamente, todo mundo deve correr só para ficar no mesmo lugar... e para chegar a algum lugar, é preciso correr duas vezes mais rápido![44] A hipótese da Rainha de Copas declara que, para os sistemas — como machos e fêmeas — que são inextrincavelmente ligados, a "vitória" de um lado gera necessariamente uma reação de compensação pelo outro. Não importa a rapidez com que corramos ou a distância que percorramos, estamos todos no mesmo barco.

A seguir: os seres humanos. Como veremos no próximo capítulo, a monogamia não é natural em nossa espécie. E, na verdade, é muito menos comum do que poderia sugerir uma visão ingênua e sentimental de "casamento e família". Mas ela ocorre, e devemos perguntar por quê.

A resposta curta é que ninguém sabe. Mas houve muita especulação interessante, nem todas dos biólogos. Em *A origem da família, da propriedade privada e do Estado*, Friedrich Engels (mais conhecido por sua colaboração com Karl Marx na redação de *O manifesto comunista*) desenvolveu uma teoria, cujas origens remontam pelo menos a Rousseau e talvez ainda antes. No começo, de acordo com essa especulação, não havia relacionamento social ou sexual exclusivo. As crianças pertenciam a todos. Depois veio o primeiro verme naquela maçã do Éden: a propriedade privada. Quem a possuía queria passá-la para os descendentes, mas com a "onigamia" — todo mundo copulando com todo mundo — que filhos eram de quem? A solução foi a monogamia, em que os homens podiam controlar a sexualidade das mulheres e, portanto, garantir herdeiros e validar seus interesses nas propriedades.

Engels esqueceu-se de algumas questões importantes. Primeira, *por que* os homens estariam preocupados em estabelecer direitos de propriedade para seus herdeiros? (Devido à inclinação biológica profundamente arraigada em favor dos parentes genéticos ou, para colocar na linguagem do "gene egoísta", porque os genes tendem a favorecer as cópias de si mesmos naqueles corpos que chamamos de "filhos"?) E segunda, tanto Engels como Rousseau, antes dele, quase certamente pensaram às avessas: os homens não dominaram as mulheres para proteger sua propriedade. Mais provavelmente, eles acumularam propriedades — bem como prestígio e outros tipos de poder — de modo a atrair mulheres.

Houve várias outras teorias sobre a origem da monogamia humana. Outra tese não-biológica foi desenvolvida pelo pioneiro da sociologia, Thorstein Veblen, em *A teoria das classes ociosas*. Veblen atribuía grande parte do comportamento social a uma necessidade de exibição pessoal, inclusive o acúmulo de mulheres. Para um homem, "ter" uma mulher — e melhor ainda, muitas mulheres — é um claro sinal de que ele é poderoso e bem-sucedido. E, por sua vez, de acordo com Veblen, "a prática de tomar mulheres do inimigo como troféus dá origem à forma de casamento-propriedade". As mulheres eram a propriedade primordial.

Outras idéias refletem uma sofisticação evolutiva maior. Assim, já consideramos como o crescimento rápido dos filhotes de aves — em geral combinado com o desamparo completo de muitas ninhadas — parece estar correlacionado com a monogamia aviária... como de fato está. Os bebês humanos crescem mais lentamente do que os de aves, mas eles são ainda mais desamparados ao nascimento e continuam profundamente carentes por um tempo muito longo. Sob essas condições, é razoável que as mães, e até os pais, se predisponham a dividir os cuidados com os filhos, literalmente pelo bem das crianças.

A relação provável com a monogamia sem dúvida iria além de um interesse compartilhado macho-fêmea na criação cooperativa de filhos: até certo ponto, podemos esperar que os machos insistam que, em troca do papel de pai — e não da mera inseminação —, eles recebam uma alta confiança na paternidade. E, na verdade, embora os seres humanos sejamos mamíferos perfeitamente bons, também somos incomuns em nosso papel de pais.

POR QUE A MONOGAMIA ACONTECE? **203**

Além da gravidez e da lactação, não há nada que as mães façam que os pais não possam fazer. Todavia, embora os cuidados paternos sejam mais bem desenvolvidos e mais freqüentes nos seres humanos do que na maioria dos outros mamíferos, não são assim tão proeminentes nem em nossa própria espécie.[45] Um levantamento do comportamento paterno em oitenta sociedades diferentes relatou uma relação estreita pai-bebê em apenas 4% delas. E mesmo nesses casos, os pais passavam menos de 15% de seu tempo envolvidos ativamente com os bebês.[46] Além disso, quando eles interagem, grande parte do que transparece é a brincadeira, e não os cuidados. Por outro lado, embora os pais consistentemente cuidem menos dos filhos do que as mães, há evidências de que o que eles fazem pode ser muito importante.[47] Entre os índios achés da América do Sul, por exemplo, uma criança está relativamente segura se tem um pai. Acima dos 15 anos, essa criança sofre apenas uma probabilidade de 0,6% de morrer. Por outro lado, uma criança com menos de 15 anos que carece de pai corre um risco de morrer de 9,1%.

Dado que pode haver uma recompensa verdadeira em ter um macho dedicado cuidando dos filhos, não é exagero considerar que também pode haver um benefício — para a prole, e assim para os dois pais — na monogamia. Afinal, a monogamia significa que um macho, não menos do que uma fêmea, está disponível para cuidar dos filhos. Por outro lado, se a questão é a proteção e o acesso aos recursos, então é razoável pensar que um poliginista poderoso e rico possa, em teoria, prover mais a cada uma de suas esposas e filhos do que um homem menos impressionante e pobre, mesmo que este último seja um monógamo dedicado.

A monogamia é vista por muitos como benéfica para as mulheres, enquanto em geral se supõe que a poliginia seja um sistema patriarcal e dominado pelos homens, que oprime as mulheres. Mas é fácil se esquecer de que, para cada homem poliginista bem-sucedido, há vários solteiros malsucedidos; uma vez que há aproximadamente números iguais de homens e mulheres, se um homem tem dez esposas, por exemplo, então há nove sem esposa alguma. Concentrarmo-nos naqueles que conseguiram muito lembra aquelas pessoas que afirmam se recordar de suas vidas passadas: por algum motivo, suas lembranças sempre envolvem uma existência anterior como Napoleão, Joana d'Arc, um dos faraós ou rainhas do Egito, ou um lorde ou lady medieval... nunca um servo, escravo ou camponês!

Pode ser que, na verdade, a poliginia seja um desastre para a maioria dos homens e, comparativamente falando, um bom negócio para as mulheres. Com a poliginia, mais mulheres têm a opção de se associar a um homem poderoso e bem-sucedido. Para os homens subordinados e de menor sucesso, ela é um sério problema, mas bem poucas mulheres podem ser excluídas. Assim, embora com freqüência consideremos a monogamia benéfica para as mulheres, ela pode ser muito mais apropriada para os *homens*, em especial aqueles das classes média ou baixa. A monogamia é o grande nivelador dos homens, um triunfo da democracia doméstica.

Por outro lado, até sistemas com monogamia ostensiva — encontrados nas modernas sociedades ocidentais — em geral permitem que homens bem-sucedidos, casados ou não, tenham parceiras sexuais adicionais, uma situação que não costuma ser tolerada entre as mulheres casadas. Há também outras maneiras de manter a forma legal de monogamia enquanto se desvia dela. Dessas, o padrão mais comum é a monogamia em série, em que homens poderosos ou ricos se divorciam de suas esposas e se casam com mulheres mais jovens (mais férteis e fisicamente atraentes) à medida que suas esposas anteriores vão envelhecendo. O filme *O clube das desquitadas* descreveu a situação das mulheres abandonadas pelos maridos que procuram esposas mais jovens à medida que seu sucesso financeiro lhes permite acumular uma espécie de harém, apesar de serial em vez de simultaneamente. Surge a questão: a monogamia em série, em que homens poderosos e bem-sucedidos abandonam as esposas, é mais humana do que a poliginia, em que eles podem simplesmente acrescentar mais parceiras? (A monogamia em série também é praticada, de vez em quando, pelas mulheres ricas e bem-sucedidas, e embora pareça ser menos freqüente do que sua contraparte masculina, não há dados disponíveis.)

POR QUE A MONOGAMIA ACONTECE? **205**

Certamente várias causas coercitivas de monogamia humana também são menos do que humanas. Há, por exemplo, o medo do ostracismo social ou — no caso dos católicos romanos tradicionais — o medo da excomunhão, se eles preferirem terminar uma união conjugal considerada sagrada pela Igreja, a fim de se casar com outra pessoa. Também pode haver o medo de lesões físicas infligidas por um cônjuge "chifrado": a causa mais comum de um cônjuge matar outro é o ciúme sexual, especificamente a suspeita de um homem de que sua parceira foi infiel.[48] É de se perguntar quantos casamentos são mantidos graças ao medo.

Além do medo da morte, do espancamento, do ostracismo e da danação, há também o medo do abandono, da pobreza e da vulnerabilidade. Devemos também perguntar, de acordo com isso, quantos casamentos são mantidos pelo medo de uma mulher de que, se deixar o marido — em especial se ela tiver filhos dependentes e também tenha sacrificado suas perspectivas econômicas pelo marido —, ela possa passar por uma época terrivelmente difícil para pagar as contas, em particular se não for mais jovem nem atraente. A alternativa é uma espécie de troca sexual de longa duração, quase uma prostituição às avessas, em que as mulheres trocam a fidelidade — ou, pelo menos, a aparência de fidelidade — por recursos, em especial um padrão de vida decente e proteção. Quando se trata da evolução da monogamia, porém, o fenômeno a ser explicado é menos o da fidelidade feminina e mais da disposição masculina de "parar por aí". (Afinal, parte do bordão deste livro é de que a fidelidade — seja masculina ou feminina — é mais um mito do que uma realidade.)

E, por fim, há a velha história: ficar juntos pelo bem das crianças. Parece batido, mas é real para milhares, provavelmente milhões, de lares. Na medida em que o benefício da criação compartilhada dos filhos é uma importante causa da monogamia, pode ser totalmente compreensível — embora profundamente romântico — que esse benefício seja com freqüência responsável por manter também a monogamia... para o bem ou para o mal.

Kristen Hawkes, antropóloga da Universidade de Utah, relata que há muitas sociedades pré-tecnológicas isoladas em que a paternidade não fica clara, sugerindo que talvez os homens consigam alguma coisa a mais da monogamia. Entre os baris da Colômbia e da Venezuela, a "paternidade divisível" — a idéia de que um filho pode ter vários pais — é uma crença comum: 24% da crianças baris e 63% das crianças achés (Paraguai) foram informadas de que têm vários pais. E as crianças se saíam melhor com vários pais do que com apenas um: 80% dos primeiros sobreviveram à idade de 15 anos, em oposição a apenas 64% daqueles com um "único pai". Essa descoberta também apóia a teoria de Sarah Hrdy, descrita anteriormente, de que a receptividade sexual da fêmea a vários machos (e esconder a ovulação) é uma estratégia para manter os machos na incerteza quanto à paternidade. Hrdy vê isso como uma forma de evitar o infanticídio, mas também como algo que ajuda a gerar tendências para prover alimentos e outros recursos fundamentais a filhos dependentes, bem como para defendê-los, se necessário.

Hawkes também assinala que, entre os achés do Paraguai e os hazdas do norte da Tanzânia, diferentes famílias podem receber porções iguais de carne trazida da caça. Isso, também, não combina com a "hipótese de barganha" da monogamia, sob a qual a esposa de um caçador bem-sucedido — e sua prole — deve conseguir se apropriar dos rendimentos. Hawkes descobriu, porém, que os caçadores hazdas bem-sucedidos tinham esposas mais jovens, tinham mais parceiras de CEPs e eram pais de mais filhos do que os caçadores de menor sucesso. Seus filhos também tinham uma taxa de sobrevivência mais alta, talvez devido à melhor nutrição, ou porque os caçadores bem-sucedidos escolhem mulheres mais competentes como esposas (e, portanto, como mães). De acordo com Hawkes, a monogamia pode ter surgido como resultado de "negociações entre homens", em que o acesso às mulheres é dividido e as lutas prejudiciais são evitadas.[49]

Todavia, como veremos no próximo capítulo, há evidências esmagadoras de que a monogamia não é "natural" aos seres humanos. Se a monogamia é um estado peculiar e derivado, por que tem sido tão vitoriosa... pelo menos na doutrina oficial, se não na prática real? Uma resposta

POR QUE A MONOGAMIA ACONTECE? **207**

simples é que ela é o sistema conjugal reconhecido nos países ocidentais, cujo poderio militar, econômico e cultural simplesmente impôs as preferências ocidentais sobre o resto do mundo. Mas isso evita a questão: por que a monogamia é aprovada — em teoria e na prática — nesses países ocidentais?

Até certo ponto, ela pode ser um exemplo pouco avaliado do triunfo da democracia e das "oportunidades iguais", pelo menos para os homens. A poliginia, como já mencionamos, é uma condição de elitismo, em que um número relativamente pequeno de homens de sorte, implacáveis ou singularmente qualificados conseguem monopolizar mais do que sua cota de parceiras disponíveis. Com a monogamia, ao contrário, até o indivíduo mais bem-sucedido não pode ter mais de uma parceira legítima; como resultado, até o menos bem-sucedido tem a probabilidade de obter uma esposa também. Apesar de isso exigir uma repressão de nossas tendências a ter parceiros múltiplos, a monogamia oferece em seu lugar uma perspectiva melhor de haver um parceiro para cada um de nós.

O início da história evolutiva dos sistemas de acasalamento humano não é claro, mas aqui está um possível cenário rápido-e-rasteiro: nossos ancestrais primitivos vagavam pelas savanas africanas do Pleistoceno em pequenos bandos. A maioria das sociedades de caçadores-coletores humanas da época era monógama (embora sendo o adultério relativamente comum). Só um pequeno número de homens — em geral de 5% a 15% — eram poliginistas ativos, e mesmo então era extremamente raro que um homem tivesse mais que algumas esposas. Com um estilo de vida de caçador-coletor, era quase impossível para um homem obter um monopólio de recursos, ou até uma preponderância: em geral a sorte estava envolvida na caça, por exemplo. Além disso, quando a caça e a coleta de alimentos vegetais está em questão, é difícil armazenar o excedente. Então chegou a agricultura, proporcionando a oportunidade para que alguns homens possuíssem uma grande quantidade de terras e, com ela, grandes superávits. Os ricos puderam ficar ainda mais ricos. Disso surgiu a competição maior, bem como a perspectiva de maior sucesso — em especial mais esposas — para os vencedores. De certa forma, talvez Rousseau não estivesse completamente errado, afinal, quando sugeriu que as pessoas eram primitivamente igualitárias, com esse Éden destruído pela invenção da propriedade privada!

De qualquer forma, com a maior riqueza concentrada nas mãos de uns poucos veio a perspectiva de esposas adicionais. A poliginia floresceu — e não só entre os primeiros agricultores: o mesmo se aplica, talvez ainda mais, às sociedades pastorais, quase todas tradicionalmente políginas. Mesmo hoje, grandes rebanhos de gado bovino, cabras, camelos e assim por diante equivalem a uma grande riqueza, que equivale a um grande número de esposas para "quem tem".

A poliginia evidentemente se disseminou no Oriente Próximo, como sugerem várias referências no Antigo Testamento às muitas esposas dos primeiros reis israelitas. A poliginia continuou a ser a prática favorita em grande parte do mundo, em especial no que os antropólogos e sociólogos chamam de "sociedades altamente estratificadas", aquelas em que há diferenças econômicas e sociais substanciais entre os mais pobres e os mais ricos. Como é de se esperar, a poliginia há muito tempo tem sido o sistema preferido para os homens ricos e poderosos, continuando até os tempos modernos na Índia, na China e na África. A Europa ocidental, porém, foi uma exceção notável; embora há muito exista uma grande disparidade na riqueza entre os europeus mais ricos e os mais pobres, esses povos passaram rapidamente ao que foi denominado "monogamia socialmente imposta".[50]

As opiniões se dividem quanto ao motivo. Uma possibilidade é de que, com a Revolução Industrial, a maioria das pessoas (isto é, os trabalhadores) novamente ficou mais ou menos igual em posses. É claro que os capitães da indústria bem-sucedidos tornaram-se fabulosamente ricos; a questão é que mesmo o servo de salário médio — embora não se pudesse comparar com os proprietários das fábricas — era capaz de sustentar uma família, pelo menos minimamente.

POR QUE A MONOGAMIA ACONTECE? **209**

Assim, a monogamia pode ser, pelo menos em parte, um *resultado* de uma igualdade entre os homens; ainda mais, porém, ela é uma *causa* de igualdade, um grande nivelador reprodutivo (para os homens) — pelo menos em termos biológicos. Surge, portanto, a possibilidade de que, historicamente, a monogamia tenha aparecido na Europa como um compromisso de troca implícito. Os ricos e poderosos teriam de fato concordado em abrir mão de seu quase monopólio sobre as mulheres em troca da obtenção de um envolvimento social maior por parte dos homens de classe média e baixa que, se reprodutivamente excluídos, poderiam ter se recusado a participar do contrato social necessário para o estabelecimento de unidades sociais grandes e estáveis. De acordo com essa visão, os homens recebiam um campo de jogo reprodutivo nivelado — ou, pelo menos, um pouco mais nivelado — em troca de sua cooperação para lidar com as ameaças internas ou externas.[51]

O conflito reprodutivo macho-fêmea, qualquer que seja o seu grau, desaparece em comparação com a intensidade do conflito entre machos, o que, por sua vez, pode ter induzido os homens poderosos a aceitar restrições (embora de má vontade), a fim de arregimentar a ajuda de seus concorrentes menos afortunados, porém mais numerosos. E assim, em vez de pão e circo, o povo pode ter recebido o casamento monógamo. De qualquer modo, entre os europeus, em particular, o cristianismo tornou-se especialmente ativo na promoção da monogamia e em sua imposição sobre a elite secular.[52]

A explicação anterior deixa de considerar o fato de que muitas sociedades altamente estratificadas e polígenas — como aquelas dos incas, dos astecas, indianos e chineses — também mantiveram uma quantidade extraordinária de coesão social, apesar de um grau intenso de despotismo reprodutivo não-monógamo. Essa crítica não é arrasadora, porém, uma vez que a teoria que relaciona a monogamia européia com a maior inte-

210 O MITO DA MONOGAMIA

gração social simplesmente afirma que a conexão pode ser significativa, não que seja necessária ou exclusiva.

Até Bill Gates é legalmente obrigado a ser monógamo... embora astros do esporte e do rock em geral tenham ligações sexuais múltiplas, e, pelo que sabemos, o próprio sr. Gates. Bill Clinton, também, é legalmente obrigado a ser monógamo... embora homens poderosos costumem ser inclinados a procurar por pareamentos adicionais (mesmo que brevemente) e — devido à natureza da psicologia sexual feminina — geralmente sejam capazes de encontrar parceiras dispostas. É fácil, também, imaginar abelhas-rainha como Elizabeth Taylor, Madonna ou Oprah Winfrey em demanda — e no comando — como mulheres poliândricas... a não ser pelas restrições legais. A questão é que, embora a ideologia social e as restrições legais não possam mudar a natureza humana, elas podem impor, e de fato o fazem, o igualitarismo em várias formas: todos devem ser iguais perante a lei, dignos igualmente da vida, da liberdade e da busca pela felicidade, e tendo o direito — ou preso — à monogamia.

CAPÍTULO SEIS

Como são os seres humanos, "naturalmente"?

Ethel Merman costumava cantar uma música que aconselhava a "fazer o que vier naturalmente". (Como você pode imaginar, falava de sexo.)

É mais fácil falar — ou cantar — sobre o que é "natural" do que conseguir definir, em especial quando o tema são os seres humanos. Afinal, as pessoas não podem, em certo sentido, fazer alguma coisa verdadeiramente *não*-natural: não podemos sobreviver sem ar, nem andar de cabeça para baixo no teto, nem desenvolver outras cabeças. Ao mesmo tempo, tudo o que fazemos, tudo o que vemos, é uma conseqüência não só de nossa "natureza humana" interior, mas também de nossas experiências. Não há como saber com certeza como seriam os seres humanos sem a influência do ambiente, uma vez que uma pessoa sem ambiente não pode sobreviver, para não falar em se comportar de formas interessantes e significativas.

Todavia, as pessoas continuam tentando separar os papéis da experiência, do ambiente, da cultura, da tradição social e assim por diante, na

212 O MITO DA MONOGAMIA

esperança de conseguir um vislumbre do que seria o "homem despido e não-acomodado" (como disse o Lear de Shakespeare). Dizem que o pio rei Jaime da Inglaterra — que encomendou o que se tornou a tradução mais famosa da Bíblia — conseguiu que algumas crianças fossem criadas em completo isolamento de qualquer linguagem falada, de modo a averiguar a linguagem humana "natural", sem a contaminação do estímulo dos outros; Jaime aparentemente esperava que os infelizes objetos de estudo começassem espontaneamente a falar hebraico! Elas não falaram. (Nem aramaico.)

E, no entanto, a busca pela autêntica "naturalidade" humana prosseguiu. Subjacente a grande parte da pesquisa dos antropólogos, havia a esperança tácita de que, pelo estudo da vida de povos não-tecnológicos, eles obteriam insight sobre as inclinações "naturais" e não-acomodadas do *Homo sapiens*, sem a poluição da MTV, dos jogos de computador, do ar-condicionado ou da pipoca de microondas. Embora esses esforços possam ser objeto fácil de caricatura, há todavia algo significativo em perguntar como os seres humanos, bem no fundo, real e verdadeiramente, sem as restrições da civilização — ou pelo menos, minimamente restritos —, naturalmente *são*. Certamente ninguém vive em um estado puro de natureza, mas se observarmos intensa e extensivamente os seres humanos, é possível discernir alguns padrões que persistem.

Um desses padrões relaciona-se à monogamia, à poligamia e às CEPs.

Há 2.500 anos, Platão propôs uma resposta — apesar de jocosa — para a pergunta que dá título a este capítulo. Seu diálogo *O simpósio* apresentou este cenário, colocado na boca do dramaturgo dissoluto Aristófanes: parece que, originalmente, as pessoas não eram como são hoje, divididas em homens e mulheres. Em vez disso, elas eram andróginas, felizes, realizadas e auto-suficientes, cada indivíduo consistindo em quatro braços, quatro pernas, duas cabeças e exibindo uma genitália dupla. Cada "pessoa" era uma unidade monógama autocontida. Mas Zeus achou

COMO SÃO OS SERES HUMANOS, "NATURALMENTE"? 213

a presunção deles insuportável e — como era de seu hábito em tais circunstâncias — começou a atirar raios, que dividiram os andróginos ao meio. Desde então, todos fomos condenados a vagar pela terra, procurando nossa "outra metade", para restabelecer esse estado perfeito de contentamento uno.

(A história de Platão, aliás, tem o encanto a mais de dar uma explicação para a homossexualidade, bem como para a monogamia heterossexual: nem todos os andróginos originais, ao que parece, eram verdadeiramente andróginos. Alguns eram compostos de duas metades fêmeas e outros, de dois machos. Os homossexuais masculinos e femininos foram, portanto, gerados pelo mesmo processo dos heterossexuais e — como os heterossexuais — também procuram a satisfação definitiva no restabelecimento de sua união pré-cismática.)

De acordo com o mito de Andrógino, a monogamia — seja hetero ou homossexual — é nosso estado natural, nossa rota para a integridade anatômica e emocional. Vista dessa maneira, a história de Platão exalta a monogamia. Ou talvez ela faça o contrário: talvez explique os freqüentes *desvios* da monogamia. Assim, é possível que a monogamia seja natural, mas só com o parceiro certo! Se uma determinada união monógama acontece com a metade errada (que presumivelmente é a metade certa de outra pessoa), então as CEPs são tentativas compreensíveis de localizar o parceiro há muito perdido! ("Você é meu Outro desaparecido?" "Não? Bem, e você?")

Mas esse mito, embora envolvente, não é aquele com que estamos preocupados agora. Em vez disso, o mito da monogamia que procuramos investigar é o contrário daquele de Platão. Ele é um mito mais difundido, que afirma que na união monógama os parceiros são naturalmente unidos, como os andróginos antes da intervenção definitiva de Zeus. Esse mito, que não só exalta a monogamia, mas também insiste em sua quase universalidade, é um mito "real"; isto é, um mito que é sustentado por muita gente, apesar de ser falso.

214   O MITO DA MONOGAMIA

Como veremos, há evidências esmagadoras de que a monogamia não é mais natural para os seres humanos do que para outros seres vivos. Primeiro, vamos ver a poliginia.

As evidências incluem o "dimorfismo" sexual combinado com o "bimaturismo" sexual. Dimorfismo ("dois corpos") refere-se ao fato de que machos e fêmeas são significativamente diferentes, não só em seus genitais, mas também nas características físicas básicas, em especial o tamanho. Embora alguns homens sejam mais baixos do que algumas mulheres, e algumas mulheres sejam maiores do que os homens mais altos, os homens geralmente são maiores do que as mulheres, em média de 10% a 15% mais altos e mais pesados. (Isso não é um julgamento de valor, só uma afirmação de realidade estatística e biológica.) A explicação mais provável para tal disparidade é que o sexo maior evoluiu para ser maior devido às recompensas associadas com o sucesso na competição com outros membros do mesmo sexo. E o caminho mais direto para tal recompensa é o sucesso reprodutivo; isto é, um harém que consista em mais de uma fêmea.[1]

Ao vermos outros seres vivos, descobrimos que, quanto maior o grau de poliginia, maior o grau de dimorfismo: alguns cervos da floresta tropical que são essencialmente monógamos são também monomórficos, enquanto o alce — um clássico dono de haréns — é altamente dimórfico, com os machos consideravelmente maiores do que as fêmeas. O mesmo acontece com os membros da família das focas: a monogamia e o monomorfismo seguem juntos, como o fazem a poliginia e o dimorfismo. Os primatas também: compare os gorilas dimórficos (e políginos), por exemplo, com sagüis monomórficos (e em grande parte monógamos).[2]

Em alguns primatas, a monogamia — ou melhor, a monandria, a fidelidade da fêmea a um só macho — é extraordinariamente persistente, apesar das oportunidades de CEPs. Em um estudo de babuínos-sagrados de vida silvestre, por exemplo, quatro de cinco machos em alguns grupos isolados foram vasectomizados. Depois de quatro anos, as fêmeas associadas com machos intatos deram à luz, enquanto das seis fêmeas restantes, associadas com os quatro machos vasectomizados, nenhuma o fez.[3]

COMO SÃO OS SERES HUMANOS, "NATURALMENTE"? **215**

Não é de surpreender que os machos de babuínos-sagrados tivessem testículos muito pequenos em relação a seu tamanho corporal se comparados aos babuínos mais promíscuos sexualmente. Os seres humanos estão definitivamente no extremo do espectro dos primatas, mais semelhantes aos chimpanzés do que aos gorilas ou aos babuínos-sagrados, o que sugere ainda que há muito nos acostumamos a usar nosso esperma e nosso corpo para competir.

Mas não se engane em pensar que os seres humanos podem ser facilmente categorizados com base em seu jeito "natural" de viver. Mesmo outras espécies (supostamente "mais simples" do que o *Homo sapiens*) podem ser igualmente variáveis e desafiam a generalização apressada. Por exemplo, nos mamíferos primitivos da Austrália que põem ovos, conhecidos como équidnas, os machos formam "trens de acasalamento" de mais de 11 indivíduos, todos adequadamente — e, para o observador humano, comicamente — enfileirados nariz com cauda, marchando com paciência atrás de uma fêmea no estro, cada um deles esperando pela oportunidade de se acasalar com ela.[4] Mas isso só acontece nos climas mais quentes do norte da Austrália. Em climas mais frios (por exemplo, na Tasmânia), os équidnas são monógamos. Vai entender...

Todavia, podemos identificar alguns padrões básicos e, na verdade, é com isso que se preocupa a ciência. Um biólogo marciano, mandado à Terra para descrever suas várias formas de vida, teria pouca dúvida, com base só no dimorfismo sexual, de que o *Homo sapiens* é ligeiramente polígino.

Acrescente a isso a evidência de *bimaturismo sexual*, o fenômeno peculiar em que as meninas se tornam mulheres um ou dois anos antes de os rapazes se tornarem homens. Como o dimorfismo sexual, o bimaturismo sexual é uma característica consistente da espécie. E como o dimorfismo sexual, o bimaturismo sexual traz "poliginia" escrito em todo ele. Assim como ser maior e mais forte transmite uma vantagem quando se trata de competição entre o mesmo sexo para conseguir e manter um harém, há uma recompensa em ser também mais velho. Dessa forma, uma marca pre-

216 O MITO DA MONOGAMIA

visível das espécies políginas é a de que os machos retardam seu amadurecimento até que sejam um pouco mais velhos, mais fortes, mais resistentes e presumivelmente um pouco mais sensatos do que suas contrapartes mais inexperientes.

Há ainda outras evidências.

Os homens são consistentemente mais violentos do que as mulheres, o que, novamente, é um traço previsível do sexo mais competitivo e mais propenso a manter haréns. Um alto nível de agressividade entre as mulheres traz consigo pouca recompensa, junto com possíveis prejuízos substanciais, uma vez que é improvável que as mulheres sejam recompensadas por adquirir um "harém" de homens. Em termos biológicos, há relativamente pouca diferença entre as mulheres mais e menos bem-sucedidas; ao contrário, há uma enorme diferença entre os homens mais e menos bem-sucedidos, em especial se o sistema de acasalamento é polígino. Isso, por sua vez, resulta em que o sexo que costuma manter um harém é não só maior e amadurece mais tarde, mas também que, em média, é mais agressivo. Em espécies estritamente monógamas costuma haver bem poucas diferenças entre os sexos quando se trata de propensão à violência... Mais uma vez, porque há pouco a se ganhar e muito a se perder. O sexo que costuma manter um harém, ao contrário, faz um jogo de apostas mais altas e é mais provável que use estratégias arriscadas: um jogo seguro só faz sentido em um mundo de monogamia ou se a pessoa for um *membro* de harém.

É tentador concluir que as diferenças macho-fêmea no dimorfismo e no bimaturismo sexuais — e até as diferenças macho-fêmea na violência e nos riscos assumidos — estão "entranhadas" na biologia humana. Por outro lado, devemos reconhecer as tradições culturais, em especial quando se trata de diferenças de comportamento. A sociedade gera expectativas de que os homens "devem" agir de uma forma e as mulheres de outra. Na verdade, mesmo diferenças aparentemente biológicas, como o tamanho do corpo e a idade de amadurecimento sexual, podem ter componentes culturais — se a sociedade dita, por exemplo, que os meninos devem comer

COMO SÃO OS SERES HUMANOS, "NATURALMENTE"? **217**

mais do que as meninas para que assim, talvez, cresçam mais. (É mais difícil — embora não seja impossível — ver como a idade do amadurecimento sexual pode ser um produto da cultura.)

Mas a idéia de que tais diferenças sejam determinadas pela cultura fracassa devido a este fato implacável: elas ocorrem de forma *inter*cultural, em sociedades tão diversas como a América urbana, os planaltos da Nova Guiné, a tundra do Ártico e as ilhas do Pacífico Sul. Se as distinções macho-fêmea fossem produtos arbitrários da cultura, então deveriam variar aleatoriamente de uma sociedade para outra. Mas não variam. As diferenças ocorrem onde quer que o *Homo sapiens* seja encontrado, e todas elas apontam para um monte de poliginia primitiva como parte de nossa herança biológica.

Há ainda mais evidências para um padrão subjacente de poliginia humana. Elas vêm de uma série de estudos e observações relacionados com nossas inclinações sexuais de espécie. Realizados por diferentes pesquisadores em diferentes épocas, eles convergem em alguns princípios básicos, inclusive o fato de que os homens, no mundo todo, têm um interesse muito maior pela variedade sexual do que as mulheres. Mais uma vez, isso faz um sentido particular se o *Homo sapiens* for inclinado a ser polígino, porque um dono de harém terá relações sexuais com muitas mulheres e também porque, como produtores de esperma, os homens podem aumentar seu sucesso reprodutivo fazendo exatamente isso. Como regra geral, a estratégia masculina tem sido aumentar o número de parceiras sexuais em vez de ter mais filhos por parceira — isto é, optar pela quantidade em vez da qualidade.

Em um estudo, universitários americanos solteiros foram indagados sobre quantos parceiros sexuais gostariam de ter durante vários intervalos de tempo, partindo do mês seguinte até o resto da vida. Os homens consistentemente indicaram o desejo de ter mais parceiras do que as mulheres. Durante o ano seguinte, por exemplo, os homens queriam seis; as mulheres, um. Pelos próximos três anos, os homens queriam dez; as mulheres, dois. E à medida que o tempo prosseguia, a diferença entre o número de parceiros sexuais desejado aumentava, até que, em média, os homens indicavam querer 18 parceiras sexuais diferentes por toda a vida, comparados com o desejo das mulheres por quatro ou cinco.[5]

Homens e mulheres também foram solicitados a estimar a probabilidade de que concordariam com o ato sexual com um membro atraente do sexo oposto se conhecessem a pessoa há uma hora, uma noite, um dia inteiro, uma semana, um mês e cinco anos. Homens e mulheres ficaram igualmente inclinados a ter sexo com a pessoa depois de cinco anos, mas, em cada intervalo de tempo mais curto do que esse, os homens indicaram uma probabilidade mais alta do que as mulheres. (Para as mulheres, o ponto de "equilíbrio" ficava entre três e seis meses; para os homens, em cerca de uma semana. As mulheres indicaram uma probabilidade de quase zero de fazer sexo depois de uma hora, com essencialmente nenhuma mudança sobre o primeiro dia; mesmo depois de uma semana, as mulheres disseram ser muito improvável que fizessem sexo. Os homens disseram que depois de apenas um dia sua probabilidade de consentir seria de quase 50%.)[6]

Esses estudos podem ser criticados por dependerem do que as pessoas dizem em vez do que elas realmente fazem. Aqui, então, está outro exemplo inovador de pesquisa que chega mais perto ainda de medir o comportamento real. Um homem ou mulher atraente aproximava-se de estranhos do sexo oposto em um campus universitário e dizia: "Tenho te visto pelo campus. Acho você muito atraente." Depois, faziam uma destas três perguntas, escolhidas para cada um aleatoriamente: (1) "Quer sair comigo hoje à noite?" (2) "Quer ir ao meu apartamento hoje à noite?" (3) "Quer ir para a cama comigo hoje à noite?"

Das *mulheres* que foram convidadas para sair, 50% concordaram; daquelas que foram convidadas para ir ao apartamento do homem, 6% concordaram; daquelas convidadas a fazer sexo, nenhuma concordou. Dos *homens* que foram convidados para sair, aproximadamente 50% disseram "sim" (a mesma proporção de mulheres que tinham consentido),

COMO SÃO OS SERES HUMANOS, "NATURALMENTE"? **219**

enquanto 69% concordara em ir ao apartamento da mulher e não menos de 75% concordaram em ir para a cama com ela naquela noite! É interessante observar que entre os 25% que recusaram, um grande número achou necessário explicar, assinalando um envolvimento com uma namorada e assim por diante.[7]

Como acontece com outros seres vivos, homens e mulheres podem sofrer alguns prejuízos associados às CEPs, como um risco maior de doenças sexualmente transmissíveis e outros possíveis riscos físicos (notadamente ser fisicamente ferido pelo parceiro ou — se um ou os dois participantes já são pareados — por seu próprio parceiro ou pelo par do parceiro de curto prazo). É mais provável que esta última tarifa seja paga pelos homens. Por outro lado, a perda da reputação é um possível custo significativo que recai com mais peso sobre as mulheres: embora os homens possam sofrer se desenvolverem uma reputação de promiscuidade ou falta de escrúpulos, a aura de ser um casanova ou dom-juan também tem seus benefícios, geralmente aumentando o status social entre os homens e até, ocasionalmente, tornando esse homem mais atraente para as mulheres.

Por quê? Em parte devido ao conhecido efeito do consumidor, em que qualquer produto — calçados, carro, alimentos, ações de Wall Street — torna-se mais desejável se parece ser desejado por outras pessoas. E em parte devido à lógica da poliginia como condição humana primitiva de longa duração. As sociedades políginas não são *uniformemente* políginas; afinal, há, aproximadamente, o mesmo número de homens e mulheres, e assim é impossível que todos os homens sejam donos de harém! Aqueles que o conseguem provavelmente são especialmente poderosos, física ou mentalmente bem-dotados, de status elevado e têm controle sobre recursos substanciais (terras, animais domésticos, outras formas de riqueza material, aliados sociais). Dada essa conexão, não é de surpreender que os homens com fama de ter acesso sexual a muitas mulheres sejam amplamente percebidos como de status elevado ou no controle de recursos, de modo que — por um processo parecido com o descrito anteriormente para a "hipótese do filho sexy" — o sucesso pode levar a mais sucesso... para os homens.[8]

Já uma fama de promiscuidade causa muito mais danos a uma mulher do que a um homem. Enquanto um homem que é sexualmente bem-sucedido com muitas mulheres provavelmente parecerá exatamente isto — bem-sucedido —, é improvável que uma mulher conhecida por ter "sucesso" com muitos homens tenha, como resultado, melhorado sua reputação. Em vez disso, mesmo no ambiente mais igualitário e sexualmente liberal de hoje, é mais provável que ela seja conhecida como uma "puta".

Uma mulher "leviana", famosa por se "deitar fácil", pode bem ser popular entre os homens que procuram por suas ligações sexuais de curto prazo, mas não entre aqueles que procuram por um relacionamento comprometido. Isso, é claro, faz parte do duplo padrão muito lamentado, em que homens e mulheres em geral estão sujeitos a diferentes expectativas sexuais. Willard Espy expressou muito bem o curioso dilema implícito na abordagem do homem ao padrão duplo:

> Adoro as mulheres que não.
> Adoro as mulheres que sim.
> Mas melhor, as mulheres que dizem, "Eu não..."
> Mas talvez só para você.[9]

Embora esses padrões sejam sem dúvida fortemente influenciados pela cultura, o fato de que eles são interculturais — isto é, encontrados em uma ampla variedade de sociedades humanas — sugere fortemente que eles são enraizados na biologia.[10] Essas raízes provavelmente se desenvolvem a partir da diferença entre homens e mulheres quando se trata da confiança na paternidade ou maternidade genética. (O sucesso de longo prazo dos homens na reprodução não seria bem servido pela afiliação com mulheres que podem traí-los; espera-se, portanto, que os homens possam evitar o casamento com mulheres que têm fama de ceder às CEPs. Ao contrário, embora uma reputação criada por CEPs possa desabonar a desejabilidade de um homem, em especial quando se espera a monogamia, ela

COMO SÃO OS SERES HUMANOS, "NATURALMENTE"? 221

pouco faria para diminuir as perspectivas de um homem se a expectativa fosse a poliginia.)

Uma mulher com uma reputação de promiscuidade sexual pode bem estar indicando que discrimina menos, talvez porque seja incapaz de obter um parceiro de longo prazo de alta qualidade. A história de muitas parcerias sexuais de curto prazo de uma mulher, portanto, tem o efeito exatamente contrário a uma reputação semelhante em um homem: pode anunciar que ela é de baixa qualidade e de desejabilidade mínima para o longo prazo.

O argumento "a favor" da poliginia humana — não como um bem ético, mas simplesmente como biologicamente "natural" — é ainda mais solidificado pelas descobertas de primatologistas e antropólogos. Primeiro os primatologistas.

A monogamia foi encontrada em 10% a 15% de todas as espécies de primatas, comparada a mais ou menos 3% para os mamíferos em geral (e a mais de 90% nas aves). Como vimos, os relatos de monogamia aviária — e monogamia mamífera de modo geral — mostraram-se exagerados... Como o comentário de Mark Twain sobre o boato de sua morte. Da mesma forma, as evidências de campo, acumuladas depois de milhares de horas de observações diretas de primatas tropicais furtivos no meio selvagem, têm mostrado que a monogamia primata também não é o que costumava ser. Uma análise recente das evidências concluiu, na verdade, que somente nove espécies de primatas vivem em grupos exclusivos de dois adultos em todo seu território geográfico. (Alguns outros parecem ser monógamos somente sob certas condições.)[11] Assim, não há motivo para pensar que os seres humanos representem um grupo mamífero incomumente predisposto à monogamia.

Como acontece nas predisposições humanas, a evidência mais clara vem de como as pessoas realmente viviam antes da homogeneização cultural que surgiu com o imperialismo ocidental e a ética judaico-cristã da

222 O MITO DA MONOGAMIA

monogamia. (Aliás, mesmo que essa ética não fosse originalmente monógama: o rei Davi teve pelo menos seis esposas [2 Samuel 3:2-5] e mais tarde tomou outras [2 Samuel 5:13]. E diz-se que Salomão tinha 700 esposas e 300 concubinas [1 Livro dos Reis 11: 1-3].)

Os estudiosos da sociedade humana há muito estão divididos sobre como e por que os seres humanos chegaram à monogamia. O antropólogo finlandês do século XIX Edward Westermarck sustentava que a monogamia veio primeiro e foi subseqüentemente valorizada à medida que vários outros sistemas de casamento foram desenvolvidos. Já Lewis Morgan, pai da antropologia americana, afirmou que a monogamia não é nada primitiva, mas, em vez disso, é não só uma condição avançada mas, na verdade, o pináculo das estruturas familiares humanas. De acordo com essa visão, a monogamia se mantém triunfantemente, se não virtuosamente, por cima, como um homem na posição sexual convencional. Tal visão não é mais amplamente sustentada e foi até mesmo ridicularizada, como na seguinte passagem do célebre estudioso das culturas do Pacífico Sul, o antropólogo Bronislaw Malinowski, que observou que, de acordo com Morgan,

> a sociedade humana se originou em completa promiscuidade sexual, passou depois pela família consangüínea, a família punaluana, o casamento em grupo, a poliandria, a poligamia e não se sabe mais o quê, chegando, somente depois de um processo laborioso de 15 transformações, ao paraíso feliz do casamento monógamo.[12]

Malinowski mais tarde observa que, sob essa ótica,

> a história do casamento humano parece um romance sensacionalista e um tanto escandaloso, que começa com um enredo confuso, mas interessante, redimindo seu rumo inconveniente com um desfecho moral e levando, como devem todos os romances adequados, ao casamento, em que "viveram felizes para sempre".

COMO SÃO OS SERES HUMANOS, "NATURALMENTE"? **223**

Qualquer que seja o rumo que a evolução da família humana realmente possa ter tomado, está claro que não chegamos todos ao mesmo lugar. E, além disso, também está claro que a monogamia foi no máximo um destino da minoria. De 185 sociedades humanas estudadas pelo antropólogo C. S. Ford e o psicólogo Frank Beach, somente 29 (menos de 16%) restringiam formalmente seus membros à monogamia.[13] Além de tudo, desses 29, menos de um terço desaprovava totalmente o sexo pré-conjugal e extraconjugal. Em 83% das sociedades examinadas (154 de 185), os homens podiam ter parcerias múltiplas — isto é, a poliginia ou concubinas socialmente aprovadas em vez da monogamia — se pudessem mantê-las.

O renomado antropólogo G. P. Murdoch, em seu estudo clássico *Social Structure*, descobriu que, de 238 sociedades humanas diferentes em todo o mundo, a monogamia era imposta como o único sistema de casamento aceitável em meros 43.[14] Assim, antes de fazer contato com o Ocidente, uma média de mais de 80% das sociedades humanas eram preferencialmente políginas, o que significa que os haréns mantidos pelos homens eram algo que a maioria deles procurava atingir. Pode-se dizer com segurança que a monogamia institucionalizada era muito rara.

O antropólogo Weston LaBarre concorda:

> Quando se trata da poliginia, os casos são extraordinariamente numerosos. Na verdade, a poliginia é permitida (embora possa não ser alcançada em todo caso) entre todas as tribos indígenas das Américas do Norte e do Sul, com a exceção de poucas, como a dos pueblos. A poliginia é comum também em grupos árabes e negros na África, e não é de forma alguma incomum na Ásia e na Oceania. Às vezes, é claro, é uma poliginia limitada culturalmente: os maometanos podem ter apenas quatro esposas sob a lei corânica —, enquanto o rei de Ashanti, na África ocidental, era estritamente limitado a 3.333 esposas e tinha que se contentar com esse número.[15]

Quanto maior o grau de "estratificação" na maioria das sociedades não-tecnológicas, maior o grau de poliginia. Em outras palavras, aqueles

224 O MITO DA MONOGAMIA

que eram muito poderosos e muito ricos (os dois, há muito tempo, costumam ser sinônimos) eram quase sempre (1) homens e também (2) donos de grandes haréns. Não era incomum que o tamanho do harém fosse calibrado com precisão em relação ao poder e à riqueza. "No Peru inca, como provavelmente em outros lugares", observa a antropóloga da evolução Laura Betzig, da Universidade de Michigan,

> a hierarquia reprodutiva tinha um paralelo dramático com a hierarquia social. Os chefes sem importância podiam, por lei, ter mais de sete mulheres; os governadores de uma centena podiam ter oito; os líderes de um milhar tinham 15 mulheres; os chefes de milhões tinham trinta mulheres. Os reis tinham acesso a templos cheios de mulheres. Nenhum senhor tinha menos de setenta à sua disposição; em geral, os "índios pobres" ficavam com o que restava.[16]

Porém, uma preferência pela poliginia não significava que ela era sempre alcançada. Mesmo quando as parceiras múltiplas eram consideradas altamente desejáveis, em qualquer época a maioria dos homens não tinha mais de uma parceira. Mas nessas situações, muitos homens, se vivessem por bastante tempo, ainda tinham mais de uma parceira socialmente sancionada, uma vez que, à medida que envelheciam, eles costumavam ficar mais ricos.

De nada adiantou para a poliginia. (Embora possamos dizer muito mais do que isso!) Por ora, a questão é que a monogamia está sob ataque de muitas direções diferentes, e uma delas é que não constitui a condição humana "natural". Nisso, as evidências da anatomia, da fisiologia, do comportamento e da antropologia podem ser consideradas decisivas. Outra questão é que, mesmo quando ocorre a monogamia humana, ela é golpeada pela cópula extrapar, com o mesmo pendor por CEPs que foi documentado de forma tão convincente nos animais.

COMO SÃO OS SERES HUMANOS, "NATURALMENTE"? **225**

Em sua amostra de 185 sociedades humanas distantes umas das outras, o antropólogo Ford e o psicólogo Beach descobriam que 39% não apenas toleravam mas aprovavam as ligações sexuais extraconjugais, geralmente de tipos específicos. O incesto era a única proibição sexual consistente. O povo toda da Índia, por exemplo, não tinha o conceito de adultério e nem considerava imoral que um homem desse, de má vontade, sua esposa a outro. Em muitas sociedades, o sexo extraconjugal era limitado a determinadas categorias, como irmãos e cunhadas entre os sirionos do leste da Bolívia. Esses povos eram "monógamos", mas os homens podiam fazer sexo com as irmãs das esposas e com as esposas dos irmãos. As mulheres, por sua vez, podiam fazer sexo com os irmãos do marido e com os maridos das irmãs. Na tribo haida, homens e mulheres casados em geral podiam ter relações sexuais com qualquer um que pertencesse ao clã do cônjuge; no máximo, o marido ou a esposa podiam "objetar delicadamente". Normalmente, ele ou ela não o faziam. Em resumo, mesmo quando a monogamia foi a forma legalmente instituída de parceria, isso não inviabilizou algumas relações extraconjugais específicas, pelo menos em algumas sociedades humanas. A maioria dos povos do mundo, em toda a história e em todo o planeta, arranjou as coisas de forma que o casamento e a exclusividade sexual não significassem necessariamente o mesmo.

Além de permitir o sexo extraconjugal entre parentes designados, muitas sociedades que seriam monógamas aprovavam o sexo extraconjugal em épocas especiais, notadamente festas religiosas ou de colheita, como o Carnaval brasileiro.

A seguir: a poliandria. Como uma instituição socialmente sancionada, ela é excepcionalmente rara. É também uma ironia biológica fascinante que, embora os homens ganhem mais — em termos de descendentes gerados — com múltiplas cópulas, as mulheres são fisiologicamente capazes de "fazer" mais sexo do que os homens. Acrescente-se a isso o fato antropológico peculiar de que quase todos os sistemas sociais são estruturados de outra forma. Em seu *Cartas da Terra*, Mark Twain divertiu-se

226 O MITO DA MONOGAMIA

muito com esse paradoxo. Aqui está o Demônio de Twain relatando suas descobertas, depois de visitar nosso planeta:

> Agora vocês têm uma amostra da "capacidade de raciocínio" do homem, como ele o chama. Ele observa determinados fatos. Por exemplo, que em toda a sua vida ele nunca vê o dia em que pode satisfazer uma mulher; e também que nenhuma mulher chega a ver o dia em que não pode dar uma canseira neles, vencer e jogar para escanteio quaisquer dez homens que possam ser colocados em sua cama. Ele reúne esses fatos surpreendentes e esclarecedores, e a partir deles chega a esta conclusão perturbadora: o Criador pretendia que a mulher se restringisse a um só homem.
>
> Agora, se você ou qualquer outra pessoa realmente inteligente estipulasse a eqüidade e a justiça entre homem e mulher, daria ao homem um qüinquagésimo do interesse em apenas uma mulher e à mulher, um harém. Não daria você? Necessariamente, dou-lhe a minha palavra, essa criatura... dispôs tudo de forma exatamente contrária.[17]

O Demônio de Twain está absolutamente certo: um homem é menos capaz de satisfazer sexualmente muitas mulheres do que uma mulher de satisfazer muitos homens. Todavia, da perspectiva biológica, a diferença entre óvulos e espermatozóides proclama que é mais biológico para um homem acasalar-se com várias mulheres do que uma mulher acasalar-se com vários homens. E, nesse caso, a lógica evolutiva venceu.

Os casamentos em grupo são ainda mais raros do que a poliandria. Talvez o sistema matrimonial mais flexível que encontramos esteja entre os kaigangs do sul do Brasil: 8% dos casamentos kaigangs eram verdadeiros casos em grupo, envolvendo dois ou mais homens casados com duas mulheres ou mais; 14% envolviam uma mulher casada com vários homens; em 18%, um homem era pareado poliginamente com várias mulheres; e 60% eram monógamos. Mas claramente seria um equívoco chamar os kaigangs de "monógamos", embora a monogamia fosse o padrão mais freqüente. Outros arranjos eram oficialmente permitidos, e de fato a poliginia era preferida (ao menos pelos homens).

COMO SÃO OS SERES HUMANOS, "NATURALMENTE"? 227

Mesmo entre aquelas sociedades que podem ser descritas legitimamente como monógamas — em que há o casamento institucionalizado entre um homem e uma mulher — as relações sexuais entre marido e esposa são menos exclusivas do que pode indicar uma perspectiva ocidental judaico-cristã. Por exemplo, em sociedades reconhecidamente monógamas, cerca de 10% permitem a relação sexual extraconjugal relativamente livre. Entre os lepchas do Himalaia, por exemplo, espera-se que um marido faça objeções somente se sua esposa tiver relações sexuais com outro homem na presença dele! Cerca de 40% das sociedades humanas ostensivamente monógamas permitem o sexo extraconjugal sob condições especiais (alguns feriados) ou com determinados indivíduos (como os irmãos do marido), e somente cerca de 50% proíbem completamente o coito extraconjugal. Entre as sociedades restritivas, as regras são válidas mais estritamente para as esposas e muito menos para os maridos; só uma pequena porcentagem proíbe a sexualidade extraconjugal por parte dos homens.

Em vários grupos humanos, os homens costumam permutar relações sexuais com as esposas uns dos outros. Entre alguns esquimós, cumanas, araucays e índios crows, os hóspedes de honra tinham permissão para dormir com a esposa do anfitrião, e os chukchees siberianos estabeleciam padrões regularizados de troca de esposas, de modo que um viajante, longe de casa, pudesse ter garantidas uma cama quente e acomodações agradáveis. (Não se relatou nada quanto às atitudes das esposas com relação a esse sistema.)

Arranjos semelhantes foram estabelecidos pelo povo mende de Serra Leoa. Nesse caso, as esposas deviam ser estimuladas pelos maridos a ter amantes; esperava-se que estes, por sua vez, proporcionassem trabalho braçal para ajudar à família.

Além dos casos em que as regras do casamento permitem relações sexuais com outras pessoas fora o marido ou a esposa, o sexo extraconjugal — mesmo quando socialmente desaprovado — às vezes resulta apenas em penalidades brandas; para muitos povos do mundo, está mais perto de

228   O MITO DA MONOGAMIA

uma contravenção do que de um crime. De acordo com a antropóloga Ruth Benedict, por exemplo, o povo pueblo do Novo México

> não trata o adultério com violência... O marido não o considera uma violação de seus direitos. Se ela é infiel, normalmente é o primeiro passo para trocar de marido, e suas instituições facilitam isso o bastante para que seja um procedimento realmente tolerável. Eles não consideram a violência.[18]

As esposas em geral são igualmente moderadas, se não mais, quando os maridos são famosos por sua infidelidade. Desde que a situação não seja desagradável o bastante para que as relações se rompam, ela é freqüentemente ignorada, como neste caso entre os zunis:

> Um dos jovens maridos da casa... estava tendo um caso extraconjugal que se tornou rumoroso em todo o povoado. A família ignorou a questão completamente. Por fim o negociador, o guardião da moral, queixou-se com a esposa. O casal estava casado havia doze anos e tinha três filhos; a esposa pertencia a uma família importante. O negociador narrou com grande seriedade a necessidade de manifestar autoridade e dar um fim à conduta ultrajante do marido. "Então", disse a esposa, "não vou lavar as roupas dele. Daí ele vai saber que eu sabia que todo mundo sabia, e vai parar de sair com essa mulher." Foi eficaz, mas não se disse nem uma palavra. Não houve explosões, nem recriminações, nem mesmo um reconhecimento aberto da crise.[19]

Os pueblos são o que Benedict chamou de "apolínios" — do nome do deus grego Apolo, a deidade do sol, da música, da medicina e da razão — no sentido de que relutam em demonstrar emoções violentas. O divórcio está prontamente disponível para o povo pueblo, e uma esposa que continua com o marido depois de ele ter vários casos é considerada ridícula, porque sua perseverança é vista como sinal de que deve realmente amá-lo!

COMO SÃO OS SERES HUMANOS, "NATURALMENTE"? **229**

Em contraste aos pueblos apolínios, a antropóloga Benedict descreveu as chamadas culturas "dionisíacas", em que a emoção violenta é permitida, até estimulada. Por exemplo, na ilha de Dobu, na costa da Nova Guiné, o adultério é freqüente, mas também é motivo para ultraje e ciúme: "Não se espera a fidelidade entre marido e esposa, e nenhum dobuano admitirá que um homem e uma mulher fiquem juntos, mesmo que pelo intervalo de tempo mais curto, a não ser para propósitos sexuais." O marido dobuano, de acordo com Benedict, suspeita até quando a esposa sai brevemente até os arbustos para urinar. E por um bom motivo:

O adultério dentro desse grupo é o passatempo preferido. É celebrado constantemente na mitologia e sua ocorrência em cada aldeia é conhecida de todos desde o início da infância. É uma questão de preocupação profundíssima para o cônjuge ultrajado. Ele (pode igualmente ser ela) suborna as crianças para obter informações, as dele e qualquer uma da aldeia. Se for o marido, ele quebra os potes de cozimento da esposa. Se for a esposa, ela maltrata o cão do marido. Ele briga com ela com violência... Ele sai da aldeia em disparada, furioso. Como um último recurso de raiva impotente, ele tenta suicídio por um de vários métodos tradicionais, e nenhum deles é fatal.[20]

Como veremos, porém, até os dobuanos dionisíacos reagem ao adultério com brandura se comparados com muitas pessoas do mundo.

O duplo padrão é disseminado em muitas sociedades, com os homens tendo permissão para maior liberdade do que as mulheres para se envolver em sexo fora do casamento. Depois de analisar 116 sociedades humanas diferentes, a antropóloga Gwen Broude relatou que, enquanto 63 permitem o sexo extraconjugal dos maridos, só 13 permitem-no para as esposas. Além disso, 13 tinham um "padrão permissivo", admitindo atividades sexuais extraconjugais igualmente a ambos, marido e esposa, enquanto 27 envolviam-se em um "padrão restritivo", proibindo que marido e esposa se envolvessem em qualquer caso extraconjugal.[21] Da mesma

230 O MITO DA MONOGAMIA

forma, Laura Betzig avaliou as causas da dissolução conjugal em todo o mundo, concluindo que, enquanto há muitos motivos — falta de filhos, fracassos econômicos, incompatibilidade sexual —, o adultério é "a causa mais comum de divórcio" e que a infidelidade da esposa é muito mais citada do que a infidelidade do marido.[22]

Se uma fêmea de mamífero torna-se inseminada devido a uma cópula fora da ligação do par, ela não é menos mãe da prole gerada; mas o macho enganado — que pode prover alimento, defesa, cuidados do bebê e assim por diante — pode muito bem não ser o pai! Assim, isso prevê que, na maioria dos seres vivos, não só os machos se tornarão mais ávidos por CEPs, mas eles também serão mais intolerantes com o mesmo comportamento em suas parceiras. Está, portanto, montado o palco para o duplo padrão, em que as expectativas sexuais diferem para homens e mulheres, como em geral diferem para machos e fêmeas de outras espécies.

Friedrich Engels, em *A origem da família, da propriedade privada e do Estado*, sugeriu que a família humana "baseia-se na supremacia do homem, sendo seu propósito expresso gerar filhos de paternidade inquestionável".[23] Em um famoso discurso conhecido como *Contra Neaira*, o orador grego Demóstenes declarou o viés sexista da sociedade de sua época: "As amantes mantemos para o prazer; as concubinas, para a assistência diária de nossa pessoa e as esposas, para nos darem filhos legítimos e serem nossas donas de casa."[24] Dos vários "usos" das mulheres, a geração de filhos legítimos parece ter sido especialmente importante, e pode explicar muito o motivo pelo qual a sociedade dominada pelos homens tem sido tão insistente na institucionalização do padrão duplo.

Mas o *Homo sapiens* é uma criatura peculiar, influenciada por muitas coisas além da sua biologia. Dadas quaisquer predisposições biológicas em um sentido em particular, mesmo leve, em geral estendemos essas inclinações a prescrições e injunções culturais, às vezes até estendendo-as demasiado além de qualquer escopo razoável proporcionado pelas escoras biológicas. O duplo padrão sexual pode ser uma espécie de "hiperextensão cultural", um exemplo de sociedades humanas pegando um copo d'água biológico e o transformando em uma tempestade de diferenças homem-mulher.

Depois de vermos, embora brevemente, a diversidade de parcerias humanas, o que podemos concluir? Pelo menos, é inegável que os seres humanos evoluíram como criaturas um tanto políginas, cujo sistema de acasalamento "natural" envolvia um homem casado, quando possível, com mais de uma mulher. Também está claro que, mesmo em sociedades que institucionalizaram alguma forma de poliginia, a monogamia era freqüente, embora, pelo menos para os homens, em geral significasse fazer o melhor possível de uma situação ruim. (Pior ainda era ser solteiro.) Há também uma grande diversidade, porém, nos padrões da monogamia, que vão da sexualidade extraconjugal freqüente, tolerada e às vezes até estimulada pelo código social, a casos ocasionais, desaprovados mas não levados muito a sério, à monogamia rígida, ciumenta e imposta pela violência... Embora aqui pareça provável que as regras da fidelidade sexual absoluta sejam violadas com freqüência, em segredo.

Certamente não há evidências, nem da biologia, nem da primatologia ou da antropologia, de que a monogamia é "natural" ou "normal" para os seres humanos. Há, em vez disso, muitas evidências de que as pessoas há muito tempo tendem a ter vários parceiros sexuais.

Mas, de certa forma, mesmo que os seres humanos fossem controlados de forma mais rígida por sua biologia, seria absurdo afirmar que a monogamia não é natural ou é anormal, em especial porque, sem dúvida, era a forma como a maioria das pessoas vivia, na maior parte do tempo... Mesmo enquanto os homens empenhavam-se na poliginia e as mulheres (assim como os homens) envolviam-se em CEPs. Isso é mais claro para os homens, ao menos porque a poliginia em geral tem sido institucionalizada — e, portanto, orgulhosamente exibida pelos "vencedores" homens —, enquanto as CEPs entre os *Homo sapiens*, como na maioria dos seres vivos, têm sido muito mais ocultas, devido aos custos de sua revelação.

O MITO DA MONOGAMIA

Todavia, a traição masculina nunca se tornaria parte de nossa herança biológica se as mulheres não permitissem que alguns homens, pelo menos de vez em quando, tivessem sucesso em sua busca por CEPs. O que significa que, sejam oficialmente políginas ou monógamas, as mulheres — talvez não menos do que os homens — há *muito tempo* procuram por amantes extraconjugais.

Os seres humanos são criaturas muito flexíveis, pelo menos socialmente. Eles são capazes de levar uma variedade de vidas, dependendo das demandas e das expectativas da sociedade em que vivem. De certa forma, então, as inclinações humanas podem se adaptar a qualquer padrão conjugal que exista na sociedade em que vivem.

Mas, por outro lado, é provável que a poliginia leve faça parte tão profundamente da condição humana primitiva que se reflete não só em nossa anatomia, fisiologia e desenvolvimento — para não falar do registro antropológico —, mas também em nossas tendências de comportamento. Se isso for verdade, então o leito matrimonial pode ser também um leito procrustiano, uma vez que nega a possibilidade de relacionamentos sexuais não-exclusivos. Privadas da poliginia socialmente sancionada e das CEPs, talvez não surpreenda que muitas pessoas, em toda a história e em todo o planeta, agastem-se com a monogamia para toda a vida e em geral desviem-se dela.

O que torna os seres humanos incomuns entre outros mamíferos não é nosso pendor pela poliginia, mas o fato de que a maioria das pessoas pratica pelo menos uma forma de monogamia. Ao mesmo tempo, o *Homo sapiens* tende bastante ao ciúme sexual, o que sugere fortemente que a monogamia é instável há muito tempo.

O psiquiatra Wilhelm Reich é um caso interessante. Reich insistia em seu trabalho e seus escritos que a monogamia era um estado doentio para os seres humanos, solapando sua saúde sexual e atrofiando sua vida emocional. E, no entanto, a esposa dele relata que Reich era insanamente ciumento:

COMO SÃO OS SERES HUMANOS, "NATURALMENTE"? **233**

Sempre, em épocas de estresse, um dos defeitos muito humanos de Reich ganhava o primeiro plano, e era seu ciúme violento. Ele sempre negaria enfaticamente que tinha ciúme, mas não havia como escapar do fato de que ele me acusaria de infidelidade com qualquer homem que lhe viesse à mente como um possível rival, fosse colega, amigo, o dono da loja ou um conhecido casual.[25]

Entre os animais, a competição entre machos é a peça central da maioria dos atos consistentemente agressivos e violentos que acontecem em uma espécie, inclusive os grandes choques de rachar o crânio entre carneiros selvagens e as batalhas naturais ferozes que campeiam pelo reino animal, das baleias aos besouros *Scatophaga stercolaria*. Pouco surpreende, então, que até alguns dos membros mais perceptivos, liberados e civilizados do *Homo sapiens* às vezes sejam "vencidos" quando se trata do ciúme sexual e da competição entre machos.

Até Sigmund Freud, com tanto discernimento — e às vezes excentricidades — com relação aos processos mentais inconscientes, era afligido por surtos de ciúme. Em uma das muitas centenas de cartas que escreveu à noiva, Freud observou sua reação com a descoberta de que ela, no passado, estimulara outro pretendente a expressar sua afeição por ela: "Quando a lembrança de sua carta a Fritz... me volta, perco todo o controle de mim e tenho o poder de destruir todo o mundo... Eu o faria sem pestanejar."[26]

Freud depois propôs que a rivalidade entre irmãos se desenvolvia como resultado do ciúme fundamental do filho mais velho em ser substituído pelo mais novo nos afetos da mãe. Sua interpretação pode ser mais adequada se aplicada ao ciúme sexual, que é mais adequadamente descrito na seguinte passagem dedicada à rivalidade entre irmãos:

O que a criança inveja no invasor e rival indesejado não é apenas o aleitamento, mas todos os outros sinais de cuidados maternos. Parece que ele foi destronado, despojado, prejudicado em seus direitos; ele exibe um ódio ciumento com relação ao novo bebê e desenvolve um ressentimento contra a mãe infiel.[27]

234   O MITO DA MONOGAMIA

Em uma das peças menos conhecidas de Shakespeare, *Cimbelina*, Póstumo é levado a pensar que sua esposa foi infiel. Quando lhe mostra o anel dela, que o convence do adultério de sua esposa (embora, na verdade, ela fosse totalmente fiel), Póstumo chora sua angústia ciumenta:

> É um basilisco a meus olhos
> Mata-me olhá-lo. Não existe honra
> Onde há beleza; a verdade, onde a imagem, o amor
> Onde há outro homem. Os votos das mulheres
> De não se prender mais a onde foram feitas
> Do que são a suas virtudes, que nada são.
> Oh, sobretudo a falsa medida!

À medida que sua cabeça superaquecida repisa o ato imaginado, as palavras do marido tornam-se cada vez mais específicas: "Não, ele a desfrutou." E depois: "Ela foi açoitada por ele." Por fim, o ato imaginado de adultério da esposa torna-se equivalente a eventos inumeráveis: "Poupe sua aritmética; não conte as voltas. Uma vez, e um milhão!"

O ciúme é uma daquelas coisas que parecem não fazer sentido e, no entanto, nos aflige assim mesmo. Na verdade, alguns de nossos ensinamentos tradicionais mais arraigados são ambivalentes — se não completamente contraditórios — com relação ao ciúme. O Antigo Testamento fala com aprovação da emoção — pelo menos nas alturas: "Eu sou o senhor seu Deus, e sou um Deus ciumento" (Deuteronômio 5:9). E, no entanto, São Paulo acautela: "O amor não é ciumento nem orgulhoso" (I Coríntios 13:4).

De modo geral, o ciúme não é uma de nossas emoções mais admiradas. Iago, de Shakespeare, o chamava de "o monstro de olhos verdes que zomba da carne que o alimenta". John Dryden descreveu o ciúme como "a icterícia da alma" e, em *Paraíso perdido*, Milton referiu-se a ele como "o inferno do amante magoado". O poeta inglês Robert Herrick ridicularizou o ciúme como "o cancro do coração". E o poeta romano Luciano era de opinião que "quando um homem não é ciumento, ele não está realmente apaixonado". Na medida em que há uma qualidade possessiva no amor — e sempre pode haver, até certo ponto —, o amor raramente existe sem ciúme. Seria a ausência de ciúme simplesmente a ausência de possessividade — ou a ausência de atenção amorosa?

De acordo com a antropóloga Ruth Benedict, há uma relação entre ciúme e intensidade apaixonada: não se pode ter um sem o outro. Em sua descrição dos habitantes dionisíacos da ilha de Dobu, ela conta:

> Qualquer encontro entre um homem e uma mulher é considerado ilícito, e um homem, por convenção, tira vantagem de qualquer mulher que não fuja dele. Toma-se por certo que o próprio fato de ela estar só já é permissão suficiente. Em geral uma mulher leva uma acompanhante, comumente uma criança pequena, e a acompanhante a protege da acusação, bem como dos perigos sobrenaturais.[28]

A pudicícia arraigada de Dobu é familiar o bastante à nossa própria formação cultural, e a austeridade do caráter dobuano que é associado com isso também acompanhava a pudicícia dos puritanos. Mas há diferenças. Estamos acostumados a associar os puritanos a uma negação da paixão e uma ênfase menor no sexo. Mas a falta de associação da pudicícia à paixão não é inevitável. Em Dobu, a pudicícia coexiste com a promiscuidade pré-nupcial e com uma alta valorização da paixão e das técnicas sexuais. Homens e mulheres consideram a satisfação sexual igualmente importante e fazem de sua realização uma questão de grande preocupação. O principal conselho sexual dado à mulher antes do casamento é que a forma de manter um marido é mantê-lo o mais sexualmente exausto que for possível. Não há menosprezo aos aspectos físicos do sexo. Os dobuanos, portanto, são austeros e pudicos, consumidos pelo ciúme, pela desconfiança, pelo ressentimento — e também pela paixão sexual!

O adultério, o ciúme e a violência costumam formar uma mistura letal. Entre os zorcas da Venezuela, uma mulher adúltera não é castigada pelos líderes tribais... desde que o marido mate o amante. Os antigos maias permitiam que o marido decidisse se o amante da esposa seria morto. As reações masculinas ao adultério não são invariavelmente violentas, no entanto, com ou sem o envolvimento das autoridades civis. Já vimos casos em que as esposas são tradicionalmente trocadas, e houve até algumas sociedades — embora não muitas — em que as CEPs não eram vistas como "grande coisa". Em alguns grupos de esquimós, os homens reagiam ao adultério das esposas desafiando o amante a um concurso de canto público. Os índios gabriellinos do sul da Califórnia tinham uma solução ainda menos ressentida, e de certo modo mais prática: o marido podia dar sua esposa ao amante ou tomar a esposa dele para si.

Em geral é menos provável que uma mulher se comporte de forma violenta do que um homem — inclusive, sob muitas circunstâncias, em resposta ao adultério —, mas não é necessariamente menos provável que ela fique ferida emocionalmente e até enfurecida com a infidelidade do marido. Como assinala William Congreve: "O paraíso não conhece a fúria do amor tornado ódio; nem o inferno a fúria de uma mulher desprezada." A esposa "desprezada" é o equivalente mais próximo no vernáculo de um marido traído, embora a primeira parte da frase de Congreve não tenha sido tão citada quanto a segunda.

Mas apesar de todo o poder do ciúme, é digno de nota que, apesar das dúvidas ranhetas, a maioria das pessoas conserva uma confiança substancial na monogamia como instituição em geral e nas inclinações monógamas do parceiro em particular... quer isto se justifique ou não. "É a propriedade do amor", escreveu Marcel Proust em *Em busca do tempo perdido*, "fazer-nos a um só tempo desconfiados e mais crédulos, suspeitar da amada mais prontamente do que suspeitaríamos de qualquer outro e ser convencidos mais facilmente por suas negações." Qualquer que seja o pendor humano para o ciúme, o desejo de pensar bem do amado costuma ser ainda maior. A fachada de fidelidade é terrivelmente importante para a maioria das pessoas, embora certamente existam aquelas que gostam de ser vitimizadas em público na esperança de conquistar a solidariedade do espectador.

COMO SÃO OS SERES HUMANOS, "NATURALMENTE"? 237

Geralmente, contudo, quase ninguém quer que seu cônjuge seja infiel e quase todo mundo fará de tudo para ignorar ou negar as provas contrárias. Pode-se pensar que um pouco de introspecção convenceria a maioria das pessoas de que até um cônjuge muito amado e muito amoroso é pelo menos capaz de "pular a cerca" do casamento, de qualquer casamento, se tiver oportunidade.

Por trás do ciúme sexual e da difundida preocupação humana com o adultério esconde-se — como acontece com outros animais — a preocupação com a ascendência. Tal preocupação não precisa ser consciente e pode até ser negada, se for explicitada; não há motivo para pensar, por exemplo, que os casais sem filhos tendam menos ao ciúme sexual do que os que são "procriadores". A questão é que não ter filhos intencionalmente é relativamente novo na experiência humana; afinal, genes para *não* reprodução em geral enfrentariam um futuro evolutivo sombrio! E assim quase certamente evoluímos com tendências relevantes para a reprodução, não menos do que os pombos, os ferreirinhas ou os asnos. E mais uma vez os refletores ficam especialmente sobre os homens, não porque eles sejam mais importantes do que as mulheres, mas porque eles são *menos* importantes: embora a maternidade mamífera seja obrigatória, a paternidade é mais problemática. Não é de surpreender que, para os pais mamíferos em particular, as CEPs das parceiras representem um problema especial.

As fêmeas de aves tendem mais à deserção do que as fêmeas de mamíferos, pelo menos em parte porque as aves machos são tão capazes quanto as fêmeas de cumprir as tarefas de criação dos filhotes, enquanto as fêmeas de mamíferos, até certo ponto, estão presas pelas mamas à sua cria. Ao mesmo tempo, é provável que as CEPs das parceiras sejam mais dolorosas para as aves machos do que para os mamíferos machos, uma vez que, entre as aves, os machos podem fazer — e realmente fazem — muito mais pela criação dos filhos. (Um mamífero macho traído pelo menos não termina lactando para a prole dos outros!) Podemos esperar, assim, que as

238 O MITO DA MONOGAMIA

aves machos possam objetar mais fortemente à infidelidade da fêmea. Por outro lado, os seres humanos são incomuns — talvez únicos — no nível de cuidados parentais dados pelos machos. Assim, podemos esperar que, entre os seres humanos, a infidelidade do parceiro geralmente seja vista como uma ofensa grave. E é.

Considerando todos os mamíferos, os primatas são o subgrupo (tecnicamente, a "ordem") no qual os pais são mais envolvidos com a prole. Talvez 40% dos gêneros de mamíferos tenham alguma forma de interação pai-filhote.[29] Ao mesmo tempo, o infanticídio — o oposto polar do auxílio paterno — também é freqüente nos primatas. Isso não é contraditório, porém, porque provavelmente é a quantidade substancial de envolvimento paterno que inclina os machos não-paternais a matarem os filhotes com quem não são aparentados, de modo que seus cuidados paternos só vão para aqueles filhotes com quem eles *são* aparentados.

Também a monogamia é de certo modo mais comum nos primatas do que entre outros mamíferos, mas, como já assinalamos, ela ainda é rara, e quanto mais sabemos sobre a vida privada de primatas monógamos dissimulados (ou melhor, aqueles que dão a entender que são monógamos), menos eles parecem ser. Os seres humanos — embora certamente não sejam confiavelmente monógamos — são mais monógamos do que a maioria dos primatas e muito mais do que a maioria dos mamíferos. Talvez os homens fossem até pais melhores se as mulheres fossem monógamas mais confiáveis. (O que, por sua vez, exigiria que os homens fossem monógamos mais confiáveis também!)

Pode ser impossível. Uma análise de 56 sociedades humanas diferentes revelou que em 14% quase todas as mulheres envolviam-se em CEPs, enquanto em 44% uma proporção moderada o fazia e em 42% relativamente poucas — mas, ainda assim, algumas — o faziam.[30] É revelador comparar esses números com os de suas contrapartes masculinas: quase todos os homens envolviam-se em CEPs em 13% das sociedades, uma proporção moderada de homens em 56% e poucos — mas, ainda assim, alguns — em 31% dos casos. Em resumo, a análise intercultural do índice de

COMO SÃO OS SERES HUMANOS, "NATURALMENTE"? **239**

infidelidade mostra que mulheres e homens são extraordinariamente semelhantes.

Os Estados Unidos não são uma exceção. De acordo com Kinsey e colegas, pouco mais de um quarto das adultas nos Estados Unidos havia se envolvido em CEPs.[31] Uma pesquisa de opinião da revista *Cosmopolitan* relatou números mais próximos de 50% (talvez refletindo a liderança da *Cosmopolitan*). Um levantamento diferente revelou que 12% das mulheres tinham sido sexualmente infiéis a seus maridos durante o primeiro ano de casamento; depois de dez anos de casamento, o número subiu para 38%.[32]

Comparado à alta probabilidade da represália masculina depois da infidelidade da mulher, é bem raro que a infidelidade masculina incite uma represália feminina. (A represália feminina, da mesma forma, é quase desconhecida entre os animais, embora a interferência, como vimos, não seja incomum.) Entre os seres humanos, quase 75% das sociedades permitem a infidelidade masculina, enquanto apenas 10% permitem a infidelidade feminina — e mesmo nesses casos não é garantido que os homens realmente serão tolerantes com esse comportamento. Pode-se também prever uma correlação entre a desconfiança masculina de CEPs "cometidas" pela mulher e a negligência masculina com os filhos da mulher, ou até a violência dirigida a eles.

Anteriormente, consideramos a idéia de que os acasalamentos múltiplos servem a várias espécies animais diferentes como uma forma de seguro contra o infanticídio; essa seria uma estratégia arriscada, porém, no *Homo sapiens*, cujo cérebro grande possibilita um pendor para a suspeita e uma capacidade de somar dois mais dois. Assim, a infidelidade feminina — se detectada — pode tornar o infanticídio *mais* provável.

Entre o povo aché do leste do Paraguai, as mulheres comumente dependem de seus ex-amantes para terem não só comida, mas também proteção. Dezessete mulheres achés diferentes foram entrevistadas por dois antropólogos. Essas mulheres tiveram 66 filhos, que foram atribuídos — pelas mães — a uma média de 2,1 pais cada um! É interessante observar que isso estava próximo do ideal, porque as chances de sobrevivência diminuíam para uma criança aché que tinha mais de dois ou três pais possíveis, aparentemente porque nenhum deles se sentia suficientemente confiante a respeito de sua paternidade para ajudar.[33]

Os achés, de acordo com os antropólogos entrevistadores, reconhecem três tipos diferentes de paternidade: "Um tipo refere-se ao homem que é casado com uma mulher quando o filho dela nasce. Outro tipo se refere ao homem ou aos homens com quem ela teve relações extraconjugais pouco antes ou durante a gravidez. O terceiro tipo refere-se ao homem que *ela* acredita que realmente a tenha inseminado." É provável que os homens achés, por sua parte, façam distinções comparáveis, pelo menos em relação aos filhos que eles podem ter gerado, em oposição àqueles que eles definitivamente não geraram. Mas isto ainda não foi descrito na literatura.

Por outro lado, os cuidados paternos não precisam ser impelidos estritamente pela confiança no parentesco genético. A "qualidade" do homem provavelmente também será relevante, embora, a essa altura, não possamos prever como será a correlação. Por exemplo, os machos em geral e os homens em particular que estão em uma situação pobre podem contribuir relativamente pouco para os cuidados de seus descendentes, por nenhum outro motivo a não ser que são menos capazes de fazê-lo, enquanto os machos em boas condições podem contribuir mais, simplesmente porque podem. Os machos de baixa qualidade e menos desejáveis também podem ser mais traídos, como foi documentado em vários animais. Se as duas coisas forem verdade, esses homens tanto teriam uma probabilidade baixa de ser aparentados com seus descendentes quanto exibiriam um baixo nível de envolvimento paterno — e, no entanto, os dois não seriam conectados de forma causal.

Também é possível, porém, que um macho em má situação invista *mais* na prole; se ele tem uma baixa chance de sobreviver, poderá, portanto, colocar todas as suas apostas na família atual. Por sua vez, as mulheres — como as fêmeas de outras espécies — podem estar preparadas para investir mais na prole que tem como pai machos atraentes. Se os descendentes

COMO SÃO OS SERES HUMANOS, "NATURALMENTE"? **241**

foram gerados por CEP e se o parceiro de alta qualidade de uma fêmea que investe muito é, ele mesmo, inclinado a investir menos (porque ela investe mais), então novamente haveria uma correlação entre a baixa probabilidade de paternidade e o baixo investimento paterno — embora, mais uma vez, sem a mediação da confiança no relacionamento genético!

Do ponto de vista histórico, é pelo menos possível que a combinação de monogamia com adultério fosse tão importante — ou mais — do que a poliginia. Em geral, o adultério é mais comum do que a poliginia, pelo menos em sociedades de caçadores-coletores, simplesmente porque é muito difícil para um homem adquirir mais de uma esposa — e mantê-la. Isso também pode ajudar a explicar nosso pendor humano por uma alta freqüência de ato sexual, como se segue.

Entre as espécies que copulam com muita freqüência — leões, chimpanzés bonobos, pica-pau *M. formicivorus* — parece que a ameaça da competição espermática é a força motriz. Mas esses animais nem sempre fingem a monogamia. Um modelo melhor para nós, humanos, pode ser aquelas espécies socialmente monógamas — notavelmente alguma aves, como o guará-branco — em que os machos e as fêmeas fazem um investimento significativo nos cuidados dos filhotes e que são impelidos por considerações ecológicas a morar em colônias de alta densidade. Primatas não-humanos socialmente monógamos geralmente têm uma vida tão isolada que a ameaça de CEP é muito reduzida... mesmo que a predileção ainda persista. Mas, como observamos, apesar do fato de que os seres humanos são biologicamente inclinados à poliginia, a maioria das pessoas termina sendo socialmente monógama e também — como nossos amigos emplumados — vive em densas "colônias" conhecidas como vilas, cidades ou aldeias.

Sob essas circunstâncias, com uma valorização dos cuidados biparentais, mas também um risco substancial de traição, faz sentido que o *Homo sapiens* seja uma criatura muito sensual, inclinada a se envolver em muitos atos sexuais. É fato que não é romântico ver grande parte do sexo humano impelido pela ameaça de adultério e, por conseguinte, pela necessidade de se provar o valor pessoal, para não falar da recompensa

242   O MITO DA MONOGAMIA

ainda mais "mecânica" da vitória na competição espermática. Muitos res-
ponderão que fazemos amor, e muito (pelos padrões da maioria dos animais), porque nos amamos muito, ou porque nos faz bem, ou simplesmente
porque gostamos de fazer. Mas *por que* o ato sexual está estreitamente
relacionado com o amor nos seres humanos? *Por que* nos faz tão bem?
Por que gostamos de fazer, mesmo quando não estamos interessados na
reprodução... às vezes especialmente quando é esse o caso?

Embora haja exceções (algumas das quais já analisamos), na maioria
das espécies de mamíferos monógamos o comportamento sexual não é
nem especialmente freqüente, nem especialmente fervoroso. Para a grande maioria dos mamíferos socialmente monógamos, o sexo é secundário
a descansar juntos, aos cuidados mútuos e simplesmente a "namorar". Na
maioria das espécies, quando a ligação do par está bem estabelecida, relativamente pouca energia é gasta no sexo ou em qualquer tipo de interação
social óbvia. E, no entanto, o comportamento sexual é proeminente no
Homo sapiens, em geral identificado como um componente importante
do amor e, portanto, da monogamia. Talvez nossa preocupação incomum
com o amor *sexual* tenha se desenvolvido porque, ao contrário da grande
maioria dos mamíferos monógamos, que vivem isolados como eremitas,
para os quais o risco de CEP é muito baixo, nós somos altamente sociais
e, assim, intensamente tentados a nos desgarrar. Ao procurarem manter
um grau de monogamia, apesar de viverem tão perto uns dos outros, talvez os seres humanos tenham aumentado em muito o sexo como uma
forma de reafirmação e, se necessário, de restabelecer a ligação do par,
enquanto isso também atende às demandas da competição espermática,
ao dar aos homens confiança suficiente no parentesco genético para que
invistam na prole da parceira.

E assim chegamos à competição espermática, um tema difícil de muitas
formas. É difícil de estudar, difícil de se chegar a conclusões firmes sobre ele e emocionalmente difícil porque desafia algumas das subcorrentes

mais profundas e que mais geram ansiedade em nossa vida emocional. Especialmente a vida dos homens. (Como veremos, as mulheres podem ou não criar as condições para a competição espermática; se o fizerem, então, os homens — sabendo disso ou não — devem participar.)

A grande questão é esta: a competição espermática seria um fator significativo para os seres humanos? Lembre-se de que a competição espermática ocorre quando o esperma de mais de um macho compete para fertilizar os ovos de uma fêmea. Para que a competição espermática seja importante entre os seres humanos, durante o curso da evolução humana — possivelmente continuando também em nossa época moderna — as mulheres devem ter freqüentemente tido episódios sucessivos de ato sexual com mais de um homem durante um breve intervalo de tempo; isto é, enquanto estavam férteis. As mulheres estritamente monógamas não podem promover a competição espermática. As mulheres que são poliândricas, promíscuas, prostitutas, vítimas de estupro ou socialmente monógamas mas que também tendem a CEPs, podem.

Os defensores mais ardorosos da importância da competição espermática humana são dois biólogos britânicos, Robin Baker e Mark Bellis. Seu trabalho é controverso, acusado pelos críticos de ser inadequadamente apoiado pelos dados e de às vezes beirar o mero sensacionalismo, enquanto é louvado pelos defensores como ousado, inovador e pioneiro. O júri ainda está deliberando, enquanto as evidências estão começando a aparecer.

Parece que o intervalo médio de acasalamento para casais moderadamente jovens, heterossexuais e saudáveis é de três dias. Seja coincidência ou não, essa freqüência de CIPs — cópulas intrapar — sustenta um suprimento quase contínuo de esperma no trato reprodutor da mulher. As CEPs, por definição, tendem a levar à competição espermática (a não ser, é claro, quando a mulher não fez sexo com o cônjuge e só teve um parceiro de CEP). Não é de surpreender que seja muito difícil dizer com que freqüência acontecem as CEPs humanas e, mais especificamente, com que freqüência uma mulher misturará o esperma de mais de um homem. Para

244 O MITO DA MONOGAMIA

ter uma mistura de espermas, uma mulher teria que fazer sexo com dois homens diferentes em um intervalo de cinco dias.

As CIPs são divididas muito mais uniformemente pelo ciclo reprodutor da mulher, pelo menos com um pouco mais de freqüência durante a fase pós-ovulatória, quando a fertilidade é substancialmente reduzida. Ao contrário, Baker e Bellis relatam que as CEPs são realmente mais freqüentes quando as mulheres estão mais férteis! De acordo com os dois pesquisadores, "a certa altura da vida, a maioria dos homens das sociedades ocidentais coloca seu esperma em competição com o esperma de outro homem e a maioria das mulheres contém esperma vivo de dois homens diferentes ou mais". Eles estimam que, na Grã-Bretanha, de 4% a 12% dos filhos são concebidos por "esperma que prevaleceu na competição com o esperma de outro homem".[34] Isso é coerente com as estimativas padrão de "discrepância paterna" entre os seres humanos, em geral cerca de 10%, que, se for exata, é o bastante para revelar uma competição espermática autêntica.[35]

A paternidade mista é mais dramática em alguns casos de gêmeos não-idênticos, por exemplo, quando um bebê é caucasiano e o outro asiático, e assim por diante. Diz-se que os "gêmeos" mais famosos, Castor e Pólux, tinham dois pais, um sendo Zeus e o outro o marido mortal da mãe dos dois. Em um levantamento de quase quatro mil mulheres sexualmente experientes (que tiveram mais de quinhentas cópulas), 1 em 200 afirmou ter tido sexo com dois homens diferentes durante um intervalo de trinta minutos em pelo menos uma ocasião; em 24 horas, o número saltou para quase 30%. Se esses dados são confiáveis, eles também sugerem muitas oportunidades para a competição espermática.[36]

A maioria dos insetos e aves têm uma "vantagem do último macho", o que significa que o último macho a acasalar com uma fêmea pode fertilizar a parte do leão de seus ovos. No caso dos mamíferos, porém, a situação é muito menos evidente. É completamente desconhecido se, entre os primatas em geral e os seres humanos em particular, o primeiro macho, o último ou qualquer um entre eles tem alguma vantagem. A probabilidade

COMO SÃO OS SERES HUMANOS, "NATURALMENTE"? **245**

de paternidade genética entre seres humanos pode simplesmente ser determinada tendo-se a maior parte do esperma em jogo, o equivalente reprodutivo do velho ditado militar de ser "o primeiro entre os melhores". As CIPs regulares e freqüentes podem ser vistas, portanto, como um meio de "rematar" o trato reprodutivo de uma mulher, substituindo o esperma que provavelmente morreu ou se tornou incapacitado desde o último coito e, assim, mantendo um nível mais ou menos constante e ideal de população de espermatozóides. Isso seria adaptativo sob quaisquer circunstâncias, simplesmente para maximizar a probabilidade de fertilização. Mas seria especialmente adequado em um ambiente de competição espermática; isto é, quando a mulher pode copular com outros homens também.

Baker e Bellis assinalam que homens e mulheres têm numerosas formas — quase todas elas inconscientes — de influenciar o resultado da competição espermática. Primeiro as mulheres.

As mulheres não são apenas vasos passivos dentro dos quais os homens e seu esperma realizam uma série de eventos competitivos. Elas podem, e assim o fazem, exercer um arbítrio substancial, avaliando os homens segundo vários critérios — emocional, físico, intelectual, financeiro — em uma busca por qualidades adequadas como pai, protetor, amigo, colega, amante. E, como outros seres vivos, não há motivo para que as mulheres não possam se ver socialmente pareadas com um macho, mas inclinadas a se envolver em CEPs com outro. É digno de nota que muitas fêmeas primatas fazem vocalizações altas durante a cópula. Entre os babuínos de vida silvestre, tais vocalizações são mais freqüentes quando seu intumescimento sexual é mais intenso: as fêmeas vocalizaram em 97% das cópulas. As vocalizações são mais longas quando a ejaculação acontece (o que, para os babuínos, leva apenas um terço do tempo). O que sugere que as fêmeas vocalizam para estimular outros machos e assim promover a competição espermática entre eles.[37]

As mulheres não têm uma probabilidade menor de se preocupar com a qualidade geral dos machos que fertilizam seus ovos, embora não haja evidências em favor de nada tão imediato e explícito como o sistema

246 O MITO DA MONOGAMIA

babuíno de mobilização da competição. O trato reprodutor interno das mulheres produz sua próprias barreiras também, inclusive anticorpos antiespermatozóides que podem interferir na fertilização ao imobilizarem, ou até destruírem, o espermatozóide, eliminando sua capacidade de penetrar no óvulo, enquanto outros anticorpos agem contra a membrana do ovo, evitando a clivagem precoce e o desenvolvimento do ovo.[38] Uma questão-chave é que esses anticorpos não reduzem necessariamente a fertilidade absoluta; em vez disso, eles diminuem a fertilidade de pares específicos homem-mulher. Uma mulher presa nessa armadilha bioquímica de fertilidade pode melhorar seu sucesso reprodutivo — quer ela perceba isso conscientemente ou não — procurando por um parceiro diferente para a reprodução talvez enquanto ainda permaneça com seu parceiro social e conjugal.

Além do leque de estratégias de comportamento das quais as mulheres são capazes, é provável que elas também manipulem o esperma diretamente... Embora, novamente, sem ter consciência disso. Especialmente proeminente entre as manipulações de esperma está o "refluxo". Mais de um terço do fluido seminal depositado na vagina vaza poucos minutos depois do sexo. O sêmen também é descarregado com a micção, momento em que é expelido com uma força substancial, se comparado com o que goteja depois do coito quando uma mulher se levanta — ou mesmo que ela permaneça deitada. Em cerca de 12% das vezes, esse refluxo resulta na expulsão de essencialmente todo o esperma depositado no trato reprodutor da mulher. Assim, só nesse nível, as mulheres são capazes de exercer um controle substancial sobre o esperma (lembre-se da solução de Atalanta, discutida anteriormente para outras espécies).

Baker e Bellis pesquisaram mulheres que ou eram casadas ou estavam envolvidas em um relacionamento heterossexual sério, e eles evidentemente obtiveram a cooperação de muitas, que foram extraordinariamente abertas sobre parte dos aspectos mais privados de sua vida. Eles relataram que as mulheres tinham uma probabilidade especial de se envolver em CEPs quando estavam férteis, o que sugere uma estratégia inconsciente de escolher mais parceiros desejáveis, por meio de CEPs, como pais em potencial para seus filhos... mesmo que a estratégia seja intencionalmente frustrada pelo uso de anticoncepcionais. Baker e Bellis também convenceram várias mulheres a capturar o refluxo depois de CEPs e CIPs; os resultados mostraram um nível *mais baixo* de retenção de esperma associado ao sexo com o parceiro principal. Em outras palavras, não só é mais provável que as mulheres se envolvam em CEPs quando estão mais férteis, como também elas retêm mais sêmen depois desses encontros. (De acordo com Baker e Bellis, as mulheres conseguem uma retenção de esperma mais alta durante as CEPs ao reduzirem a freqüência de orgasmos não-copulatórios pela masturbação; em outras palavras, eles afirmam que as contrações durante o orgasmo feminino realmente empurram o sêmen e que, ao se masturbarem menos e, portanto, terem menos orgasmos, as mulheres acabam retendo mais esperma de CEP.)

Há muito tempo se sabe que os insetos e as aves têm órgãos de armazenamento de esperma, enquanto os mamíferos, segundo se afirmou, carecem de qualquer coisa comparável. Todavia, tem-se argumentado que o esperma é armazenado por milhões das chamadas criptas cervicais, pequenas cavidades que revestem a cérvice feminina. A partir daí, o esperma pode ser liberado por um período de 2 a 24 horas. Isso é importante para nossos fins, porque a capacidade das mulheres de armazenar esperma de cópulas sucessivas prepara o terreno para a competição espermática entre machos sucessivos.

Também está em debate quanto tempo pode se passar entre duas cópulas sucessivas com homens diferentes para que ocorra a competição espermática. Uma questão fundamental é quanto tempo depois da ejaculação o esperma pode continuar viável e, portanto, capaz de ter o privilégio de fertilizar o óvulo de uma mulher. A estimativa mínima é de dois a três dias; a máxima parece ser de sete a dez. Um número razoável pode ser cinco a seis. Isso significa que, se uma mulher faz sexo com alguém cinco a seis dias depois de ter sexo com outro, o esperma dos dois homens pode estar em competição direta.

248 O MITO DA MONOGAMIA

Como se "vence"? Para as mulheres, vencer significa fazer a melhor opção; isto é, ter a oportunidade de escolher entre mais de um provedor de esperma (daí, copular com mais de um homem), bem como ser capaz de fazer uma "boa" escolha entre os espermas disponíveis, talvez criando uma situação competitiva. Para os homens, vencer significa superar o esperma de outro. Vamos nos voltar para eles em seguida.

Entre os homens, as estratégias de esperma podem incluir simplesmente fazer montes de pequenos espermatozóides, pressupondo-se que a fertilização é uma espécie de loteria. Compre mais bilhetes e você terá mais chances de ganhar. Faça mais espermatozóides e os forneça no lugar certo, e você terá mais chances de ganhar na loteria da fertilização. Mesmo nesse caso, porém, aparecem diferentes táticas. Por exemplo, os biólogos perguntaram: "qual é a estratégia ideal para os machos, em termos de repartir seu esperma em CIPs ou CEPs?" Geoffrey Parker concluiu, a partir de um modelo matemático detalhado, que os machos já pareados em geral devem ejacular mais esperma durante as CEPs do que nas CIPs, pressupondo-se que eles sejam normalmente capazes de manter um nível adequado de esperma dentro de sua parceira do par. A única exceção seria quando um macho deduziu que sua fêmea se envolveu em uma CEP ou mais e, nesse caso, ele deve aumentar o número de espermatozóides durante as CIPs. Ainda não se sabe se esses ajustes realmente acontecem.[39]

Mas e se a fertilização for menos uma loteria do que uma corrida? Então será importante fazer espermatozóides que se movam rapidamente. Ou talvez seja uma guerra, em que os espermatozóides de diferentes homens literalmente entram em combate.

Baker e Bellis propuseram sua "hipótese do espermatozóide camicase". Ela sugere que só uma pequena proporção de espermatozóides humanos pretende funcionar para "atingir os ovos". Nem todos os espermatozóides são criados da mesma forma, segundo afirmam, nem são criados para fazer a mesma coisa; isto é, fertilizar ovos. Assim, os espermatozóides não são pequenos pacotes homogêneos de DNA, cada um deles desbastado ao tamanho mínimo necessário para conseguir a fertilização. O espermato-

COMO SÃO OS SERES HUMANOS, "NATURALMENTE"? 249

zóide menor em um único ejaculado humano, por exemplo, pode ter apenas 14% do volume do maior. Há mais variação em um único ejaculado humano do que no tamanho médio dos espermatozóides de todos os primatas diferentes. Em resumo, um homem normal produz uma gama extraordinária de tipos diferentes de espermatozóides: amorfos, em lança, de formato estranho, de duas cabeças ("bicéfalo"), de pescoço curvo, de duas caudas, de cauda curta, de cauda espiralada. Anteriormente, acreditava-se que essa diversidade de espermatozóides era simples patologia: reconhecia-se que 30% dos espermatozóides humanos eram defeituosos de alguma maneira. (Na verdade, pensava-se há muito tempo que a alta taxa de "espermatozóides ruins" era um dos motivos para que os homens produzissem tantos.) Mas se a seleção simplesmente agiu sobre os machos para produzir quem "atinja os ovos", por que muitos tinham que ser defeituosos, lentos, aleijados e aparentemente deformados? Em muitos outros contextos — mesmo naqueles que parecem comparativamente mais banais — a seleção natural fez um trabalho muito mais eficiente.

Baker e Bellis afirmam que o sêmen deve ser visto como outro órgão humano, comparável ao fígado, aos rins ou — mais no cerne da questão — ao sistema imunológico. Como tal, ele é composto de muitos tipos diferentes de células altamente especializadas, e todas juntas contribuem para a realização de um importante trabalho, um dos quais é combater em nome do resto do corpo. Entre os ratos, os espermatozóides que formam tampões copulatórios são aqueles com cabeças menores, que têm uma probabilidade maior de ser decapitados. Assim, o esperma de rato de uma cópula obstrui o caminho do esperma do rato seguinte. Não é impossível — embora ainda não tenha sido provado — que algo semelhante aconteça entre os seres humanos. Não produzimos tampões copulatórios, mas o esperma de um homem pode interferir no de outro; na verdade, pode haver uma recompensa evolutiva para os homens cujo esperma é especialmente desagradável para o esperma dos outros.

Baker e Bellis sustentam que a maioria dos espermatozóides humanos é, com efeito, camicase, em uma missão suicida cujo objetivo é simples-

250 O MITO DA MONOGAMIA

mente bloquear os espermatozóides de outros machos. Além desses "bloqueadores" — espermatozóides com caudas espiraladas e retorcidas — existem outros que partem em missões de "busca e destruição". Esses parecem tender especialmente à guerra química, através de estruturas especializadas conhecidas como acrossomas, que adornam sua cabeça.

Baker e Bellis afirmam que, quando os espermatozóides de dois homens diferentes são misturados, muitos se tornam incapacitados ou são mortos, enquanto o mesmo não acontece quando o ejaculado de um homem é separado e depois recombinado. Isso sugere que acontece algo semelhante a uma reação imunológica — uma forma de competição química — entre os espermatozóides produzidos por homens diferentes. Se assim for, é possível que os espermatozóides mais velhos tornem-se bloqueadores, uma vez que isso requer menos energia e vitalidade, enquanto os mais novos são designados para levar a bola... e, se forem especialmente felizes, "marcar o gol". (Na verdade, enquanto os espermatozóides recém-produzidos têm uma proporção baixa de caudas espiraladas, quanto mais velho o espermatozóide, maior a proporção de espiralamento.)

Evidências posteriores de adaptações masculinas à competição espermática vêm da avaliação da composição detalhada do ejaculado. A ejaculação humana acontece em uma série de três a nove esguichos, estreitamente relacionados no tempo. Os esforços hercúleos dos pesquisadores (e de seus objetos de pesquisa) permitiram examinar os chamados ejaculados divididos, obtidos pela captura de alguns esguichos de sêmen de várias fases da ejaculação. Os resultados: o primeiro e o último esguichos são diferentes. Os últimos pulsos realmente contêm uma substância espermicida, que pode ser fundamental na emboscada àqueles espermatozóides do próximo homem que pode ejacular na mesma fêmea! Ao mesmo tempo, as substâncias presentes na primeira metade do ejaculado humano contribuem com parte da proteção do esperma contra aquelas substâncias presentes na segunda metade...[40] E assim, também possivelmente, contra quaisquer substâncias depositadas pelos últimos esguichos de qualquer homem precedente.

COMO SÃO OS SERES HUMANOS, "NATURALMENTE"? **251**

Sabe-se que os homens produzem maiores ejaculações quando sua vida sexual foi interrompida e em seguida reassumida. Por si, isso parece ser uma simples conseqüência física de o fluido seminal ter uma chance ou não de se acumular ao longo do tempo; com o esvaziamento regular, o volume de qualquer ejaculação é necessariamente menor. Não é de surpreender então que Baker e Bellis tenham descoberto que, quando passa um tempo longe de sua parceira, um homem produz mais esperma por ejaculação depois que as relações sexuais são reassumidas. Mais extraordinário é sua descoberta — ao analisarem o conteúdo de camisinhas de alguns participantes extraordinariamente cooperativos — de que a concentração de esperma é mais alta quando esses homens realmente se envolvem em sexo do que quando se masturbam. (Uma perspectiva de competição espermática, aliás, também sugere que a masturbação pode ser uma forma de garantir que os espermatozóides disponíveis para ejaculação no ato sexual tenham uma "vida de prateleira" relativamente longa — ao se livrarem dos espermatozóides velhos, eles se asseguram de que o que resta é fresco. A probabilidade é de que os espermatozóides mais novos sejam mais capazes de competir, em especial mais capazes de penetrar no muco cervical. Baker e Bellis também sugerem que o espermatozóide mais velho pode ter um papel secundário, como bloqueador, guarda, camicase, baderneiro, apaziguador e assim por diante.)

Além disso, durante a cópula, a quantidade de esperma transferido parece ser ajustada ainda mais de acordo com o risco de competição espermática, em especial de acordo com o tempo que se passou desde a última cópula com a mesma mulher, e ainda quanto tempo os dois passaram juntos durante os dias antecedentes. Como afirmam Baker e Bellis: "Os homens podem não parecer muito sofisticados nos momentos que levam à ejaculação e durante esse processo, mas... alguns ajustes muito sofisticados estão ocorrendo ali."[41]

E, no entanto, há mais ainda.

Coerente com sua disposição corajosa — ou temerária — de sondar alguns dos segredos mais íntimos do *Homo sapiens*, Baker e Bellis tam-

252   O MITO DA MONOGAMIA

bém analisaram o pênis humano. Embora não seja extraordinário segundo os padrões mamíferos, o pênis humano é o maior entre todos os primatas, e Baker e Bellis sugerem que seu tamanho e formato também podem ter sido esculpidos pela competição espermática. Eles assinalam que, menos de um minuto depois da ejaculação, o sêmen forma um coagulado macio e esponjoso, uma massa que pode ser retirada por uma parceira sexual subseqüente, pressupondo-se que ele encontre a mulher com rapidez suficiente e que ele esteja adequadamente preparado para a tarefa.

A propósito, não há nada de único no fato de os pênis serem projetados para competir com outros machos. No Capítulo 2, encontramos os pênis extraordinários e orientados para a competição de *Calopterix maculata* e tubarões. Os seres humanos claramente nada têm de diretamente comparável; na verdade, o pênis de *Homo sapiens*, notavelmente, não possui adornos, como tais órgãos costumam possuir. Todavia, a obsessão duradoura do homem pelo tamanho e pelo formato do pênis pode, em si, sugerir um reconhecimento preciso, embora inconsciente, de que esse órgão pode realmente ser tão conseqüente quanto pressupõem o mais ardoroso freudiano ou comparador de mictório.

Para Baker e Bellis, o tamanho do pênis, bem como a ponta bulbosa alargada, sugere seu papel como "pistão de sucção" para a remoção de esperma, uma espécie de "ajudante de encanador" natural, projetado para interromper e possivelmente até retirar esperma coagulado depositado por um homem anterior. Esse efeito seria aumentado pelas investidas freqüentemente vigorosas que caracterizam o ato sexual e a ejaculação em seres humanos... o que é surpreendentemente difícil de explicar ou justificar de outra maneira.

Vamos desenvolver ainda mais a metáfora familiar: um ajudante de encanador é usado para empurrar o bloqueio ainda mais para dentro do sistema, o que, em nosso contexto, pareceria contraproducente, facilitando a fertilização pelo esperma do homem *anterior*. Só que o trato reprodutor da mulher é essencialmente um beco sem saída, e assim a hipótese do "pistão de sucção" pode ter afinal alguma validade. Outro possível problema:

COMO SÃO OS SERES HUMANOS, "NATURALMENTE"? **253**

se a competição espermática foi tão importante na produção da anatomia humana, em especial no pênis de tamanho aparentemente exagerado, por que os homens têm testículos proporcionalmente menores do que os chimpanzés? Resposta possível: talvez a competição espermática seja ainda mais importante para os chimpanzés, uma vez que, embora as CEPs possam ser importantes para os seres humanos, elas são ainda mais proeminentes entre os *Pan troglodytes*. Mas, então, por que os chimpanzés também não têm pênis grandes e competitivos? Ninguém sabe. (E, pelo que sabemos, ninguém perguntou.)

Por motivos óbvios, a vagina e o pênis combinam-se estreitamente em todas as espécies, não muito diferente de uma chave e uma fechadura. Assim, o tamanho do pênis humano pode ter sido determinado em grande parte pelo tamanho da vagina, e não pelos ditames da competição espermática entre os machos. O tamanho da vagina, por sua vez, parece ter sido determinado pelo tamanho do bebê — especificamente, o diâmetro da cabeça — que deve passar por ela durante o parto. À medida que o tamanho da cabeça humana aumentou durante a evolução para favorecer os cérebros maiores, então, presumivelmente, o mesmo aconteceu com a vagina. E isso por sua vez pode ter gerado uma pressão para a evolução de pênis maiores e mais competitivos.

Robin Baker e Mark Bellis são proponentes fervorosos do papel da competição espermática entre os seres humanos. E eles podem ter chegado a alguma coisa. Mas como sugeriu a seus diplomatas o grande estadista do século XIX, Talleyrand: *"Pas trop de zele"* ("Sem zelo demais"). Na ciência, também, o zelo pode ser problemático, em especial quando leva à tentação do sensacionalismo, a exageros de generalização, a ignorar evidências em contrário. Embora os argumentos de Baker e Bellis se prestem ao argumento que impele este livro, de modo que os apresentamos longamente, devemos observar que quase todas as conjecturas deles ainda são apenas isso, longe de estarem provadas. O segredinho sujo da ciência é

254 O MITO DA MONOGAMIA

que ela não é feita por deidades oniscientes nem robôs computadorizados, mas por cientistas, que são seres humanos falíveis. Embora procuremos desenredar as genuínas verdades externas sobre o mundo natural, e não simplesmente validar nossas próprias idéias preconcebidas, uma dessas verdades é que somos prontamente seduzidos por nossas idéias e relutamos em abrir mão delas — mesmo diante de evidências em contrário — como qualquer pessoa.

Assim, pode ser que a competição espermática seja menos importante do que sugeriu este livro ou sugeriram Baker e Bellis. Um estudo de chimpanzés em que 1.137 cópulas foram observadas revelou que mais de 70% envolviam acasalamentos múltiplos; isto é, as fêmeas se acasalavam com mais de um macho. Só 2% aconteciam durante a corte isolada de um macho e uma fêmea. Até aí, tudo "bem", pelo menos no que diz respeito ao argumento da competição espermática. E, no entanto, a maioria das concepções ocorre durante essas cortes essencialmente monógamas (que acontecem durante o intumescimento máximo e, portanto, o pico de fertilidade).[42] Essas descobertas instam à cautela: mesmo o comportamento tão promíscuo como a sexualidade do chimpanzé, que grita "competição espermática", pode, na verdade, envolver menos do que se ouve, independente da sintonia favorável.

Os seres humanos, além disso, tendem menos às CEPs do que os chimpanzés. Como prova, a concentração de espermatozóides humanos diminui mais rapidamente com as cópulas repetidas, o que sugere que os homens estão menos adaptados do que os chimpanzés machos a competir com o esperma de outros homens. Como acontece em outras espécies, o esperma humano é barato, mas não é gratuito. Em um experimento intrigante, os homens envolveram-se em uma "experiência de depleção de dez dias", tendo em média 2,4 ejaculações por dia. Depois disso, sua produção de esperma ficou abaixo dos níveis anteriores, pré-depleção por mais de cinco meses![43] Já os chimpanzés machos — que têm que lidar com fêmeas poliândricas e inclinadas a realizar CEPs — podem ejacular a cada hora por cinco horas, e depois disso a contagem de espermatozóides está apenas

COMO SÃO OS SERES HUMANOS, "NATURALMENTE"? **255**

pela metade, com uma recuperação muito rápida.[44] Assim, qualquer que seja a importância da competição espermática para o *Homo sapiens*, ela provavelmente não é tão acentuada como pode parecer.

Outros, em especial o biólogo Alexander Harcourt, criticaram mais diretamente os aspectos específicos do trabalho de Baker e Bellis, assinalando que é improvável que os mamíferos produzam espermatozóides designados para não fertilizar, por vários motivos: dada uma perda natural elevada, os machos podem ser incapazes de arcar com a produção de espermatozóides, de modo a garantir que não sejam potenciais fertilizadores e cujas supostas atividades agressivo-defensivas não possam ser utilizadas. Além disso, as secreções da glândula acessória dos machos parecem suficientes, por si mesmas, para coagular o sêmen e gerar tampões copulatórios, pelo menos em outros animais; um macho que usasse as secreções para esse propósito e continuasse a produzir espermatozóides fertilizadores em vez de diluir seu ejaculado com camicases teria uma vantagem evolutiva.

Mais impressionante, porém, é esta descoberta: os machos de espécies poliândricas estão sob uma competição espermática mais intensa do que aqueles de espécies monândricas (sejam monógamas ou políginas), em que as fêmeas acasalam-se com apenas um macho. E, no entanto, uma análise das descobertas de pesquisa revela que as espécies poliândricas não produzem um número maior, nem mesmo uma proporção mais alta, de espermatozóides deformados (e presumivelmente não-fertilizadores). Nem produzem mais nadadores lentos, o que se poderia esperar se estes camicases fossem especializados em ficar para trás e obstruir o espermatozóide concorrente. Harcourt conclui que esta competição espermática — pelo menos nos mamíferos — acontece pelo que os ecólogos chamam de "competição desordenada", em que os concorrentes lutam individualmente em direção a uma meta, sem respeito pelos companheiros, ao contrário de uma "competição disputada", em que os concorrentes tentariam superar seus companheiros *mano a mano* (isto é, espermatozóide a espermatozóide).[45]

Assim, a tendência do macho de produzir um grande número de espermatozóides pode existir porque a fertilização é uma simples "rifa", em vez de uma luta competitiva direta.[46] (Até uma rifa ainda envolveria competição espermática, mas um tipo de competição em que os concorrentes correriam para comprar o maior número possível de bilhetes em vez de atrapalhar a entrada uns dos outros.) Ou talvez os machos produzam muitos espermatozóides simplesmente porque, considerando sua mortalidade muito elevada — até *sem* a competição espermática —, cabe aos machos um grande esforço para que ocorra a fertilização. Afinal, o baixo pH do ambiente vaginal é tão difícil para o esperma humano como é em outros vertebrados, os fagócitos perambulam por todo o trato reprodutor da mulher e eles têm de percorrer um longo caminho a nado, para não falar do fato de que podemos esperar que metade nade para o lado errado do útero, terminando talvez na trompa de Falópio direita (errada), quando um ovo fértil está esperando na esquerda, e vice-versa. Em resumo, a importância da competição espermática pode simplesmente ser superestimada.

Mas duvidamos disso.

Qualquer conceito topa com todos os mais poderosos quando lança uma nova luz sobre fatos antigos. Por exemplo, considere a pornografia. Ela também pode estar relacionada com a competição espermática, como se segue. Anteriormente, mencionamos o caso das zebras de Grevy, em que os garanhões ajustam seu desempenho sexual dependendo das predileções das fêmeas, acasalando-se mais — de certa forma, ficando mais excitados sexualmente — quando se associam a fêmeas que tendem a um nível mais alto de atividade sexual. Um padrão semelhante é encontrado em carneiros selvagens: os machos dominantes acasalam-se com fêmeas imediatamente depois de os machos subordinados terem feito isso.[47] E é interessante observar que também os grandes macacos antropomorfos acasalam-se com mais freqüência quando suas fêmeas são poliândricas. Em geral eles são estimulados por quaisquer indicações de ato sexual, uma ligação que faz sentido, dada a suposta recompensa de introduzir o próprio esperma para competir com o esperma de um possível concorrente.[48]

COMO SÃO OS SERES HUMANOS, "NATURALMENTE"? **257**

Há pouca dúvida de que, em nossa espécie, os homens fiquem agitados e em geral se enfureçam com indicações de CEPs de suas parceiras. Não está claro se eles também ficam sexualmente excitados, embora as evidencias anedóticas sugiram que isso não é incomum. Onde é que a pornografia se encaixa aqui? Parte da excitação da pornografia — em especial para os homens — pode residir no fato de que ela transmite a mensagem básica de que "a atividade sexual está acontecendo na vizinhança", o que, por sua vez, é convertido (entre os homens, especialmente) em excitação sexual competitiva. Em um nível biológico e primitivo, as imagens pornográficas podem ativar o mesmo sistema que na pré-história permitia que os homens reagissem aos ditames da competição espermática: se a "sua" mulher pode ter feito sexo recentemente com outro, seria aconselhável fazer sexo com ela também, e imediatamente!

Há evidências recentes de que a competição espermática é pronunciada nos seres humanos e nos chimpanzés, comparados com a situação em gorilas, por exemplo. (Isso faz sentido, uma vez que, ao contrário dos chimpanzés ou dos seres humanos, os gorilas vivem em haréns políginos rigidamente controlados, em que determinada fêmea se acasala somente com o macho dominante; em conseqüência, os gorilas machos precisam se preocupar com o que for preciso para obter e manter o controle de um harém — isto é, com a competição no nível dos corpos e não do esperma.) Pesquisadores da Universidade de Chicago descobriram que três genes diferentes, que controlam a função do esperma, evoluíram a um índice especialmente rápido nos seres humanos e nos chimpanzés, o que sugere que essas duas espécies têm vivido uma competição espermática substancial, que, por sua vez, vem levando a uma rápida mudança evolutiva.[49] Já o mesmo sistema evoluiu mais lentamente nos gorilas, o que faz sentido, uma vez que um gorila macho monopoliza muito o acesso sexual a suas fêmeas, enquanto não é isso, definitivamente, o que acontece com os chimpanzés nem — evidentemente — com os seres humanos.

Mas, no interesse da revelação total, essas descobertas podem significar algo muito diferente. Por exemplo, as mulheres (como outras mamíferas)

258   O MITO DA MONOGAMIA

evoluíram várias defesas para proteger o útero de infecção bacteriana e de outros tipos, e essas defesas químicas — como o pH baixo — são prejudiciais para o espermatozóide. Assim, a rápida mudança evolutiva no esperma humano e dos chimpanzés pode não indicar competição entre espermas, mas a necessidade de o esperma criar defesas contra os esforços do útero para promover sua autodefesa! A questão passaria a ser, então, se as fêmeas humanas e de chimpanzés estão evoluindo a autodefesa do trato reprodutor com mais rapidez do que as fêmeas de gorila e, se for assim, por quê. E uma resposta pode ser que, na medida em que é mais provável que as primeiras copulem com vários machos, elas são expostas a mais riscos, necessitando, portanto, de mais defesas. Tudo, ao que parece, está relacionado!

"**A** maioria das mulheres (felizmente para elas) não tem muitos problemas com quaisquer tipos de sentimentos sexuais." Assim escreveu um proeminente médico do século XIX em um influente texto didático de medicina da era vitoriana.[50] Felizmente, para todos nós, ele estava errado. Os sentimentos sexuais das fêmeas, embora de certa forma diferentes daqueles dos homens, não são menos vigorosos. A sexualidade feminina é, porém, menos "opulenta" do que sua contraparte masculina. "Nós e nossas fantasias somos o fruto da evolução", escreve Natalie Angier em seu estimado livro, *Mulher: uma geografia íntima*. "E estamos esperando que nos conheçam."[51]

Para os iniciantes, existem dois grandes mistérios da sexualidade feminina: a ovulação oculta e o orgasmo. A questão, nos dois casos, é: por quê? Por quê, por exemplo, os seres humanos escondem tanto quando estão ovulando? Mandamos todos os tipos de sinais que indicam nosso estado interno: coramos quando estamos constrangidos, choramos quando estamos tristes e até — em alguns casos — passamos informações que podiam ter continuado privadas, como o estado de nosso sistema gastrintestinal quando soltamos um arroto ou um flato. Já a época exata (ou até

COMO SÃO OS SERES HUMANOS, "NATURALMENTE"? **259**

aproximada) da ovulação é um segredo feminino muito bem guardado. Deve haver um motivo para isso.

Da mesma forma, por que as mulheres têm orgasmos? O orgasmo masculino — uma sensação muito prazerosa associada com a ejaculação — tem um sentido óbvio, mas as mulheres não têm uma necessidade comparável de uma reação pronunciada ao estímulo sexual. Novamente, deve haver um motivo.

No caso da ovulação oculta, vamos primeiro observar que os seres humanos, embora incomuns nesse aspecto, não são a única espécie a ser reservada. Outras incluem: macacos colobus da selva tropical africana, sagüis-leõezinhos e micos-leões das Américas do Sul e Central, guenons-do-pescoço-branco, orangotangos, macacos-aranha e macacos-barrigudos, guenons-etíopes e langures. Todavia, é preciso uma explicação, dado que nossos parentes mais próximos, os chimpanzés, fazem uma exibição dramática de seu estado reprodutivo. Os seres humanos, que se jactam de todo o seu autoconhecimento, são extraordinariamente ignorantes sobre sua própria ovulação, enquanto, se fôssemos chimpanzés, não teríamos dúvida: até um visitante casual do zoológico percebe o traseiro muito alargado e rosa-vivo de uma fêmea fértil de chimpanzé, enquanto uma mulher deve usar um termômetro de precisão ou uma análise cuidadosa do muco cervical para obter informações comparáveis sobre o próprio corpo.

Por que todo esse segredo? Há várias possibilidades, todas envolvendo CEPs. Assim, estão se acumulando evidências de que as fêmeas humanas têm uma probabilidade maior de se envolver em cópulas extrapar no meio do ciclo menstrual, precisamente quando elas estão mais férteis.[52] Isso não indica necessariamente um desejo consciente para se reproduzir em conseqüência dessas CEPs. Pode simplesmente ser que as mulheres sintam-se um pouco mais inclinadas sexualmente quando estão no meio do ciclo. Mas isso não impede que perguntemos por que esses sentimentos podem levar especialmente a envolvimentos em CEPs e não em CIPs.

Pode-se esperar que as mulheres de certa forma fiquem relutantes, se relutarem, em ter casos quando estão mais férteis, na medida em que elas

260 O MITO DA MONOGAMIA

estão cientes da possibilidade de engravidar. Para contrabalançar isso, porém, pode haver uma relutância ainda maior em fazer sexo — em especial em um relacionamento novo e excitante — quando elas estão mais *in*férteis; isto é, quando estão menstruando. Assim, evitar o "sexo desleixado" pode levar a uma tendência de as mulheres terem encontros sexuais extraconjugais quando elas têm *maior* probabilidade de conceber... Mesmo que não planejem desse modo e possam, na realidade, preferir o contrário.

Robin Baker e Mark Bellis afirmam que as mulheres têm uma preferência inconsciente plenamente evoluída por CEPs precisamente quando sua fertilidade é mais alta pelos mesmos motivos que outras espécies se envolvem em atividades semelhantes: ser inseminadas pelos melhores machos e estimular a competição espermática entre os parceiros sexuais. Eles assinalam a descoberta sugestiva de que as mulheres que têm um parceiro sexual primário podem ir além durante a época mensal de pico de fertilidade, enquanto as fêmeas sem um parceiro sexual primário mostram uma tendência a reduzir seus desvios no meio do ciclo.[53] Isso é coerente com a idéia de que as mulheres pareadas ficam mais inquietas no meio do ciclo e, como resultado disso, têm uma probabilidade maior de encontrar um novo parceiro ou mais, enquanto as mulheres não-pareadas são inclinadas a evitar os contatos no meio do ciclo. É claro que o fato de que algo "é coerente" com uma determinada hipótese é muito diferente de dizer que "prova" alguma coisa.

De qualquer modo, há evidências cada vez mais fortes de que as mulheres sentem-se mais sexies quando estão no meio do ciclo; isto é, quando estão férteis. Por exemplo, descobriu-se que os níveis de estradiol (um hormônio feminino) estão relacionados com o tipo de roupa que uma mulher veste em uma boate. As mulheres no pico da fertilidade vestem roupas mais apertadas e menores. Elas expõem mais a pele do que as mulheres que não estão férteis.[54]

A ovulação oculta em geral é mais comum em primatas entre as quais as fêmeas têm múltiplos parceiros sexuais. Uma análise da literatura científica concluiu que a ovulação oculta evoluiu no máximo uma vez entre

COMO SÃO OS SERES HUMANOS, "NATURALMENTE"? **261**

espécies monógamas, mas entre 8 e 11 vezes nos casos de não-monogamia. Por quê? Provavelmente porque ela permite que as fêmeas obtenham acasalamentos adicionais. Afinal, se uma fêmea socialmente monógama claramente anuncia sua fertilidade, o parceiro "dela" vai guardá-la com uma preocupação particular durante esse breve intervalo de tempo... E uma vez que no resto do tempo ela seria infértil, suas opções reprodutivas ficariam limitadas a seu parceiro social. (Outra possibilidade não pode ser excluída, porém: a de que a ovulação oculta leva à monogamia, em vez do contrário. Talvez seja mais provável que os machos se associem com uma fêmea específica se a época de fertilidade máxima dela *não* for identificada, como uma forma de garantir pelo menos uma possibilidade de fertilizá-la, pressupondo-se que eles estejam dispostos a se dedicar o tempo todo à guarda da parceira.)

De uma forma ou de outra, é provável que uma vez que a ovulação é oculta, a guarda do macho seja mais intensa, pelo menos porque tem de se estender por todo ciclo da fêmea, em vez de ser concentrada durante algumas horas ou dias. O resultado parece ser que, ao esconder a ovulação, as fêmeas garantem a si mesmas uma oportunidade maior de acasalar com mais de um macho. Como já descrevemos, elas também podem estar garantindo a si mesmas — ou melhor, a sua prole — uma maior oportunidade de obter assistência de um ou mais candidatos a pais. Ou, pelo menos, reduzir o risco de infanticídio.

Em pelo menos uma espécie primata, as fêmeas claramente usam o sexo como um incentivo para que os machos ajam paternalmente. Um estudo de campo revelou que as fêmeas de sagüi-da-cara-suja (pequenos primatas das florestas tropicais do Novo Mundo), se tiverem oportunidade, se acasalarão com mais de um macho adulto. A sra. Sagüi então dará à luz gêmeos, e um macho diferente passará a assisti-la nos cuidados de cada bebê. Ao espalhar a procriação e dar a cada macho um interesse pelos bebês, a futura mãe sagüi parece distribuir os deveres subseqüentes de cuidados com os filhotes entre machos dispostos.[55]

262 O MITO DA MONOGAMIA

Para muitas fêmeas, é fácil obter parceiros genéticos. O comportamento dos parceiros é uma história diferente. Os machos em geral estão mais do que dispostos a contribuir com alguns esguichos de esperma em troca de uma chance de sucesso reprodutivo. Mais difícil de obter são machos dispostos a se comportar como pais, e não apenas como beneficiários genéticos. A estratégia ideal da fêmea — como em muitas outras espécies — seria conseguir o melhor de cada um: acasalar-se com machos geneticamente promissores e ganhar outros benefícios de indivíduos ricos e de inclinação paternal. Se tudo isso puder ser obtido de um único indivíduo, melhor. Se não, um pouco de ilusão pode valer a pena. E a ovulação oculta parece ser um bilhete útil, oferecendo a oportunidade de as fêmeas apresentarem a aparência da monogamia (e, por conseguinte, obterem o investimento paterno de seus parceiros do par), enquanto também adquirem benefícios genéticos das cópulas fora do par.

É claro que a ovulação oculta também pode ser um dispositivo que permite que as mulheres envolvam-se em competição espermática enquanto ludibriam cada homem a pensar que ele é o pai. Assim, quando a ovulação é oculta, o mesmo acontece com a identidade do pai. A recompensa, para a mãe, é de que ela pode obter esperma de mais de um macho e depois "escolher" o que usar para fertilizar seu(s) ovo(s). Isso foi chamado "poliandria críptica" e, como observamos, é uma coqueluche entre as aves. As fêmeas de chapim-azul pareadas com machos de alta qualidade — sendo a qualidade medida por características anatômicas, como ossos do tarso mais longos, que têm relação com uma sobrevivência mais alta e a probabilidade de produzir uma prole mais bem-sucedida — permanecem sexualmente fiéis. E as fêmeas pareadas com machos de baixa qualidade? Essas são inclinadas a ser socialmente monógamas, mas também visitam os territórios de machos mais desejáveis — e acasalam-se com eles, conseguindo, assim, assistência de seus parceiros dentro do par, mas genes dos melhores espécimes disponíveis.[56]

Outra coisa. Junto com a ovulação oculta vêm as restrições ao estro. Uma mulher, mesmo no meio do ciclo, não é uma cadela no cio. (Se fosse,

COMO SÃO OS SERES HUMANOS, "NATURALMENTE"? **263**

sua ovulação não seria oculta!) A ovulação oculta, portanto, oferece uma nova perspectiva sobre a "escolha reprodutiva", referindo-se não só à escolha de uma mulher quanto a se, quando ou como delimitar sua gestação, mas também quanto a se, quando e com quem iniciá-la.

De acordo com a primatologista Sarah Hrdy, uma fêmea de langur "não exibe nenhum sinal visível de que está no estro a não ser se apresentar ao macho e estremecer a cabeça". Quando encontra machos estranhos, uma fêmea de langur tem a capacidade de mudar da receptividade cíclica (isto é, um surto espontâneo de cio a cada 28 dias) a um estado de receptividade semicontínua que pode durar semanas. Isso dá às fêmeas a oportunidade de conseguir relações sexuais com machos que não sejam o dono do harém, à sua própria escolha, em vez de serem cativas de ciclos automáticos de estro — por exemplo, se um macho jovem e atraente se une ao bando, se uma fêmea deixa o bando para viajar temporariamente com um bando só de machos, ou se, nas palavras de Hrdy, "uma fêmea, por motivos desconhecidos a qualquer um, simplesmente conquista a simpatia de um macho residente de um bando vizinho".[57] Outros primatas têm uma capacidade semelhante, inclusive várias espécies diferentes de guenons, guenons-etíopes e geladas (babuínos-leão).[58]

Por que as mulheres deviam ser menos dotadas e, assim, ter menos poder? Com sua ovulação oculta e sua motivação sexual sob substancial controle cognitivo, as mulheres podem escolher seus parceiros de reprodução com uma facilidade muito maior do que se fossem vítimas de seus hormônios... como acontece com os homens!

O orgasmo é outra história, tão complexa e sem solução quanto a ovulação oculta. Alguns, inclusive o antropólogo Donald Symons, sugeriram que o orgasmo feminino não tem significado biológico, um efeito colateral irrelevante mas inevitável do orgasmo masculino (claramente adaptativo). Se for assim, ele seria análogo aos mamilos nos mamíferos machos — uma característica acessória, como discutimos no início do

Capítulo 3. Outros, como o escritor Desmond Morris, propuseram que o orgasmo aumenta a probabilidade de fertilização ao estimular uma mulher a continuar na horizontal, tornando assim mais fácil para o espermatozóide nadar até sua meta. O efeito real do orgasmo feminino na fertilização é complexo. Certamente, o clímax de uma mulher não é necessário para que ocorra a concepção. Além disso, o orgasmo realmente aumenta o volume de refluxo, em parte porque resulta numa quantidade maior de muco cervical. Há também evidências, paradoxalmente, de que espermatozóides demais *reduzem* a probabilidade de concepção, talvez devido às múltiplas fertilizações — que são espontaneamente abortadas — ou devido ao efeito deletério de substâncias segregadas por um número excepcionalmente grande de espermatozóides rodopiando por ali.

Alguns orgasmos femininos parecem aumentar o nível de retenção de esperma, enquanto em outros é mais provável que o esperma seja expulso. O próprio ato sexual, por outro lado, tem um efeito positivo na concepção, independente da deposição real de esperma. Assim, a inseminação artificial através de um doador de esperma tem uma probabilidade maior de ser bem-sucedida se as mulheres também se envolvem em ato sexual com seu parceiro, mesmo que ele seja totalmente estéril. Não se sabe o motivo para esse efeito, mas ele destaca que a experiência sexual feminina tem alguma relação com a probabilidade de concepção, embora a relação aparentemente não seja simples.[59]

Por algum tempo, pensávamos que a capacidade de orgasmo feminino tornava os seres humanos únicos entre os animais. Não é mais assim. Por exemplo, um estudo de 240 cópulas envolvendo 68 pares heterossexuais diferentes de macacos-do-japão observou que as fêmeas mostravam todos os sinais fisiológicos e anatômicos do orgasmo em oitenta casos (exatamente um em cada três). Nem a idade da fêmea nem seu status de dominância tinha correlação com o orgasmo. Por outro lado, a probabilidade de orgasmo era positivamente associada com a duração dos acasalamentos e com o grau de atividade que tinham (literalmente, o número de vaivéns pélvicos do macho). Quando, por um pequeno truque estatístico, os

COMO SÃO OS SERES HUMANOS, "NATURALMENTE"? **265**

pesquisadores analisaram seus resultados, levando em conta essas várias medidas de estímulo físico, o que surgiu foi que o orgasmo da fêmea era mais freqüente entre os pares de macacos que consistiam em machos de baixo status e fêmeas de alto status. Em resumo, as considerações sociais são importantes.[60]

Isso sugere outro caminho possível. E se o orgasmo for uma maneira de o corpo da fêmea se recompensar por ter feito algo que foi de seu próprio interesse biológico? Não apenas acasalar, mas acasalar-se com um parceiro especialmente bom. A idéia é de que o orgasmo feminino, fisiologicamente desnecessário para a concepção, é útil como um sinal interno pelo qual o corpo de uma mulher recompensa seu cérebro por um trabalho bem-feito. Algo semelhante pode se aplicar ao orgasmo masculino, também. Afinal, não é estritamente necessário que a sensação prazerosa da ejaculação seja maior do que a de, digamos, urinar... E, no entanto, ela claramente é. Talvez a intensidade do orgasmo diga, na verdade, "isso não é apenas uma coisa boa de se fazer, é uma coisa *muito* boa!".

Para os homens, e os machos de modo geral, o ato sexual é uma vantagem biológica (em especial antes da era da Aids). Por conseguinte, parece adequado haver um mecanismo de reforço confiável e de utilidade geral como o orgasmo. Para as mulheres, porém, e as fêmeas de modo geral, o sexo pode ser obtido facilmente, mas o sexo bom — isto é, o sexo com o homem correto — é de obtenção mais difícil. Daí, talvez o orgasmo feminino seja uma forma de as mulheres confirmarem que seu parceiro sexual atual é especialmente adequado. Não necessariamente um parceiro de longo prazo, lembre-se, apenas um parceiro. Talvez um parceiro de CEP contínua. Por um processo prenunciado pela "hipótese do filho sexy" entre os animais, talvez o orgasmo feminino seja o modo como o corpo de uma mulher sublinha que seu parceiro sexual atual — desde que seja capaz de dar uma satisfação sexual substancial — pode produzir uma prole capaz de ser igualmente recompensadora para outras mulheres, e assim é provável que esteja associado com o sucesso reprodutivo de longo prazo. (Pode ser também significativo que o orgasmo feminino pareça tão recompensador também para o homem, e talvez não só como uma confirmação da técnica sexual dele.)

É digno de nota que os animais machos dominantes em geral são menos apressados e mais deliberados com o ato sexual, enquanto os subordinados sociais tendem a ser oprimidos e, portanto, a ter pressa. Assim, observamos machos dominantes de ursos-pardos copularem com fêmeas de uma forma que, se não é totalmente relaxada, pelo menos indica um certo grau de controle, sexual não menos do que social. Já os machos subordinados de ursos-pardos passam grande parte da cópula literalmente girando a cabeça sobre os ombros, preocupando-se com a aproximação iminente dos machos dominantes! Não há provas de que as fêmeas de urso-pardo experimentem orgasmos, mas, se assim for, que tipo de macho teria a maior probabilidade de evocar uma reação dessas?

O ciúme sexual é um jogo de perde-ganha. Sua ampla existência sugere fortemente que as CEPs — isto é, os episódios de infidelidade — há muito são uma parte importante do passado evolutivo humano. Haveria poucos motivos para uma tendência tão arraigada se ela não fosse, até certo ponto, justificada pelos acontecimentos.

Quando um macho de carneiro selvagem está sozinho com a fêmea no estro, sua corte pode ser comparativamente lenta e suave; quando machos rivais estão presentes, o mesmo macho pode ser mais agressivo e brusco.[61] Os machos de macacos resos rotineiramente atacarão as fêmeas que forem pegas se acasalando — ou apenas parecendo — com machos rivais de status inferior. Às vezes as fêmeas são feridas gravemente. Em um caso, uma fêmea de resos que abordou repetidamente outro macho foi ferida fatalmente por seu consorte de status elevado.[62] Um macho de babuíno-sagrado usa a coerção para manter seu pequeno harém de fêmeas longe de outros machos. Se por acaso uma delas se desgarra na direção de outros machos, ele a ameaça com um "erguer de sobrancelhas" patente. Se a fêmea errante não se corrige de imediato e se aproxima do macho,

COMO SÃO OS SERES HUMANOS, "NATURALMENTE"? **267**

ele a atacará com uma mordida vigorosa no pescoço.[63] Houve muitos outros relatos — em especial de primatas — de machos pastoreando as parceiras para longe de machos estranhos, em particular durante encontros com outros grupos.

Um estudo de macacos comedores de caranguejo em cativeiro revelou que a agressividade do macho com relação às fêmeas ocorria a uma taxa relativamente baixa — uma vez a cada três ou quatro horas — desde que os indivíduos fossem abrigados em pares isolados. Quando um macho rival era introduzido, a freqüência aumentava para mais de sete vezes por hora![64] Há uma diferença sutil de interpretação envolvida aqui. No passado, acreditávamos que a agressividade do macho com relação às fêmeas pretendia simplesmente afastá-las de machos excitados e invasivos. (O foco estava no comportamento dos *machos*, quer procurassem por CEP ou se preocupassem com a guarda da parceira.) Agora, os biólogos começaram a ver que essa agressividade é projetada para evitar que as *fêmeas* se envolvam com esses outros machos. (O foco está cada vez mais no comportamento das *fêmeas* que procuram por CEP.)

Isso também é proeminente entre os chimpanzés: Jane Goodall relata que os machos têm uma probabilidade especial de "castigar" uma fêmea que se envolveu sexualmente com outro macho.[65] Além disso, os chimpanzés machos às vezes usam de violência para obrigar uma fêmea a segui-los; eles podem passar um tempo considerável pastoreando uma fêmea para longe de outros machos, exibindo uma agressividade substancial para com ela durante esse período. Um macho — batizado de Evered — passou cinco horas orientando uma fêmea (Winkle) em uma marcha forçada, e nesse tempo ele a ameaçou várias vezes e a atacou fisicamente em cinco ocasiões, ferindo-a em duas. À medida que o macho tem sucesso e a fêmea é afastada de outros machos, ele relaxa visivelmente. Ao mesmo tempo, a fêmea — sendo mais dependente de seu perseguidor-protetor — em geral torna-se mais cooperativa e dócil. (Os paralelos humanos óbvios são inquietantes, mas, apesar de tudo, podem não ser menos genuínos.)

268 O MITO DA MONOGAMIA

Lamentavelmente — ao menos pelos padrões humanos — os chimpanzés machos que não são sexualmente abusados e agressivos costumam ser menos bem-sucedidos na associação com as fêmeas. No relato de Goodall, um macho adulto de nome Jomeo era um perfeito cavalheiro, mostrando a taxa mais baixa de "agressividade punitiva" com relação às fêmeas. Ele também era o menos bem-sucedido quando se tratava de ter consortes, e parece que foi o único adulto macho que não gerou nenhuma prole. Goodall especula que os machos em geral são agressivos com as fêmeas para facilitar relações sexuais posteriores: na medida em que a fêmea é prontamente intimidada por um dado macho, ele tem uma probabilidade maior de obter sua aquiescência sexual no futuro. Não é um quadro bonito, mas entra mais claramente em foco quando consideramos o papel das CEPs nos machos predispostos, nesse caso, a usar a agressão e até a violência para se impor às fêmeas que podem muito bem ter outro em mente.

Em resumo, pode ser que alguns dos comportamentos humanos mais repulsivos — maus-tratos conjugais, espancamento de esposas, até homicídio — tenham origem pelo menos em parte em uma propensão biológica ampla ao desvio da monogamia.

É hora de resumir. (É mais fácil falar do que fazer!) Os seres humanos são incomuns em seu sistema de acasalamento. Embora a maioria dos *Homo sapiens* seja socialmente monógama, exibindo — para um mamífero — uma grande quantidade de cuidados paternos, as pessoas também vivem quase em colônias, geralmente em grupos enormes. Em nossa monogamia social, somos como os gibões e, no entanto, também parecidos com os chimpanzés, no sentido de que as mulheres interagem regularmente com outros adultos, não só com outras mulheres, mas também com homens. O sexo, nesses casos, pode estar ao fundo, e na maioria das vezes é ali que ele fica. De certa forma, somos mais como algumas aves coloniais: socialmente monógamas, mas ombreando com muitos outros

COMO SÃO OS SERES HUMANOS, "NATURALMENTE"? **269**

adultos, diariamente. Nessas espécies, quando machos e fêmeas passam longos períodos de tempo separados — um está forrageando, por exemplo, enquanto o outro cuida do ninho —, machos e fêmeas têm muitas oportunidades de CEPs.

A espécie humana é preferencial e biologicamente polígina, mas também é principalmente monógama e — quando as condições são propícias — avidamente adúltera... Tudo de uma só vez. Não há um modelo animal simples que encerre toda a condição humana "natural". Assim, em algumas espécies, os machos procuram por CEPs; em outras, são as fêmeas que o fazem. Qual é o modelo para os seres humanos? Provavelmente os dois.

Os seres humanos usam a guarda da parceira, as cópulas freqüentes e também uma dose pesada de prescrição social — injunções religiosas, condicionamento cultural, restrições legais, eunucos, cintos de castidade, circuncisão feminina e assim por diante — na tentativa de impor sua vontade (em geral, os desejos de homens poderosos) sobre as inclinações do outro. Rousseau especulou séculos atrás que os seres humanos primitivos costumavam ser felizes, livres e socialmente independentes uns dos outros, mas que a maior parte de nossa infelicidade surgiu quando a primeira pessoa começou a identificar as coisas — inclusive o acesso sexual a determinados indivíduos — como dela. Talvez ele estivesse mais certo do que a maioria dos biólogos reconheceu, se muitos dos aspectos desagradáveis da competição entre machos (notavelmente, uma tendência à violência) tivesse evoluído devido à recompensa evolutiva que acompanha o acesso sexual exclusivo a uma fêmea ou mais. E com as mulheres inclinadas a aceitar e até procurar por CEPs de vez em quando, as condições eram propícias para o aparecimento de várias técnicas cada vez mais concorrentes, em que os homens tentaram conseguir o monopólio sexual.

Ao mesmo tempo, não seria simplesmente a grosseria dos homens ou a transgressão voluptuosa das mulheres que teria aberto as comportas do pecado original. Se as mulheres realmente não tivessem impulsos sexuais além de seu parceiro designado, haveria pouquíssimas CEPs; da mesma forma, se outros homens não fossem dispostos, até ávidos, não haveria nenhum bordejador. Nem homens nem mulheres são os criadores primordiais do caráter pecaminoso das CEPs, se é que elas são pecado. Quando um não quer, dois não dançam o tango da CEP. E os seres humanos adoram dançar.

CAPÍTULO SETE

E daí?

De acordo com Santo Agostinho: "O motivo para os homens se comportarem como o fazem é porque eles não vivem em seu verdadeiro lar." Ele quis dizer Deus. Os antropólogos físicos entenderam que eles não estavam vivendo nas savanas do Pleistoceno! E os estudiosos dos sistemas de acasalamento animal podiam bem entender que os seres humanos não têm permissão a uma vida livre de poliginia ou de monogamia mais CEPs.

Mas talvez nosso "verdadeiro lar" não seja afinal um lugar tão bom.

A tradição ocidental deixa muito claro onde ela tolera a monogamia e o adultério. O Sexto Mandamento não podia ser mais específico: "Não cometerás adultério." E o Décimo proclama: "Não cobiçarás a mulher do próximo." O Antigo Testamento é especialmente severo com esses transgressores; em Levítico (20:10) e Deuteronômio (22:22), aprendemos que uma adúltera e seu amante devem ser apedrejados. O Novo Testamento, ao contrário, é mais clemente, como se evidencia com Jesus perdoando a mulher pega em adultério e ordenando: "Aquele que nunca

272   O MITO DA MONOGAMIA

pecou, que atire a primeira pedra." (Observação interessante: não há penalidades severas comparáveis para um homem, desde que ele não seja adúltero com a mulher de outro homem. As mulheres solteiras, ao que parece, merecem a crítica!)

Sigmund Freud certa vez afirmou que a universalidade do tabu do incesto sugeria que a proibição do incesto não devia ser instintiva, porque, paradoxalmente, se fosse, não precisaríamos da restrição. Nós só precisamos ser proibidos, prossegue o argumento, de fazer o que poderíamos tentar; não existem tabus contra morder as orelhas do outro, por exemplo. As proibições persistentes e explícitas contra o adultério na tradição ocidental (e em outras) confirmam da mesma forma os argumentos biológicos apresentados neste livro; isto é, de que a monogamia estrita não é automática. Ela precisa ser imposta e reforçada. Caso contrário, acontece o adultério.

O cristianismo é especialmente disciplinador sobre o adultério. Jesus chegou a invectivar contra cometê-lo "no coração", o que é coerente com o fato de que o cristianismo, historicamente, tem uma visão sombria do sexo de modo geral. Na realidade, o sexo é considerado tão degradante em grande parte da tradição cristã que o casamento era visto por muitos como inferior à castidade. O casamento, segundo essa visão, só existe como uma forma de evitar o pecado maior da fornicação (definida como sexo entre pessoas solteiras). Como coloca São Paulo: "É bom ao homem não tocar em mulher; todavia, para evitar a fornicação, tenha cada homem sua mulher e cada mulher o seu marido" (I Coríntios 7:1-2). De acordo com Bertrand Russell, em *O casamento e a moral*,

> a visão cristã de que todo ato sexual fora do casamento é imoral era...
> baseada na visão de que todo ato sexual mesmo dentro do casamento é
> lamentável. Uma visão desse tipo, que contraria a realidade biológica, só
> pode ser considerada uma aberração mórbida pelas pessoas sãs.[1]

E DAÍ? **273**

Segundo João Damasceno, escritor do século VIII, Adão e Eva foram criados sem sexo; seu pecado no Éden levou aos horrores da reprodução sexuada. Se ao menos nossos primeiros progenitores tivessem obedecido a Deus, hoje estaríamos procriando de forma menos pecaminosa (embora não fique claro como).[2] "O matrimônio sempre é uma depravação", afirmou São Jerônimo. "Só o que pode ser feito é desculpá-lo e santificá-lo; para tanto, foi feito um sacramento religioso." O asseio é ótimo, mas para muitos dos verdadeiros devotos, o celibato estava ainda mais próximo da santidade. E a impureza sexual era (e ainda é) suja. Os monges cristãos até o Renascimento queixavam-se amargamente de serem visitados em seu sono por súcubos, demônios fêmeas que gesticulavam e acenavam lascivamente para eles, assim como as noviças eram alertadas das visitas noturnas de suas contrapartes masculinas eroticamente tentadoras, os íncubos. Para as pessoas que se consideravam casadas com Cristo ou com a Igreja, qualquer tentação sexual — mesmo que não envolvesse nada mais do que o ocasional pesadelo ou a ejaculação noturna — só era um pouco menos pecaminosa do que a fornicação. O espírito pode estar disposto, mas a carne pode ser adulteramente fraca.

E é claro que, se o casamento é fundamentalmente falho, amplamente aceitável como uma forma de tornar o sexo tolerável (desde que esteja dentro do casamento), então até que ponto é pior o casamento com a inserção do sexo explicitamente proibido (extraconjugal)?

A tradição bíblica, porém, não odiava o sexo de modo tão uniforme com podem sugerir os escritos dos primeiros cristãos. Os homens do Antigo Testamento em geral tinham várias esposas, e alguns dos mais respeitáveis tinham várias amantes e cortesãs. Os Cânticos de Salomão têm forte carga erótica — e assim, aparentemente, era o próprio Salomão. A poliginia era amplamente aceita e o adultério só era problemático quando envolvia a esposa ou a filha de alguém; isto é, uma mulher que claramente já estava associada com um homem. O adultério era definido como um crime contra um *homem*, fosse marido ou pai... como ainda é em grande parte do mundo de hoje, em especial nas regiões influenciadas pelo Islã. As rela-

274 O MITO DA MONOGAMIA

ções sexuais entre um homem casado e uma mulher que não tinha nem marido nem pai não violavam qualquer ditame, fosse da sociedade ou de Deus.

O Décimo Mandamento não diz: "Não cobiçarás a mulher de outro." Em vez disso, ele está especificamente preocupado em proteger os direitos do *próximo*, a manter os homens bordejadores longe das esposas de outros homens.

Podemos ouvir sobre súditos leais ou servos fiéis — raras vezes sobre governantes leais ou reis fiéis. *"Ich dien"* (Eu sirvo) é o lema do príncipe de Gales, mas vamos ser francos: é muito mais provável que o príncipe vá ser servido. A lealdade ou a fidelidade em geral é algo que o forte exige do fraco. Portanto, pode ser que não surpreenda ninguém que o duplo padrão exija fidelidade da esposa, enquanto costuma fazer vista grossa para atos comparáveis do marido. Na Índia antiga, o sexo praticado por um homem casado com uma prostituta ou escrava não era adultério, a não ser que ela fosse propriedade de alguém, e nesse caso era uma ofensa contra o proprietário e não contra a própria mulher, e certamente não contra a esposa do Lotário. É digno de nota, aliás, que esse tipo de ética sexual de orientação masculina não implica necessariamente um puritanismo rígido por parte da sociedade: a Índia, por exemplo, é o berço do primeiro e mais detalhado manual de sexo do mundo, o *Kama Sutra*, e o saber indiano há muito glorifica os prazeres do sexo, ao ponto de Shiva e sua esposa às vezes terem sido retratados prolongando o ato sexual até o infinito.

Entre os antigos hebreus, pelo menos, havia outros motivos para impor um padrão duplo. O casamento era especialmente importante como meio de estabelecer os direitos sobre uma propriedade de sucessão genealógica. Assim, uma esposa adúltera rompia o cuidadoso sistema de parentesco biológico do qual dependia a rede social.

Em geral, o protestantismo tem sido mais agitado com relação ao adultério do que o catolicismo, provavelmente porque o último proíbe o divórcio e o segundo casamento — pelo menos sem uma anulação. Assim, quando o divórcio é muito difícil de se obter devido a motivos religiosos, os casos extraconjugais são menos ameaçadores para a continuidade do casamento. Uma esposa pode se sentir insultada, desprezada e furiosa com o marido namorador, mas pelo menos é pouco provável que ela veja seu casamento encerrado em conseqüência disto. Seu status de esposa continua relativamente inconteste. (Por outro lado, ela pode querer se ver livre de tal cônjuge, mas relutar em despender o tempo e a despesa envolvidos em uma anulação.) Já a disponibilidade do divórcio entre os protestantes aumentou as apostas, possibilitando que um caso extraconjugal possa ter conseqüências mais graves. Os puritanos americanos eram especialmente severos ao punir o adultério, que por um certo tempo era um crime capital nas colônias de Massachusetts e Plymouth.

É digno de nota que poucos puritanos tenham escrito com entusiasmo sobre as alegrias eróticas do casamento, apesar da linguagem codificada. Por exemplo, John Milton, em *Paraíso perdido*:

> Salve o Amor desposado, Lei misteriosa, verdadeira fonte
> Da descendência humana, propriedade única
> No Paraíso de todas as outras coisas comuns.
> Por vossa luxúria adúltera foram impelidos os homens
> Em meio às livres manadas bestiais...

No mundo ocidental, o sexo e o casamento tradicionalmente tiveram uma ligação estreita — tão estreita, na verdade, que o primeiro era definido pelo último. Assim, temos o sexo pré-conjugal, o sexo conjugal e o sexo extraconjugal. (É interessante observar que ainda não existem palavras para o sexo pós-divórcio ou até para o sexo de viúva ou viúvo. Será que um solteiro sexualmente ativo de 45 anos se envolveria em sexo "pré-conjugal"?) O próprio sexo pode estar em vias de se definir de forma independente do casamento. Se isso é saudável, porém, é outra questão. Os supostos especialistas investiram pesado nos dois lados da questão:

Assim, o psicólogo Havelock Ellis escreveu:

276   O MITO DA MONOGAMIA

O homem que reside em uma grande área urbana e que nunca mais, durante trinta anos ou mais de vida de casado, é tentado a se envolver em adultério para fins de variedade sexual, deve ser suspeito de ser biologicamente e/ou psicologicamente anormal; e aquele que freqüentemente tem tais desejos e que de vez em quando e livremente os coloca em prática está dentro do espectro normal e saudável.[3]

Ou então muitos conselheiros conjugais e psicoterapeutas, bem como psicanalistas clássicos, vêem os casos extraconjugais como, no máximo, neuróticos, resultando de narcisismo, distúrbios de caráter, superego fragmentado, necessidade de amor infantil e semelhantes. Em seu livro *The Wandering Husband*, H. Spotnitz e L. Freeman sustentam que "A infidelidade pode ser estatisticamente normal, mas também é psicologicamente nociva... É um sinal de saúde emocional ser fiel a seu marido ou a sua esposa".[4]

O ser humano é uma criatura complexa. Ele vive em um contexto elaborado de prescrições culturais, inclinações biológicas, tradições históricas, processos psicológicos e experiências pessoais. E se a monogamia não for natural? E se o adultério for? Poderia alguma coisa humana ser natural? Poderia alguma coisa humana não ser natural? E que diferença isso faz?

"Todas as tragédias são encerradas pela morte", escreve Byron, enquanto "todas as comédias terminam com um casamento". Mas quer o casamento monógamo seja ou não nosso estado "natural", a comédia humana raras vezes termina nele; com mais freqüência, o casamento é só um começo.

"Renunciem a todos os outros", dizem os votos de casamento de quase toda denominação judaica ou cristã. Rompa a promessa de renúncia e pode lhe sair muito caro, não só em dinheiro, mas na carreira, paz de espírito, casamento e família, auto-estima e a estima dos outros. Às vezes os casos extraconjugais são abafados, até em posições elevadas, como as muitas infidelidades de John F. Kennedy na Casa Branca. Em outras épocas, eles se tornavam públicos e eram desastrosos, como ocorreu com o grande líder irlandês do século XIX, Parnell, que quase levou a independência a seu país, mas foi publicamente envergonhado e politicamente desacreditado quando se revelou seu caso com uma mulher casada, a sra. Kitty O'Shea.

E às vezes os casos extraconjugais ganham a primeira página dos jornais com detalhes vívidos, desmentidos, retratações, impugnações e depois, apesar da vergonha, alguns pedidos de desculpas.

Em *Too Far to Go*, John Updike escreveu que o casamento são "milhões de momentos comuns partilhados". Sem amor, tal partilha presumivelmente não seria procurada; e, nessa partilha, o amor amadurece e se desenvolve. Porém, a partilha de um milhão de momentos comuns também pode ficar muito entediante. Os sagrados laços podem se tornar os sagrados cadeados do matrimônio. Como um autor grego anônimo escreveu mais de dois mil anos atrás:

> Depois de comprometido, nenhum homem seria desleal;
> Eles ficariam com aquelas que adoram,
> Se as mulheres oferecessem a metade da tentação
> Depois do ato como tinham antes.[5]

De acordo com Denis de Rougemont, existe um "conflito inescapável no Ocidente entre paixão e casamento". Nossa civilização deve reconhecer, insiste ele, "que o casamento, sob o qual está sua estrutura social, é mais sério do que o amor que ele cultiva e que o casamento não pode ser fundamentado em um belo ardor".[6]

A questão, para o historiador de Rougemont, é o *perigo* da paixão: nós adoramos a paixão e ficamos fascinados com ela. De acordo com de Rougemont, nós chegamos a ter um desejo perverso de alcançar a infelicidade, para atingir proporções trágicas:

O homem ocidental é atraído ao que destrói "a felicidade do par casado" pelo menos tanto quanto a qualquer coisa que a garanta. De onde vem essa contradição? Se o rompimento do casamento simplesmente se deve à atração pelo proibido, ainda não se entende por que ansiamos pela infelicidade, e que noção de amor — que segredo de nossa existência, da mente humana, talvez de nossa história — esse anseio deve sugerir.[7]

Talvez algumas pessoas saiam da monogamia precisamente para que sejam pegas e castigadas — e assim consigam acesso ao romântico, ao intenso e ao trágico: "Seja na realidade ou em sonhos, com remorso ou pavor, com deleite ou revolta, inquietação ou tentação." De qualquer modo, muitos concordariam pesarosamente com Alexandre Dumas (Filho) em que "as correntes do casamento são tão pesadas que são necessários dois para suportá-las, e às vezes três".

Todo mundo ama um amante, e quanto mais profundamente ele ama, melhor. E, no entanto, normalmente não falamos de casamento apaixonado. Um bom casamento, um casamento feliz, um casamento compatível e confortável, sim, mas só raras vezes um casamento apaixonado. Ou pelo menos não por muito tempo. "Eles viveram felizes para sempre." Claro. Mas "eles viveram apaixonadamente para sempre"? Ah, qual é.

Seria no mínimo exaustivo. Viver em um estado de paixão eterna seria esquecer-se de grande parte do resto da vida e, na verdade, *existem* outras coisas. O amor pode se aprofundar e se ampliar, dar novas áreas de conectividade e novas forças, mas raramente se torna mais apaixonado. Mesmo os animais mais simples, os protozoários, estão sujeitos à forma mais primitiva de aprendizado, o hábito. Um animal se habitua a algo quando pára de reagir a ele ou reage menos do que antes. Nós nos habituamos a cheiros, sons, até a visões, como quando paramos de ver as pinturas ou fotos em nossa parede. Uma maneira de contra-atacar o hábito é mudar o estímulo: você pode ter se habituado ao som do motor da geladeira, mas quando ele se desliga, ou muda de tom, de repente você o percebe novamente. Algumas pessoas periodicamente rearrumam a arte nas paredes para apreciá-las novamente. Rearrumar a vida amorosa, porém, é uma questão diferente.

A paixão é por definição de vida curta, ou pelo menos de vida média. Quase nunca é de longa duração. Ela floresce quando nova e recém-acesa, ou talvez quando é proibida, como no caso de Romeu e Julieta e, é claro, do adultério. Também recebe uma injeção de ânimo com uma mudança, quando dirigida para alguém novo (ou, como sabe qualquer casal experiente — e feliz —, quando a pessoa com que estamos familiarizados é vivida de uma forma diferente). De Rougemont sustenta que existem duas moralidades: uma do casamento e outra da paixão, e que toda pessoa casada deve escolher. O adúltero procura ter as duas, mas com parceiras diferentes. No grande romance francês da infidelidade, *Madame Bovary*, a heroína de Flaubert tornou-se infiel quando o convívio com seu obtuso marido médico tornou-se tedioso e ela se viu imaginando se não havia mais na vida do que "isto".

Se o casamento é de certa forma o berço do adultério, ele seria, portanto, também o túmulo do amor? Não de todo, ou, pelo menos, não necessariamente. Como afirma o filósofo Benedetto Croce (e de Rougemont sem dúvida concordaria), o casamento é "o túmulo do amor *selvagem*". Outros, procurando por um amor selvagem recém-aceso, constante e periodicamente se desviam do casamento em busca do pavio da selvageria renovada.

Como Freud assinalou em *Esboço da psicanálise*, os sonhos eróticos raras vezes envolvem o cônjuge; a imaginação sexual consciente extraconjugal é muito universal. (Lembre-se de que até o conservador candidato à presidência Jimmy Carter admitiu em uma entrevista controversa à revista *Playboy* que de vez em quando chegou a cometer "luxúria" no coração.) Mas talvez seja exatamente quando — e porque — a carne é fraca que o espírito deve se mostrar à altura. Assim, em *Para além do princípio do prazer*, Freud também sugeriu que todos vivemos uma luta contí-

280 O MITO DA MONOGAMIA

nua entre o "princípio do prazer", que inclui a atividade sexual em particular e que constantemente procura a recompensa, e o "princípio da realidade", expresso pelo superego ou, em termos simples, pela consciência.

Além disso, embora o "que surge naturalmente" seja — quase que por definição — fácil de fazer, isso não significa que seja o correto. A glória que coroa o *Homo sapiens* é seu cérebro imenso. Este órgão extraordinário dá às pessoas a capacidade, talvez única no mundo vivo, de refletir sobre suas inclinações e decidir, se preferir, agir contrariamente a elas. Na ópera de Mozart *As bodas de Fígaro*, somos aconselhados a "Beber quando não estiver com sede, fazer amor quando não quiser — isso é o que nos distingue das feras". E *não* fazer amor quando se *quer*? Não pode haver jeito de afirmar a humanidade de alguém com tanta eficácia como dizendo "não" a alguma predisposição profunda, em especial quando nosso cérebro maravilhoso aconselha que essa predisposição pode ser problemática, para nós mesmos e para os outros.

Não são muitas as pessoas que refletem sobre o adultério do cônjuge com o distanciamento cômico e cerebral de Leopold Bloom no *Ulisses* de James Joyce:

> Tão natural quanto qualquer e todo ato natural de uma natureza expressa ou compreendido, executado em natureza natural por criaturas naturais de acordo com as naturezas naturais dele, dela ou deles, de semelhança dessemelhante. Não tão calamitoso quanto uma aniquilação cataclísmica do planeta em conseqüência de colisão com um sol escuro. Tão menos repreensível do que roubo, assalto na via expressa, crueldade com crianças e animais, obtenção de dinheiro sob falsos pretextos, traição da confiança pública, fingir-se de doente, lesão corporal, corrupção de menores, calúnia criminosa, chantagem, desdém pelo tribunal, incêndio premeditado, traição, crimes, motim em alto-mar, violações, invasão, fuga da prisão, prática de depravação não-natural, deserção das forças armadas em campo, perjúrio, usura, espionagem para os inimigos do rei, imitação, ataque criminoso, assassinato, crime premeditado e doloso. Não é mais anormal do que todos os outros processos alterados de adaptação a condições

alteradas de existência, resultando em um equilíbrio recíproco entre o organismo corpóreo e suas circunstâncias, comidas, bebidas, hábitos adquiridos, inclinações regaladas e doença significativa.[8]

Mas depois o sr. Bloom, cuja esposa teve um encontro vespertino com seu novo amante quente, o adequadamente batizado Blazes Boylan, conclui seu devaneio observando que o caso de Molly é "mais do que inevitável, irreparável". Já vimos que os seres humanos não são, biologicamente falando, monógamos. Mas eles também não têm inclinação para tolerar desvios da monogamia com a garantia leviana de que são "naturais", que não há problema nenhum neles. Ao mesmo tempo, Leopold Bloom está errado: a infidelidade conjugal não é inevitável (e tampouco, espera-se, irreparável).

Para os seres humanos, o sexo tem três grandes funções: de reprodução, de relação e de recreação. A primeira é óbvia. A segunda fala à capacidade de formar laços e conexão profundos que em geral desenvolvem-se entre os amantes e que — pelo menos de acordo com a tradição religiosa ocidental — devem preceder as relações sexuais entre as pessoas. O terceiro aspecto do sexo, de recreação, é sem dúvida mais controverso. Mas ainda é fato que o sexo é, ou pode ser, uma grande diversão e um poderoso impulso recreacional por si mesmo.

Em *Ars Amatoria*, o poeta romano Ovídio justifica o que talvez seja o mais notório, e danoso, de todos os casos de adultério: o caso de Helena com Páris, que precipitou a Guerra de Tróia e "lançou mil barcos". Parece que o marido de Helena, Menelau, estava fora na época:

> Temerosa das noites solitárias, o cônjuge distante
> Segura no seio quente do hóspede, jaz Helena.
> Que tolice, Menelau, partir,
> Sob uma cumeeira deixar esposa e amigo?...
> Inocente é Helena, e também seu amante:
> Eles fizeram o que você ou outro fariam.

282 O MITO DA MONOGAMIA

O adultério é um assunto quente, emocionalmente carregado a um ponto que deve parecer extraordinário que ninguém tenha aparecido com uma perspectiva biológica para a condição humana. Durante os famosos estudos sexuais de Kinsey, por exemplo, a maior causa de as pessoas se recusarem a participar foi uma pergunta sobre o sexo extraconjugal.

Em O mal-estar na civilização, Freud sugeriu que a civilização é baseada na repressão dos instintos. E agora sabemos que um desses instintos aparentemente tende aos acasalamentos múltiplos. A civilização presumivelmente é facilitada pelo controle de tendências anti-sociais como o assassinato, o estupro ou o roubo. Haveria alguma coisa anti-social nos acasalamentos múltiplos? Sim — se a sociedade proíbe esse comportamento e se a monogamia é convencionada e, por conseguinte, esperada do outro cônjuge. Há muito a ser dito por mera sinceridade e integridade antiquadas; uma criatura tão cerebral que é capaz de estabelecer regras elaboradas e expectativas para a vida doméstica (para não falar da busca da ciência, da literatura, arte e assim por diante) devia também ser capaz de manter sua palavra.

A civilização é fundamentada não só na repressão dos instintos, mas também na ascendência da lei. (De certa forma, as duas coisas são sinônimas.) Portanto, uma vez que existe uma lei ou expectativa social, a não ser que seja grosseiramente injusto, presume-se que a decência e a ordem social são favorecidas na obediência a elas. Uma vez que existe um código de monogamia, portanto, talvez violar códigos seja antitético a níveis mais altos de civilização e de desenvolvimento pessoal. Notavelmente, porém, os antropólogos não encontraram correlação entre limitações extraconjugais e um nível de complexidade da sociedade. (As limitações pré-conjugais, por outro lado, tendem a ser maiores em sociedades mais complexas, embora não necessariamente "melhores".)

Muitas civilizações avançadas eram políginas, e algumas simples e não-tecnológicas eram estritamente monógamas. Mesmo que a monogamia não seja necessária para a civilização, está claro que a adesão pública aos ideais monógamos é necessária para o sucesso e a sobrevivência da civilização ocidental atual, ao menos porque essa é a forma como nos definimos. É difícil para um bígamo ou adúltero público "seguir em frente". Pergunte ao ex-candidato presidencial americano Gery Hart. E até aqueles no pináculo do poder podem ser derrubados ou severamente maculados. Pergunte a Bill Clinton ou a Newt Gingrich.

Com relação à natureza procrustiana da monogamia inibindo parte de nossas inclinações mais profundas, não é disso que trata o crescimento? Afinal, à medida que envelhecemos, todos devemos fazer o que é permitido e inibir o que é proibido: aprendemos a usar o banheiro, a não bater nem morder, a dizer *por favor* e *obrigado*, e a nos refrear em geral. Muitas coisas são naturais, mas desagradáveis: triquinose, verrugas, furacões. Assim, mesmo que a monogamia imposta em certo sentido não seja "natural", não significa necessariamente que não seja desejável. (Também não precisa ser desagradável... mas aí é outra história, e talvez outro livro!) Aquelas espécies animais que são confiavelmente monógamas — uma lista que definha — são sexualmente fiéis porque não têm alternativas verdadeiras. Mas as pessoas têm. Nesse aspecto, nossa biologia não é nem presunçosa, nem um guia confiável. Certamente isso não é desculpa.

Quaisquer que sejam nossas inclinações naturais, não há dúvida de que os seres humanos são biológica e fisiologicamente capazes de fazer sexo com mais de uma pessoa, em geral em rápida sucessão. Também há evidências esmagadoras de que muitas pessoas são capazes não só de "fazer amor", mas também de amar mais de uma pessoa ao mesmo tempo. Mas somos socialmente proibidos de fazer as duas coisas. Tal proibição social é poderosa e, a longo prazo, costuma vencer, embora não sem luta e freqüentemente com algumas derrotas de curto prazo. E essa luta — vivida como folias ocasionais por uma noite ou um fim de semana, longos relacionamentos extraconjugais por meses ou anos, ou apenas encontros fantasiados — pode ser a origem de parte das emoções mais complexas, intensas e desnorteantes que experimenta o ser humano.

Já se sugeriu que a profissão ligada à saúde mental serve como Band-Aid social, simplesmente ajudando as pessoas a se adaptarem a uma sociedade doente e em geral retirando energia e atenção de onde ela é mais

284   O MITO DA MONOGAMIA

necessária: a reforma dos males sociais.[9] Talvez o esforço gasto na adaptação da monogamia seja semelhante. Talvez devamos, em vez disso, adaptar nossos ideais de casamento monógamo de acordo com as inclinações humanas. Talvez, em vez de considerar a monogamia a norma, e assim ficarmos "chocados, chocados" com o adultério — como o famoso capitão da polícia no filme *Casablanca* —, devamos ver a infidelidade como a condição básica, de onde podemos ser livres para examinar a monogamia, desapaixonadamente, pela raridade que ela é.

Isso pressupõe, porém, que haja uma alternativa melhor, por exemplo, que os relacionamentos sexuais abertos, desestruturados e não-restritivos deixariam as pessoas mais felizes. Não há motivo para acreditar que isso seja verdade. Muitos experimentos sociais "utópicos" fracassaram precisamente porque os sentimentos de possessividade interpessoais ficaram no caminho do sonho idealizado de partilha social e sexual.

A sociedade, com sua expectativa de monogamia, estabelece as fronteiras de quem é e quem não é um parceiro sexual aceitável. O casamento, presume-se, estreita esse campo consideravelmente: para apenas um indivíduo. Alguns podem achar que isso estultifica, outros acham tranqüilizador, uma vez que gera um porto de certeza e confiança, um útero com vista panorâmica, teoricamente livre dos clamores da competição sexual.

Nenhum outro padrão conjugal — poliginia, poliandria, casamento em grupo, casamento "aberto" — provou-se de melhor funcionamento. Todavia, a monogamia não funciona perfeitamente, e em toda a história as pessoas têm se deliciado e se atormentado, revigorado e agonizado, pela monogamia e os desvios dela. Na balança, talvez a monogamia seja como a descrição de Winston Churchill da democracia: o pior sistema possível, a não ser quando consideramos as alternativas.

Talvez os seres vivos — ou pelo menos os de sorte — de certo modo sejam destinados a atingir relacionamentos perfeitos de pares; isto é, talvez todos tenham uma verdadeira alma gêmea em algum lugar por aí. A única questão é se essas duas metades de um todo potencialmente perfeito conseguirão se encontrar, ao modo da versão jocosa de Platão. Não aposte nisso.

Não estamos dizendo com isso que a monogamia — até a monogamia feliz e satisfeita — seja impossível, porque, na verdade, ela está no reino da possibilidade humana. Mas como não é natural, ela não é fácil. Da mesma forma, não estamos dizendo que a monogamia não é desejável, porque há muito pouca relação, se houver alguma, entre o que é natural ou fácil e o que é bom.

Mas vamos imaginar, pelo bem da argumentação, que Platão estava factualmente correto: que para cada um de nós exista o parceiro perfeito, a contraparte ideal, o gêmeo siamês por quem seríamos perfeitamente apaixonados e com quem seríamos eternamente felizes. Existem 6 bilhões de pessoas no planeta, de quem conhecemos provavelmente menos de mil em toda uma vida. Isso representa cerca de 1 em 1 milhão. De acordo com isso, para cada pessoa que conhecemos, há 999.999 que nunca conheceremos. E dessas poucas que realmente conhecemos, só uma pequena proporção dos encontros nos ocorre em épocas e circunstâncias em que o amor e/ou o casamento — deixe o sexo para lá — são mesmo viáveis. Em resumo, as chances são muito escassas de que um dia venhamos a conhecer nossa metade perfeita, mesmo que ela exista.

Mas não se desespere! O futuro não é necessariamente sombrio, nem para a felicidade pessoal, nem para a própria monogamia (pressupondo-se, é claro, que se esteja suficientemente comprometido, pelo menos com a última). Embora não possa haver uma metade perfeita elaborada de forma ideal para cada pessoa — só esperando para que sejam unidas pelo destino, por uma noite encantada — no curso de um casamento amoroso, duas pessoas têm a oportunidade de afiar e dar forma a suas experiências compartilhadas de tal modo que o parceiro de fato se torne uma chave que se encaixa com precisão, unicamente adaptada à fechadura do outro e vice-versa. O ajuste perfeito de um bom casamento monógamo se faz; não nasce pronto. E, apesar do fato de que grande parte de nossa biologia

286 O MITO DA MONOGAMIA

parece pressionar no sentido contrário, esses casamentos podem mesmo ser feitos. É um milagre do dia-a-dia.

O milagre da monogamia aparece em todas as formas; não é uma roupa de tamanho único. Assim como seus detalhes são singulares para cada casal, há algo de único e maravilhoso na monogamia humana, um casamento de toda a vida, como tem sido, entre o amor e o intelecto (duas qualidades pelas quais os seres humanos são também extraordinários entre os animais). Assim, as pessoas têm a capacidade de planejar para o futuro, projetar sua imaginação — não menos que seus genes — para a frente. Os frutos da imaginação compartilhada podem ser belos. A monogamia resultou em realizações científicas, como a descoberta do rádio por Marie e Pierre Curie, e em realizações literárias, como *História da civilização*, de Will e Ariel Durant. O amor monógamo inspirou James Joyce, que via a amada Nora em toda mulher bonita na praias da Irlanda. Além disso, é impossível desprezar as vidas destruídas e o potencial humano arrasado pela fúria adúltera; pense em Sylvia Plath. Um casamento que funciona, que dá conforto e apoio a um casal, pode ser o arranjo mais ditoso para a produtividade criativa.

O *Homo sapiens* é uma espécie de vida longa e, assim, junto com a contribuição da monogamia para a criação dos filhos, a garantia genética, a divisão dos recursos e a proteção contra predadores, é possível vislumbrar ainda outro benefício desse sistema peculiar de acasalamento: ao estabelecer um relacionamento durável e de longo prazo com alguém que não só se importa, mas também partilha de uma história em expansão, que entende os pontos fracos, os pontos fortes, as alegrias e os desesperos do outro, o monogamista bem-sucedido garante a si mesmo uma companhia para toda a vida, muito depois de os filhos (se houver) terem crescido, quando o trabalho não é mais uma opção, quando até o sexo pode ser principalmente uma lembrança, como na época em que duas pessoas dedicadas podem acompanhar as anotações do médico, trocar as fraldas geriátricas do outro e se sentar juntas para ver o pôr-do-sol. Viver bem por muito tempo também não é "natural", como assinalou Thomas

Hobbes. A condição natural pode ser desagradável, brutal e curta, e nesse caso as escapadas rápidas com várias parceiras disponíveis para obter o máximo de pareamentos genéticos oportunos podem ser a melhor maneira de viver. Porém, em uma sociedade moderna, em que as pessoas podem viver décadas depois de ter capacidade ou interesse na reprodução, é muito doce a oportunidade de formar par com uma alma gêmea que continua amorosa depois que os peitos caem, a próstata se enfraquece e as dentaduras passam a ser obrigatórias.

Encerramos com uma visão dos pais octogenários de um dos autores, jogando bridge com os amigos, bebendo um pouco de uísque para um brinde ao envelhecimento maduro. O coração dele é fraco e seu joelho deve ser substituído. Ela tem um pouco de distúrbio de insuficiência e uma bexiga neurogênica. Eles estão juntos de forma monógama há quase sessenta anos e, assim, eles sabem tudo um do outro, as piadas fracas e as estratégias no bridge. O velho belisca a senhora no traseiro enquanto eles partem para dormir e pergunta: "Vamos?"

Notas

CAPÍTULO UM Monogamia para iniciantes

1. Ou, pelo menos, o pecado interpessoal definitivo que pode ser vivido por muitas pessoas; o número de adúlteros supera o de assassinos por uma ampla margem.
2. J.-G. Baer e L. Euzet. 1961. "Classe de Monogenes." Em *Traite de Zoologie*, tomo IV, org. P.-P. Grasse. Paris: Masson et Cie.
3. G. A. Parker. 1970. "Sperm competition and its evolutionary consequences in the insect." *Biological Reviews* 45: 525-567.
4. T. R. Birkhead e G. A. Parker. 1997. "Sperm competition and mating systems." Em *Behavioural Ecology: An Evolutionary Approach*, org. J. R. Krebs e N. B. Davies. Oxford: Blackwell Science.
5. A. J. Jeffreys, V. Wilson e S. L. Thein. 1985. "Hypervariable 'minisatellite' regions in human DNA." *Nature* 314: 67-73.
6. J. G. Ewen, D. P. Armstrong e D. M. Lambert. 1999. "Floater males gain reproductive success through extrapair fertilizations in the stitchbird." *Animal Behaviour* 58: 321-328.
7. M. Morris. 1993. "Telling tales explains the discrepancy in sexual partner reports." *Nature* 365: 437-440.
8. D. E. Gladstone. 1979. *The American Naturalist* 114: 545-547.
9. W. B. Quay. 1985. "Cloacal sperm in spring migrants: occurrence and interpretation." *Condor* 87: 273-280.
10. H. L. Gibbs, P. J. Weatherhead, P. T. Boag, B. N. White, L. M. Tabak e D. J. Hoysak. 1990. "Realized reproductive success of polygynous red-winged blackbirds revealed by DNA markers." *Science* 250: 1394-1397.
11. P. S. Rodman e J. C. Mitani. 1987. "Orangutans: sexual dimorphism in a solitary species." Em *Primate Societies*, org. B. B. Smuts, D. L. Cheney, R. M. Seyfarth, R. W. Wrangham e T. T. Struhsaker. Chicago: University of Chicago Press; A. Schenk e

290   O MITO DA MONOGAMIA

K. M. Kovacs. 1995. "Multiple mating between black bears revealed by DNA fingerprint." *Animal Behaviour* 50: 1483-1490.

12. R. A. Mulder, P. O. Dunn, A. Cockburn, K. A. Lazenby-Cohen e M. J. Howell. 1994. "Helpers liberate female fairy-wrens from constraints on extrapair mate choice." *Proceedings of the Royal Society of London, Series B* 225: 223-229.

13. P. O. Dunn e R. J. Robertson. 1993. "Extra-pair paternity in polygynous tree swallows." *Animal Behaviour* 45: 231-239; K. Schulze-Hagen, I. Swatschek, A. Dyrcz e M. Wink. 1993. "Multiple Vaterschaften in Bruten des Seggenrohrsangers *Acrocephalus paludicola*: erste Ergebnisse des DNA-Fingerprintings." *Journal of Ornithology* 134: 145-154.

14. J. H. Edwards. 1957. "A critical examination of the reputed primary influence of ABO phenotype on fertility and sex ratio." *British Journal of Preventive and Social Medicine* 11: 79-89.

15. E. O. Laumann, J. H. Gagnon, R. T. Michael e S. Michaels. 1994. *The Social Organization of Sexuality.* Chicago: University of Chicago Press.

16. A. C. Kinsey, W. B. Pomeroy, C. E. Martin e P. H. Gebhard. 1953. *Sexual Behavior in the Human Female.* Filadélfia: W. B. Saunders.

17. Nota etimológica: a palavra *poligamia* em geral é usada incorretamente quando *poliginia* é mais adequada. *Poligamia* significa, literalmente, "muitos gametas" e, mais precisamente, pode ser poliginia ou poliandria. Quem fala sobre poligamia entre mórmons, por exemplo, ou poligamia como descrita na Bíblia ou como é praticada atualmente nas sociedades islâmicas e algumas africanas, na verdade quer dizer poliginia — ou existência de haréns.

CAPÍTULO DOIS   Abalando o mito: Os machos

1. G. C. Williams. 1966. *Natural Selection and Adaptation.* Princeton, NJ: Princeton University Press.

2. R. L. Trivers. 1972. "Parental investment and sexual selection." Em *Sexual Selection and the Descent of man, 1871-1971*, org. B. Campbell. Chicago: Aldine; ver também T. H. Cluton-Brock e A. C. J. Vincent. 1991. "Sexual selection and the potential reproductive rates of males and females." *Nature* 351:58-60.

3. G. A. Parker. 1982. "Why are there so many tiny sperm? Sperm competition and the maintenance of two sexes." *Journal of Theoretical Biology* 96: 281-294.

4. S. Pitnik, G. S. Spicer e T. A. Markow. 1995. "How long is a giant sperm?" *Nature* 375: 109.

5. I. Schapera. 1940. *Married Life in an African Tribe.* Londres: Faber & Faber.

6. A. C. Kinsey, W. B. Pomeroy e C. E. Martin. 1948. *Sexual Behaviour in the Human Male.* Filadélfia: W. B. Saunders.

NOTAS **291**

7. D. A. Dewsbury. 1981. "An exercice in the prediction of monogamy in the field from laboratory data on 42 species of muroid rodents. *Biologist* 63: 138-162; A. F. Dixon. 1995. "Sexual selection and ejaculatory frequencies in primates." *Folia Primatologica* 64: 146-152.

8. H. L. Gibbs, P. J. Weatherhead, P. T. Boag, B. N. White, L. M. Tabak e D. J. Hoysak. 1990. "Realized reproductive success of polygynous red-winged blackbirds revealed by DNA markers." *Science* 250: 1394-1397.

9. John G. Ewen, D. P. Armstrong e D. M. Lambert. 1999. "Floater males gain reproducive success through extrapair fertilizations in the stitchbird." *Animal Behaviour* 58: 321-328.

10. T. R. Birkhead, J. E. Pellatt e F. M. Hunter. 1988. "Extrapair copulation and sperm competition in the zebra finch." *Nature* 334: 60-62.

11. A. P. Moller. 1998. "Sperm competition and sexual selection." Em *Sperm Competition and Sexual Selection*, org. T. R. Birkhead e A. P. Moller. San Diego: Academic Press.

12. J. M. Pemberton, S. D. Albon, F. E. Guinness, T. H. Clutton-Brock e G. A. Dover. 1992. "Behavioral estimates of male mating success tested by DNA fingerprinting in a polygynous mammal." *Bahavioral Ecology* 1: 66-75.

13. T. R. Birkhead, F. Fletcher, E. J. Pellatt e A. Staples. 1995. "Ejaculate quality and the success of extrapair copulations in the zebra finch." *Nature* 377: 422-423.

14. M. Kirkpatrick, T. Price e S. J. Arnold. 1990. "The Darwin-Fisher theory of sexual selection in monogamous birds." *Evolution* 44: 180-193.

15. B. C. Sheldon e J. Ellegren. 1999. "Sexual selection resulting from extrapair paternity in collared flycatchers." *Animal Behaviour* 57: 285-298.

16. H. Ellegren, L. Gustafsson e B. C. Sheldon. 1996. "Sex ratio adjustment in relation to paternal attractiveness in a wild bird population." *Proceedings of the National Academy of Sciences* 93: 723-728.

17. B. Kempenaers, G. R. Verheyn, M. Van den Broeck, T. Burke, C. Van Broeckhoven e A. A. Dhondt. 1992. "Extra-pair paternity results from female preference for high-quality males in the blue tit." *Nature* 357: 494-496; S. M. Yezerinac, P. J. Weatherhead e P. T. Boag. 1995. "Extrapair paternity and the oportunity for sexual selection in a socially monogamous bird (*Dendroica petechia*)." *Behavioral Ecology and Sociobiology* 37: 179-188.

18. H. G. Smith, R. Montgomerie, T. Poldmaa, B. N. White e T. B. Boag. 1991. "DNA fingerprinting reveals relation between tail ornaments and cuckoldry in barn swallows." *Behavioral Ecology* 2: 90-98; D. Hasselquist, S. Bensch e T. von Schantz. 1996. "Correlation between male song repertoire, extrapair paternity and offspring survival in the great reed warbler." *Nature* 381: 229-232; J. Sundberg e A. Dixon. 1996. "Old, colourful male yellowhammers, *Emberiza citrinella*, benefit from extra-pair copulations." *Animal Behavioral* 52: 113-122.

292 O MITO DA MONOGAMIA

19. M. Fujioka e S. Yamagishi. 1981. "Extramarital and pair copulations in the cattle egret." *Auk* 9: 134-144.

20. G. E. Hill, R. Montgomerie, T. Roeder e P. T. Boag. 1994. "Sexual selection and cuckoldry in a monogamous songbird: implications for sexual selection theory." *Behavioral Ecology and Sociobiology* 35: 193-199; O. Ratti, M. Hovi, A. Lundberg, H. Tegelstrom e R. V. Alatalo. 1995. "Extra-pair paternity and male characteristics in the pied flycatcher." *Behavioral Ecology and Sociobiology* 37: 419-425; P. J. Weatherhead e P. T. Boag. 1995. "Pair and extrapair mating success relative to mate quality in red-winged blackbirds." *Behavioral Ecology and Sociobiology* 37: 81-91.

21. T. H. Birkhead, T. Burke, R. Zann, F. M. Hunter e A. P. Krupa. 1990. "Extrapair paternity and intraspecific brood parasitism in wild zebra finches, *Taeniopygia guttata*, revelaed by DNA fingerprinting." *Behavioral Ecology and Sociobiology* 27: 315-324.

22. G. A. Parker. 1970. "The reproductive behaviour and the nature of sexual selection in *Scatophaga stercoraria* L. (Diptera: Scatophagidae). IV. The origin and evolution of the passive phase." *Evolution* 24: 774-788.

23. H. Sigurjonsdottir e G. A. Parker. 1981. "Dung fly struggles: evidence for assessment strategy." *Behavioral Ecology and Sociobiology* 8: 219-230.

24. M. D. Beecher e I. M. Beecher. 1979. "Sociobiology of bank swallows: reproductive strategy of the male." *Science* 205: 1282-1285.

25. P. W. Sherman. 1989. "Mate guarding as paternity insurance in Idaho ground squirrels." *Nature* 338: 418-420.

26. G. P. Murdock. 1967; *Culture and Society*. Pittsburgh, PA: University of Pittsburgh Press.

27. R. Benedict. 1934. *Patterns of Culture*. Boston: Houghton Mifflin.

28. R. Baker e M. Bellis. 1995. *Human Sperm Competition*. Londres: Chapman & Hall.

29. E. Selous. 1933. *Evolution of Habit on Birds*. Londres: Constable.

30. Para parte da gama de correlações — neutras, positivas e negativas — ver S. B. Meek, R. J. Robertson e P. T. Boag. 1994. "Extrapair paternity and intraspecific brood parasitism in eastern bluebirds as revealed by DNA fingerprinting." *Auk* 111: 739-744; B. Kampenaers, G. R., Verheyen e A. A. Dhondt. 1995. "Mate guarding and copulation behaviour in monogamous and polygynous blue tits: do males follow a best-of-a-bad-job strategy?" *Behavioral Ecology and Sociobiology* 36: 33-42; T. Burke et al. 1989. "Parental care and mating behaviour of polyandrous dunnocks *Prunella modularis* related to paternity by DNA fingerprinting." *Nature* 338: 249-251.

31. G. A. Gangrade. 1963. "A contribution to the biology of *Necroscia sparaxes* Westwood (Phasmidae: Phasmida)." *Entomologist* 96: 83-93.

32. Por exemplo, J. L. Dickinson e M. L. Leonard. 1997. "Mate-attendance and copulatory behaviour in western bluebirds: evidence of mate guarding." *Animal Behaviour* 52: 981-992.

NOTAS **293**

33. A. P. Moller. 1987. "Extent and duration of mate guarding in swallows *Hirundo rustica*." *Ornis Scandinavica* 18: 95-100.

34. D. P. Barash. 1981. "Mate-guarding and gallivanting by male hoary marmots (*Marmota caligata*)." *Behavioral Ecology and Sociobiology* 9: 187-193.

35. L. M. Brodsky. 1988. "Mating tactics of male rock ptarmigans *Lagopus mutus*: a conditional strategy." *Animal Behaviour* 36: 335-342.

36. Por exemplo, J. L. Dickinson. 1997. "Male detention affects extrapair copulation frequency and pair behavior in western bluebirds." *Animal Behaviour* 51: 27-47; D. F. Westneat. 1994. "To guard or to go forage: conflicting demands affect the paternity of male red-winged blackbirds." *The American Naturalist* 144: 343-354.

37. D. Currie, A. P. Krupa, T. Burke e D. B. A. Thompson. 1999. "The effect of experimental male removals on extrapair paternity in the wheatear, *Oenanthe oenanthe*." *Animal Behaviour* 57: 145-152.

38. I. U. Richard. 1995. "Extrapair copulations in a monogamous gibbon (*Hylobates lar*)." *Ethology* 100: 99-112.

39. E. S. Morton, L. Forman e M. Braun. 1990. "Extrapair fertilizations and the evolution of colonial breeding in purple martins." *Auk* 107: 275-283.

40. P. C. Frederick. 1987. "Extrapair copulations in the mating system of white ibis (*Eudocimus albus*)." *Behaviour* 100: 170-201; D. F. Westneat. 1988. "Parental care and extrapair copulations in the indigo bunting." *Auk* 105: 149-160.

41. A. Johnsen e J. T. Lifjeld. 1995. "Unattractive males guard their mates more closely: an experiment with bluethroats (Aves, Turdidae: *Luscinia s. svecica*)." *Ethology* 101: 200-212.

42. B. Kempenaers. G. R. Verheyen, M. Van den Broeck, T. Burke, C. Van Broeckhoven e A. A. Dhondt. 1992. "Extrapair paternity results from female preference for high-quality males in the blue tit." *Nature* 357: 494-496; B. Kempenaers, G. R. Verheyen e A. A. Dhondt. 1995. "Mate guarding and copulation behaviour in monogamous and polygynous blue tit: do males follow a best-of-a-bad-job strategy?" *Behavioral Ecology and Sociobiology* 36: 33-42.

43. S. W. Gangestad e R. Thornhill. 1997. "An evolutionary psychological analysis of human sexual selection: developmental features, male sexual behavior, and mediating features." Em *Evolutionary Social Psychology*, org. J. A. Simpson e D. T. Kenrick. Hillsdale, NJ: Erlbaun.

44. A. P. Moller. 1990. "Deceptive use of alarm calls by male swallows *Hirundo rustica*: a new paternity guard." *Behavioral Ecology* 1: 1-6.

45. P. J. Watson. 1986. "Transmission of a female sex pheromone thwarted by males in the spider *Linyphia litigiosa* Keyserling (Linyphiidae)." *Science* 233: 219-221.

46. W. G. Eberhard. 1994. "Evidence for widespread courtship during copulation in 131 species of insects and spiders, and implications for cryptic female choice." *Evolution* 48: 711-733.

294 O MITO DA MONOGAMIA

47. D. Dewsbury. 1982. "Ejaculate cost and male choice." *The American Naturalist* 119: 601-610.

48. R. R. Bellis, M. A. Baker e M. J. G. Gage. 1990. "Variation in rat ejaculation consistent with the kamikaze sperm hypothesis." *Journal of Mammalology* 71: 479-480.

49. J. R. Ginsberg e D. I. Rubenstein. 1990. "Sperm competition and variation in zebra mating behavior." *Behavioral Ecology and Sociobiology* 26: 427-434.

50. T. Birkhead e C. M. Lessels. 1988. "Copulation behaviour of the osprey *Pandion haliaetus.*" *Animal Behaviour* 36: 1672-1682.

51. A. Poole. 1989. *Ospreys: A Natural and Unnatural History*. Cambridge: Cambridge University Press.

52. B. B. Edinger. 1988. "Extrapair courtship and copulation attempts in northern orioles." *Condor* 90: 546-554.

53. D. P. Barash. 1977. "Sociobiology of rape in mallards (*Anas platyrhinchos*): responses of the mated male." *Science* 197: 788-789.

54. J. Faaborg e J. C. Bednarz. 1990. "Galápagos and Harris' hawks: divergent causes of sociality in two raptors." Em *Cooperative Breeding in Birds*, org. P. B. Stacey e W. D. Koenig. Cambridge: Cambridge University Press.

55. M. K. Matthews e N. T. Adler. 1977. "Systematic interrelationship of mating, vaginal plug position, and sperm transport in the rat." *Physiology and Behavior* 20: 303-309.

56. C. D. Busse e D. Q. Estep. 1984. "Sexual arousal in male pigtailed monkeys (*Macaca nemestrina*): effects of serial matings by two males." *Journal of Comparative Psychology* 98: 227-231; D. Q. Estep, T. P. Gordan, M. E. Wilson e M. L. Walker. 1986. "Social stimulation and the resumption of copulation in rhesus (*Macaca mulatta*) and stumptail (*M. arctoides*) macaques." *International Journal of Primatology* 7: 507-517.

57. D. Q. Estep. 1988. "Copulations by other males shorten the post-ejaculatory intervals of pairs of roof rats, *Rattus rattus.*" *Animal Behaviour* 36: 299-300.

58. A. P. Moller. 1988. "Testis size, ejaculate quality, and sperm competition in birds." *Biological Journal of the Linnean Society* 33: 273-283.

59. A. P. Moller. "Ejaculate quality, testis size and sperm production in mammals." *Functional Ecology* 3: 91-96; J. R. Ginsburg and D. I. Rubenstein. 1990. "Sperm competition and variation in zebra mating behavior." *Behavioral Ecology and Sociobiology* 26: 427-434; R. L. Brownell e K. Ralls. 1986. "Potential for sperm competition in baleen whales." *Reports of the International Whale Commission* (edição especial) 8: 97-112.

60. A. P. Moller. 1988. "Ejaculate quality, testis size and sperm competition in primates." *Journal of Human Evolution* 17: 479-483.

61. T. Birkhead e A. P. Moller. 1992. *Sperm Competition in Birds*. San Diego: Academic Press.

NOTAS 295

62. P. Sugawara. 1979. "Stretch reception in the bursa copulatrix of the butterfly *Pieris rapae crucivora*, and its role in behaviour." *Journal of Comparative Physiolgy* 130: 1910-199.

63. R. E. Silberglied, J. G. Sheperd e J. L. Dickinson. 1984. "Eunuchs: the role of apyrene sperm in lepidoptera?" *The American Naturalist* 123: 255-265; P. A. Cook e M. J. Gage. 1995. "Effects of risks of sperm competition on the numbers of eupyrene and apyrene sperm ejaculated by the moth *Plodia interpunctella*." *Behavioral Ecology and Sociobiology* 36: 261-268.

64. C. J. Erickson e P. G. Zenone. 1976. "Courtship differences in male ring doves: avoidance of cuckoldry?" *Science* 192: 1353-1354.

65. Jonathan K. Waage. 1979. "Dual function of the damselfly penis: sperm removal and transfer." *Science* 203: 916-918; ver também R. L. Smith, org., 1984. *Sperm Competition and the Evolution of Animal Mating Systems*. Nova York: Academic Press.

66. J. A. Cigliano. 1995. "Assessment of the mating history of female pygmy octopuses and a possible sperm competition mechanism." *Animal Behaviour* 49: 849-851.

67. P. L. Miller. 1990. "Mechanisms of sperm removal and sperm transfer in *Orthetrum coerulescens* (Fabricus) (Odonata: Libellulidae)." *Physiological Entomology* 15: 199-209.

68. N. B. Davies. 1983. "Polyandry, cloaca-pecking and sperm competition in dunnocks." *Nature* 302: 334-336.

69. J. Carayon. 1974. "Insemination traumatique heterosexualle et homosexualle chex *Xylocoris maculipennis*." *Comptes Rendues Academie de Sciences de Paris, Series D* 278: 2803-2806.

70. A menos que alguém seja um parente próximo, e nesse caso o comportamento pode ser favorecido por "seleção de parentesco". Para nossos fins, porém, é exato dizer que qualquer tendência a criar a prole de outro sofrerá uma forte seleção contrária.

71. F. Cezilly e R. G. Nager. 1995. "Comparative evidence for a positive association between divorce and extra-pair paternity in birds." *Proceedings of the Royal Society of London, Series B* 262: 7-12.

72. D. F. Westneat e P. W. Sherman. 1990. "When monogamy isn't." *The Living Quarterly* 9: 24-28.

73. P. P. Rabenold, K. N. Rabenold, W. H. Piper et al. 1990. "Shared paternity revealed by genetic analysis in cooperative breeding tropical wrens." *Nature* 348: 538-542.

74. O. Svensson, C. Magnhagen, E. Forsgren e C. Kvarnemo. 1998. "Parental behaviour in relation to the occurrence of sneaking in the common goby." *Animal Behaviour* 56: 175-179.

75. L. A. Whittingham e J. T. Lifjeld. 1995. "High paternal investment in unrelated young: extrapair paternity and male parental care in house martins." *Behavioral Ecology and Sociobiology* 37: 103-108.

296 O MITO DA MONOGAMIA

76. I. P. F. Owens. 1993. "When kids just aren't worth it: cuckoldry and parental care." *Trends in Ecology and Evolution* 8: 269-271.

77. D. P. Barash. 1976. "The male response to apparent female adultery in the mountain bluebird, *Sialia currucoides*: An evolutionary interpretation." *The American Naturalist* 100: 1097:1101.

78. N. B. Davies, B. J. Hatchwell, T. Burke e T. Robson. 1992. "Paternity and parental effort in dunnocks *Prunella modularis:* how good are male chick-feeding rules?" *Animal Behaviour* 43: 729-745; L. A. Whittingham, P. D. Taylor e R. J. Robertson. 1992. "Confidence of paternity and male parental care." *The American Naturalist* 139: 1115-1125; B. C. Sheldon, K. Rasanen e P. C. Dias. 1997. "Certainty of paternity and parental care in collared flycatcher: an experiment." *Behavioral Ecology* 8: 421-428; ver revisão de Jonathan Wright. 1998. "Paternity and parental care." Em *Sperm Competition and Sexual Selection*, org. T. R. Birkhead e A. P. Loller. San Diego: Academic Press.

79. W. D. Koenig. 1990. "Opportunity of parentage and nest destruction in polygynandrous acorn woodpeckers, *Melanerpes formicivorus*." *Behavioral Ecology* 1: 55-61.

80. D. F. Westneat. 1988. "Parental care and extrapair copulations in the indigo buntings." *Auk* 105: 149-160.

81. D. P. Barash. 1975. "Ecology of parental behavior in the hoary marmot (*Marmota caligata*)." *Journal of Mammalogy* 56: 613-618.

82. A. P. Moller e R. Thornhill. 1998. "Male parental care, differential parental investment by females and sexual selection." *Animal Behaviour* 55: 1507-1515.

83. B. C. Sheldon, J. Merila, A. Qvarnstrom, L. Gustafsson e H. Ellegren. 1997. "Paternal contribution to offspring condition is predicted by size of male secondary sexual characteristic." *Proceedings of the Royal Society of London, Series B* 264: 297-302.

84. A. P. Moller, A. Barbosa, J. J. Cuervo, F. de Lope. S. Merino e N. Saino. 1998. "Sexual selection and tail streamers in the barn swallow." *Proceedings of the Royal Society of London, Series B* 265: 409-414.

85. R. H. Wagner, M. D. Schug e E. S. Morton. 1996. "Confidence of paternity, actual paternity and parental effort by purple martins." *Animal Behaviour* 52: 123-132.

86. F. McKinney, S. R. Derrickson e P. Mineau. 1983. "Forced copulation in waterfowl." *Behaviour* 86: 250-294.

87. A. P. Moller. 1987. "House sparrow *Passer domesticus* communal displays." *Animal Behaviour* 35: 203-210.

88. D. F. Westneat. 1987. "Extrapair copulations in a predominantly monogamous bird: observations of behaviour." *Animal Behaviour* 35: 865-876.

89. R. Thornhill e C. Palmer. 2000. *The Natural History of Rape*. Cambridge, MA: MIT Press.

NOTAS **297**

90. J. T. Burns, K. Cheng e F. McKinney. 1980. "Forced copulation in captive mallards: I. Fertilization of eggs." *Auk* 97: 875-879; F. McKinney e P. Stolen. 1982. "Extra-pair bond courtship and forced copulation among captive green-winged teal (*Anas carolinensis*)." *Animal Behaviour* 30: 461-474; F. McKinney, K. M. Cheng e D. Bruggers. 1984. "Sperm competition in apparently monogamous birds." Em *Sperm Competition and the Evolution of Animal Mating Systems*, org. R. L. Smith. Nova York: Academic Press; K. M. Cheng, J. T. Burns e F. McKinney. 1983. "Forced copulation in captive mallards: III. Sperm competition." *Auk* 100: 302-310.

91. L. G. Sorenson. 1994. "Forced extrapair copulation and mate guarding in the white-cheeked pintail: timing and tradeoffs in an asynchronously breeding duck." *Animal Behaviour* 48: 519-52.

92. P. O. Dunn, A. D. Afton, M. L. Gloutney e R. T. Alisauskas. 1999. "Forced copulation results in few extrapair fertilizations in Ross's and lesser snow geese." *Animal Behaviour* 57: 1071-1081.

93. G. Gauthier. 1988. "Territorial behavior, forced copulations and mixed reproductive strategy in ducks." *Wildfowl* 39: 102-114.

94. M. Daly, M. Wilson e S. Weghorst. 1982. "Male sexual jealousy." *Ethology and Sociobiology* 3: 11-27.

95. J. M. Tanner. 1970. *Homicide in Uganda, 1964*. Uppsala, Suécia: Scandinavian Institute of African Studies; C. F. Lobban. 1972. *Law and Anthropology in the Sudan*. African Studies Seminar Series nº 13. Khartoum, Sudão: Sudan Research Unit, Khartoum University.

96. D. M. Buss e D. P. Schmitt. 1994. "Sexual strategies theory: a contextual evolutionary analysis of human mating." *Psychological Review* 100: 204-232.

CAPÍTULO TRÊS Abalando o mito: As fêmeas (A escolha dos genes do macho)

1. O. Bray, J. Kennelly e J. Guareno. 1975. "Fertility of eggs produced on territories of vasectomized red-winged blackbirds." *Wilson Builetin* 87: 187-195.

2. S. M. Smith. 1988. "Extra-pair copulations in black-capped chickadees: the role of the female." *Behaviour* 107: 15-23; B. Kempenaers, G. R. Verheyen, M. Van den Broeck, T. Burke, C. Van Broeckhoven e A. A. Dhondt. 1992. "Extrapair paternity results from female preference for high-quality males in the blue tit." *Nature* 357: 494-496.

3. T. Halliday e S. Arnold. 1987. "Multiple mating by females: a perspective from quantitative genetics." *Animal Behaviour* 35: 939-941.

4. K. M. Cheng e P. B. Siegel. 1990. "Quantitative genetics of multiple mating." *Animal Behaviour* 40: 406-407.

298 O MITO DA MONOGAMIA

5. D. W. Pyle e M. H. Gromko. 1978. "Repeated mating by female *Drosophila melanogaster:* the adaptive importance." *Experimentia* 34: 449-450; T. R. Birkhead e A. P. Moller. 1992. *Sperm Competition in Birds: Evolutionary Causes and Consequences.* Londres: Academic Press.

6. J. Graves, J. Ortega-Ruano e P. J. B. Slater. 1993. "Extrapair copulations and paternity in shags: do females choose better males?" *Proceedings of the Royal Society of London, Series B* 253: 3-7.

7. J. H. Wetton e D. T. Parkin. 1991. "An association between fertility and cuckoldry in the house sparrow *Passer domesticus." Proceedings of the Royal Society of London, Series B* 245: 227-233.

8. E. M. Gray. 1997. "Do red-winged blackbirds benefit genetically from seeking copulations with extrapair males?" *Animal Behaviour* 53: 605-623.

9. D. F. Westneat. 1992. "Do female red-winged blackbirds engage in a mixed mating strategy?" *Ethology* 92: 7-28.

10. J. H. Wetton e D. T. Parkin. 1991. "An association between fertility and cuckoldry in the house sparrow *Passer domesticus." Proceedings of the Royal Society of London, Series B* 245: 227-233.

11. J. L. Hoogland. 1998. "Why do Gunnison's prairie dogs copulate with more than one male?" *Animal Behaviour* 55: 351-359.

12. J. O. Mune. 1996. "Mating behavior of Columbian ground squirrels: 1. Multiple mating by females and multiple paternity." *Canadian Journal of Zoology* 73: 1819-1826.

13. J. L. Hoogland. 1995. *The Black-Tailed Prairie Dog: Social Life of a Burrowing Mammal.* Chicago: University of Chicago Press.

14. K. E. Wynne-Edwards e R. D. Lisk. 1984. "Djungarian hamsters fail to conceive in the presence of multiple males." *Animal Behaviour* 32: 626-628.

15. T. Madsen, R. Shine, J. Loman e T. Hakansson. 1992. "Why do female adders copulate so frequently?" *Nature* 365: 440-441.

16. M. Ollson, R. Shine, A. Gullberg, A. Madsen e J. Tegelstrom. 1996. "Female lizards control the paternity of their offspring by selective use of sperm." *Nature* 383: 585.

17. J. A. Zeh e D. W. Zeh. 1996. "The evolution of polyandry: 1. Intragenomic conflict and genetic incompatibility." *Proceedings of the Royal Society of London, Series B* 263: 1711-1717; J. A. Zeh e D. W. Zeh. 1997. "The evolution of polyandry: II. Post-copulatory defences against genetic incompatibility." *Proceedings of the Royal Society of London, Series B* 264: 69-75.

18. M. G. Brooker, I. Rowley, M. Adams e P. Baverstock. 1990. "Promiscuity: an inbreeding avoidance mechanism in a socially monogamous species?" *Behavioral Ecology and Sociobiology* 26: 191-199.

NOTAS 299

19. W. K. Potts, C. J. Manning e E. K. Wakeland. 1991. "Mating patterns in semi-natural populations of mice influenced by MHC genotype." *Nature* 352: 619-621.
20. B. A. Smuts. 1987. "Gender, aggression and influence." Em *Primate Societies*, org. B. Smuts, D. L. Cheney, R. M. Seyfarth, R. W. Wrangham e T. T. Struhsaker. Chicago: University of Chicago Press.
21. Y. Takahata. 1982. "The socio-sexual behavior of Japanese monkeys." *Zeitschrift fur Tierpsychologie* 59: 89-108.
22. R. Sekulic. 1982. "Behavior and ranging patterns of a solitary female red howler *(Alouatta seniculus)*." *Folia Primatologica* 38: 217-232.
23. S. B. Hrdy e P. L. Whitten. 1987. "Patterning of sexual activity." Em *Primate Societies*, org. B. Smuts, D. L. Cheney, R. M. Seyfarth, R. W. Wrangham e I. T. Struhsaker. Chicago: University of Chicago Press.
24. O. Ratti, M. Hovi, A. Lundberg, H. Tegelstrom e R. Alatalo. 1995. "Extrapair paternity and male characteristics in the pied flycatcher." *Behavioral Ecology and Sociobiology* 37: 419-425.
25. C. R. Cox e B. J. LeBoeuf. 1977. "Female incitation of male competition: a mechanism in sexual selection." *The American Naturalist* 111: 317-335; J. H. Poole. 1989. "Mate guarding, reproductive success and female choice in African elephants." *Animal Behaviour* 37: 842-849.
26. R. H. Wiley e J. Poston. 1996. "Indirect mate choice, competition for mates, and co-evolution of the sexes." *Evolution* 50: 1371-1381.
27. J. J. Perry-Richardson, C. S. Wilson e N. B. Ford. 1990. "Courtship of the garter snake, *Thamnophic marianus*, with a description of a female behavior for coitus interruption." *Journal of Herpetology* 24: 76-78.
28. R. Thornhill. 1988. "The jungle fowl hen's cackle incites male competition." *Verhalten Deutsche Zoologische Geselschaft* 81: 145-154.
29. T. R. Birkhead e A. P. Moller. 1992. *Sperm Competition in Birds: Evolutionary Causes and Consequences*. Londres: Academic Press.
30. M. Hovi e O. Ratti. 1994. "Mate sampling and assessment procedures in female pied flycatchers *(Ficedula hypoleuca)*." *Ethology* 96: 127-137.
31. C. T. Gabor e T. R. Haliday. 1997. "Sequential mate choice by smooth newts: females become more choosy." *Behavioral Ecology* 8: 162-166.
32. P. J. Watson. 1998. "Multi-male mating and female choice increase offspring growth in the spider *Neriene litigiosa* (Linyphiidae)." *Animal Behaviour* 55: 387-403.
33. F. McKinney, S. R. Derrickson e P. Mineau. 1983. "Forced copulation in waterfowl." *Behaviour* 86: 250-294.
34. J. A. Zeh, S. D. Newcomer e D. W. Zeh. 1998. "Polyandrous females discriminate against previous mates." *Proceedings of the National Academy of Sciences* 95: 13732-13736.

300 O MITO DA MONOGAMIA

35. J. A. Zeh. 1997. "Polyandry and enhanced reproductive success in the harlequin beetle-riding pseudoscorpion." *Behavioral Ecology and Sociobiology* 40: 111-118.
36. M. S. Archer e M. E. Elgar. 1999. "Female preference for multiple partners: sperm competition in the hide beetle, *Dermestes maculatus.*" *Animal Behaviour* 58: 669-675.
37. J. A. Zeh, S. D. Newcomer e D. W. Zeh. 1998. "Polyandrous females discriminate against previous mates." *Proceedings of the National Academy of Sciences* 95: 13732-13736.
38. M. Petrie. 1994. "Improved growth and survival of offspring of peacocks with more elaborate trains." *Nature* 341: 598-599.
39. A. P. Moller. 1990. "Sexual behaviour is related to badge size in the house sparrow *Passer domesticus.*" *Behavioral Ecology and Sociobiology* 27: 23-29.
40. N. Burley e D. Price. 1991. "Extrapair copulation and attractiveness in zebra finches." *Proceedings of the International Ornithological Congress* 20: 1367-1372.
41. R. Wagner. 1991. "The role of extrapair copulations in razorbill mating strategies." Tese de doutorado, Universidade de Oxford, Oxford, Reino Unido.
42. P. Dunn e A. Cockburn. 1996. "Evolution of male paternal care in a bird with almost complete cuckoldry." *Evolution* 50: 2542-2548.
43. Ibid.
44. Allison Welch, R. Semlitsch e H. C. Gerhardt. 1998. "Call duration as an indicator of genetic quality in male gray tree frogs." *Science* 280: 1928-1930.
45. W. D. Hamilton. 1990. "Mate choice near or far." *American Zoologist* 30: 341-352.
46. A. P. Moller. 1997. "Immune defence, extrapair paternity, and sexual selection in birds." *Proceedings of the Royal Society of London, Series B* 264: 561-566.
47. B. Kempenaers, G. R. Verheyen, M. Van den Broeck, T. Burke, C. Van Broeckhoven e A. A. Dhondt. 1992. "Extra-pair paternity results from female preference for high-quality males in the blue tit." *Nature* 357: 494-496.
48. Ibid.
49. Ibid.
50. M. Fujioka e S. Yamagishi. 1981. "Extramarital and pair copulations in the cattle egret." *Auk* 98: 134-144; P. C. Frederick. 1987. "Extrapair copulations in the mating system of white ibis *(Eudocimus albus).*" *Behaviour* 100: 170-201.
51. S. M. Smith. 1988. "Extrapair copulations in black-capped chickadees: the role of the female." *Behaviour* 107: 15-23.
52. P. J. Weatherhead e P. T. Boag. 1995. "Pair and extrapair mating success relative to male quality in red-winged blackbirds." *Behavioral Ecology and Sociobiology* 37: 81-91.
53. E. Roskaft. 1983. "Male promiscuity and female adultery by the rook *Corvus frugilegus.*" *Ornis Scandinavica* 14: 175-179.

NOTAS **301**

54. D. Hasselquist, S. Bensch e T. von Schantz. 1996. "Correlation between male song repertoire, extrapair paternity and offspring survival in the great reed warbler." *Nature* 381: 229-232.

55. Leigh Van Valen. 1962. "A study of fluctuating asymmetry." *Evolution* 16: 125-142; P. A. Parsons. 1990. "Fluctuating asymmetry: an epigenetic measure of stress." *Biological Reviews* 65: 131-145.

56. A. Moller. 1992. "Female swallow preference for symmetrical male sexual ornament." *Nature* 357: 238-240.

57. A. Moller. 1992. "Parasites differentially increase the degree of fluctuating asymmetry in secondary sexual characteristics." *Journal of Evolutionary Biology* 5: 691-700.

58. S. W. Gangestad, R. Thornhill e R. A. Yeo. 1994. "Facial attractiveness, developmental stability, and fluctuating asymmetry." *Ethology and Sociobiology* 15: 73-85.

59. R. Thornhill e S. W. Gangestad. 1994. "Fluctuating asymmetry and human sexual behavior." *Psychological Science* 5: 297-302.

60. R. Thornhill, S. W. Gangestad e R. Comer. 1996. "Human female orgasm and mate fluctuating asymmetry." *Animal Behaviour* 50: 1601-1615.

61. S. W. Gangestad e R. Thornhill. 1997. "The evolutionary psychology of extrapair sex: the role of fluctuating asymmetry." *Evolution and Human Behavior* 18: 69-88.

62. G. E. Miller. 2000. *The Mating Mind.* Nova York: Doubleday.

63. P. J. Weatherhead e R. J. Robertson, 1979. "Offspring quality and the polygyny threshold: 'The sexy son hypothesis'." *The American Naturalist* 113: 201-208.

64. T. M. Jones, R. J. Quinnell e A. Balmford. 1998. "Fisherian flies: the benefits of female choice in a lekking sandfly." *Proceedings of the Royal Society of London, Series B* 265: 1-7.

65. E. Cunningham e T. Birkhead. 1997. "Female roles in perspective." *Trends in Ecology and Evolution* 12: 337-338.

66. L. A. Dugatkin e J. Godin. 1992. "Reversal of female mate choice by copying in the guppy (*Poecilia reticulata*)." *Proceedings of the Royal Society of London, Series B* 249: 179-184.

67. A. P. Moller. 1994. *Sexual Selection and the Barn Swallow.* Nova York: Oxford University Press.

68. N. Saino, C. P. Rimmer, H. Ellegren e A. P. Moller. 1997. "An experimental study of paternity and tail ornamentation in the barn swallow (*Hirundo rustica*)." *Evolution* 51: 562-570.

69. A. P. Moller. 1988. "Badge size in the house sparrow *Passer domesticus:* effects of intra- and intersexual selection." *Behavioral Ecology and Sociobiology* 22: 373-378.

70. N. T. Burley, D. A. Enstrom e L. Chitwood. 1994. "Extrapair relations in zebra finches: Differential male success results from female tactics." *Animal Behaviour* 48: 1031-1041.

302 O MITO DA MONOGAMIA

71. N. T. Burley, P. G. Parker e K. Lundy. 1996. "Sexual selection and extrapair fertilization in a socially monogamous passerine, the zebra finch (*Taeniopygia guttata*)." *Behavioral Ecology* 7: 218-226.

72. Por exemplo, R. G. Edwards. 1955. "Selective fertilization following the use of sperm mixtures in the mouse." *Nature* 175: 215-223; R. A. Beatty. 1951. "Fertility and mixed semen from different rabbits." *Journal of Reproduction and Fertility* 1: 52-60; P. A. Martin e P. J. Dziuk. 1977. "Assessment of relative fertility of males (cockerels and boars) by competitive mating." *Journal of Reproduction and Fertility* 49: 323-329.

73. J. O. Murie. 1995. "Mating behavior of Columbian ground squirrels: 1. Multiple mating by females and multiple paternity." *Canadian Journal of Zoology* 73: 1819-1826.

74. D. E. Boellstorff, D. H. Owings, M. C. T. Penedo e M. J. Hersek. 1994. "Reproductive behaviour and multiple paternity of California ground squirrels." *Animal Behaviour* 47: 1057-1064.

75. A. F. Dixson e N. I. Mundy. 1994. "Sexual behaviour, sexual swelling and penile evolution in chimpanzees (*Pan troglodytes*)." *Archives of Sexual Behavior* 23: 267-280.

76. T. Birkhead, A. Moller e W. J. Sutherland. 1993. "Why do females make it so difficult to fertilize their eggs?" *Journal* of *Theoretical Biology* 161: 51-60.

77. W. G. Eberhard. 1998. "Female roles in sperm competition." Em *Sperm Competition and Sexual Selection*, org. T. Birkhead e A. Moller. San Diego: Academic Press.

78. Ibid.

79. W. Eberhard. 1994. "Evidence for widespread courtship during copulation in 131 species of insects and spiders." *Evolution* 48: 711-733.

80. L. W. Simmons, P. Stockley, R. L. Jackson e G. A. Parker. 1996. "Sperm competition or sperm selection: no evidence for female influence over paternity in yellow dung flies *Scatophagia stercoraria*." *Behavioral Ecology and Sociobiology* 38: 199-206.

81. T. Bulfinch. 1855/1934. *Bulfinch's Mythology*. Nova York: Modern Library.

CAPÍTULO QUATRO Abalando o mito: As fêmeas (Outras considerações)

1. A. J. Bateman. 1948. "Intra-sexual selection in *Drosophila*." *Heredity* 2: 349-368.

2. Z. Sever e J. Mendelssohn. 1988. "Copulation as a possible mechanism to maintain monogamy in porcupines, *Hystrix indica*." *Animal Behaviour* 36: 1541-1542.

3. I. W. Chardine, citado em Hunter et al. 1993. "Why do females copulate repeatedly with one male?" *Trends in Ecology and Evolution* 8: 21-26.

4. J. A. Mills. 1994. "Extrapair copulations in the red-billed gull: females with high-quality, attentive males resist." *Behaviour* 128: 41-64.

NOTAS **303**

5. L. Wolf. 1975. "Prostitution behavior in a tropical hummingbird." *Condor* 77: 140-144.

6. E. W. Cronin e P. W. Sherman. 1977. "A resource-based mating system: the orange-rumped honeyguide." *The Living Bird Quarterly* 15: 5-32.

7. M. A. Elgar. 1992. "Sexual cannibalism in spiders and other invertebrates." Em *Cannibalism: Ecology and Evolution Among Diverse Taxa,* org. M. E. Elgar e B. J. Crespi. Oxford: Oxford University Press.

8. T. Eisner e J. Meinwald. 1995. "The chemistry of sexual selection." *Proceedings of the National Academy of Sciences* 92: 50-55.

9. P. Gagneux, D. S. Woodruff e C. Boesch. 1997. "Furtive mating in female chimpanzees." *Nature* 387: 358-359.

10. S. B. Hrdy. 1979. *The Langurs of Abu.* Cambridge, MA: Harvard University Press.

11. T. Nishida e K. Kawanaka. 1985. "Within-group cannibalism by adult male chimpanzees." *Primates* 26: 274-284.

12. S. B. Hrdy. 1981. *The Woman That Never Evolved.* Cambridge, MA: Harvard University Press.

13. B. B. Smuts. 1987. "Sexual competition and mate choice." Em *Primate Societies,* org. D. Cheney, R. Seyfarth, B. Smuts, R. Wrangham e T. Struhsaker. Chicago: University of Chicago Press.

14. B. B. Smuts. 1985. *Sex and Friendship in Baboons.* Hawthorne, NY: Aldine.

15. D. P. Barash. 2001. *Revolutionary Biology: The new, gene-centered view of life.* New Brunswick, NJ: Transaction.

16. J. J. Soler, J. S. Cuervo, A. P. Moller e E. de Lope. 1998. "Nest building is a sexually selected behaviour in the barn swallow." *Animal Behaviour* 56: 1435-1444.

17. E. Forsgren. 1997. "Female sand gobies prefer good fathers over dominant males." *Proceedings of the Royal Society of London, Series B* 264: 1283-1286.

18. N. B. Davies, I. R. Hartley, B. J. Hatchwell e N. E. Langmore. 1996. "Female control of copulations to maximize male help: a comparison of polygynandrous alpine accentors, *Prunella collaris,* and dunnocks *P. modularis.*" *Animal Behaviour* 51: 27-47.

19. N. B. Davies. 1983. "Polyandry, cloaca pecking and sperm competition in dunnocks." *Nature* 302: 334-336.

20. M. Kohda, M. Tanimura, M. Kikue-Nakamura e S. Yamagishi. 1995. "Sperm drinking by female catfishes: a novel mode of insemination." *Environmental Biology of Fish* 42: 1-6.

21. J. O. Gjershaug, T. Jarvi e E. Roskaft. 1989. "Marriage entrapment by 'solitary' mothers: a study on male deception by female pied flycatchers." *The American Naturalist* 133: 273-276.

22. D. F. Westneat. 1992. "Do female redwinged blackbirds engage in a mixed mating strategy?" *Ethology* 92: 7-28.

304 O MITO DA MONOGAMIA

23. P. C. Frederick. 1987. "Extrapair copulations in the mating system of white ibis (*Eudocimus albus*)." *Behaviour* 100: 170-201.

24. Ibid.

25. P. J. Watson. 1993. "Foraging advantage of polyandry for female Sierra dome spiders (*Linyphia litigiosa: linyphiidae*) and assessment of alternative direct benefit hypotheses." *The American Naturalist* 141: 440-465.

26. R. E. Ashcroft. 1976. "A function of the pairbond in the common eider." *Wildfowl* 27: 101-105.

27. E. J. A. Cunningham. 1997. "Forced copulation and sperm competition in the mallard *Anas platyrhunchos.*" Tese de doutorado, Universidade de Sheffield, Sheffield, Reino Unido.

28. Por exemplo, M. Petrie e A. Williams. 1993. "Peahens lay more eggs for peacocks with larger trains." *Proceedings of the Royal Society of London, Series B* 251: 127-131; N. Burley. 1988. "The differential allocation hypothesis: an experimental test." *The American Naturalist* 132: 611-628.

29. R. Palombit. 1994. "Dynamic pair bonds in hylobatids: implications regarding monogamous social systems." *Behaviour* 128: 65-101.

30. S. Choudhury. 1995. "Divorce in birds: A review of the hypotheses." *Animal Behaviour* 50: 413-429.

31. J. C. Coulson. 1972. "The significance of the pair-bond in the kittiwake." Em *Proceedings of the International Ornithology Congress.* Leiden, Holanda: Brill.

32. B. Ens, U. N. Safriel e M. P. Harris. 1993. "Divorce in the long-lived and monogamous oystercatcher, *Haematopus ostralegus:* incompatibility or choosing the better option?" *Animal Behaviour* 45: 1199-1217; A. A. Dhondt e F. Adriaensen. 1994. "Causes and effects of divorce in the blue tit *Parus caeruleus.*" *Journal of Animal Ecology* 63: 979-987; M. Orell, S. Rytkonen e K. Koivula. 1994. "Causes of divorce in the monogamous willow tit, *Parus montanus,* and consequences for reproductive success." *Animal Behaviour* 48: 1143-1150.

33. D. Heg, B. Ens, R. T. Burke, L. Jenkins e J. P. Krujit. 1993. "Why does the typically monogamous oystercatcher (*Haematopus ostralegus*) engage in extrapair copulations?" *Behaviour* 126: 247-288.

34. M. S. Sullivan. 1994. "Mate choice as an information gathering process under time constraint: implications for behaviour and signal design." *Animal Behaviour* 47: 141-151.

35. M. A. Colwell e L. W. Oring. 1989. "Extrapair mating in the spotted sandpiper: a female mate acquisition tactic." *Animal Behaviour* 38: 675-684; R. H. Wagner. 1991. "The use of extrapair copulations for mate appraisal by razorbills, *Alca torda.*" *Behavioral Ecology* 2: 198-203.

NOTAS 305

36. H. L. Gibbs, P. J. Weatherhead, P. T. Boag, B. N. White, L. M. Tabak e K. J. Hoysak. 1990. "Realized reproductive success of polygynous red-winged blackbirds revealed by DNA markers." *Science* 250: 1394-1397.

37. R. H. Wagner. 1993. "The pursuit of extrapair copulations by female birds: a new hypothesis of colony formation." *Journal of Theoretical Biology* 163: 333-346.

38. P. A. Gowaty e W. C. Bridges. 1991. "Behavioral, demographic, and environmental correlates of extrapair fertilizations in eastern bluebirds, *Sialia sialis*." *Behavioral Ecology* 2: 339-350.

39. A. D. Afton. 1985. "Forced copulation as a reproductive strategy of male lesser scaup: a field test of some predictions." *Behaviour* 92: 146-167; D. Westneat. 1987. "Extrapair copulations in a predominantly monogamous bird: observations of behaviour." *Animal Behaviour 35:* 865-876.

40. F. Cezily e R. G. Nager. 1995. "Comparative evidence for a positive association between divorce and extrapair paternity in birds." *Proceedings of the Royal Society of London, Series B* 262: 7-12.

41. E. Peterson, T. Jarvi, J. Olsen, J. Mayer e M. Hedenskog. 1999. "Male-male competition and female choice in brown trout." *Animal Behaviour* 57: 777-783.

42. B. C. Sheldon. 1993. "Sexually transmitted disease in birds: occurrence and evolutionary significance." *Philosophical Transactions of the Royal Society of London, Series B* 339: 491-497.

43. E. M. Gray. 1996. "Female control of offspring paternity in a western population of red-winged blackbirds (*Agelius phoeniceus*)." *Behavioral Ecology and Sociobiology* 38: 267-278.

44. Contado em R. R. Baker e M. A. Bellis. 1995. *Human Sperm Competition.* Londres: Chapman & Hall.

45. D. P. Barash. 1976. "Male response to apparent female adultery in the mountain bluebird (*Sialia currucoides*): an evolutionary interpretation." *The American Naturalist* 110: 1097-1101.

46. A. Moller. 1988. "Paternity and paternal care in the swallow, *Hirunda rustica.*" *Animal Behaviour* 36: 996-1005.

47. S. Markman, Y. Yom-Tov e J. Wright. 1995. "Male parental care in the orange-tufted sunbird: behavioural adjustment in provisioning and nest guarding effort." *Animal Behaviour* 50: 655-669.

48. N. Saino e A. P. Moller. 1995. "Testosterone induced depression of male parental behavior in the barn swallow: female compensation and effects on seasonal fitness." *Behavioral Ecology and Sociobiology* 36: 151-157.

49. P. A. Gowaty. 1983. "Male parental care and apparent monogamy in eastern bluebirds (*Sialia sialis*)." *The American Naturalist* 121: 149-157.

306 O MITO DA MONOGAMIA

50. R. A. Mulder, P. O. Dunn, A. Cockburn, K. A. Lazenby-Cohen e M. J. Howell. 1994. "Helpers liberate female fairy-wrens from constraints on extrapair mate choice." *Proceedings of the Royal Society of London, Series B* 255: 223-229.

51. J. W. Chardine. 1987. "Influence of pair-status on the breeding behaviour of the kittiwake *Rissa tridactyla* before egg-laying." *Ibis* 129: 515-526; S. A. Hatch. 1987. "Copulation and mate guarding in the northern fulmar." *Auk* 104: 450-461.

52. A. P. Moller. 1991. "Defence of offspring by male swallows, *Hirundo rustica*, in relation to participation in extrapair copulations by their mates." *Animal Behaviour* 42: 261-267.

53. P. J. Weatherhead, R. Montgomerie, H. L. Gibbs e P. T. Boag. 1994. "The cost of extrapair fertilizations to female redwinged blackbirds." *Proceedings of the Royal Society of London, Series B* 258: 315-320.

54. D. F. Westneat. 1992. "Do female red-winged blackbirds engage in a mixed mating strategy?" *Ethology* 92: 7-28.

55. A. Dixon, D. Ross, S. L. C. O'Malley e T. Burke. 1994. "Paternal investment inversely related to degree of extrapair paternity in the reed bunting." *Nature* 371: 698-700.

56. T. H. Birkhead e J. D. Biggins. 1987. "Reproductive synchrony and extrapair copulation in birds." *Ethology* 74: 320-334.

57. E. S. Morton, L. Forman e M. Braun. 1990. "Extrapair fertilizations and the evolution of colonial breeding in purple martins." *Auk* 107: 275-283.

58. Contado em T. Birkhead e A. P. Moller. 1992. *Sperm Competition in Birds.* San Diego: Academic Press.

59. D. P. Barash. 2001. *Revolutionary Biology: The New Gene-Centered View of Life.* New Brunswick, NJ: Transaction.

60. J. V. Briskie, C. T. Naugler e S. M. Leech. 1994. "Begging intensity of nestling birds varies with sibling relatedness." *Proceedings of the Royal Society of London, Series B* 258: 73-78.

61. N. B. Davies. 1985. "Cooperation and conflict among dunnocks, *Prunella modularis*, in a variable mating system." *Animal Behaviour* 33: 628-648.

62. M. C. McKitrick. 1990. "Genetic evidence for multiple parentage in eastern kingbirds (*Tyrannus tyrannus*)." *Behavioral Ecology and Sociobiology* 26: 149-155.

63. M. I. Sandell e M. Diemer. 1999. "Intraspecific brood parasitism: a strategy for floating females in the European starling." *Animal Behaviour* 57: 197-202.

64. B. E. Lyon. 1993. "Conspecific brood parasitism as a flexible female reproductive tactic in American coots." *Animal Behaviour* 46: 911-928.

65. J. M. Eadie e J. M. Fryxell. 1992. "Density dependence, frequency dependence, and alternative nesting strategies in goldeneyes." *The American Naturalist* 140: 621-64.

66. Y. Yom-Tov, G. M. Dunnett e A. Andersson. 1974. "Intraspecific nest parasitism in the starling *Sturnus vulgaris*." *Ibis* 116: 87-90; F. McKinney. 1985. "Primary and

NOTAS **307**

secondary male reproductive strategies of dabbling ducks." Em *Avian Monogamy*, org. P. A. Gowaty e D. W. Mock. Washington, DC: American Ornithologists Union.

67. C. F. Brown. 1984. "Laying eggs in a neighbor's nest: benefit and cost of colonial nesting in swallows." *Science* 224: 518-519.

CAPÍTULO CINCO Por que a monogamia acontece?

1. J. C. Coulson. 1966. "The influence of the pair-bond and age on the breeding biology of the kittiwake gull, *Rissa tridactyla*." *Journal of Animal Ecology* 35: 269-279.

2. N. T. Burley. 1977. "Parental investment, mate choice, and mate quality." *Proceedings of the National Academy of Sciences* 74: 3476-3479.

3. M. Milinski e T. C. M. Bakker. 1992. "Costs influence sequential mate choice in sticklebacks, *Gasterosteus aculeatus*." *Proceedings of the Royal Society of London, Series B* 250: 229-233.

4. M. Milinski e T. C. M. Bakker. 1990. "Female sticklebacks use male coloration in mate choice and hence avoid parasitized males." *Nature* 344: 330-333.

5. S. Lopez. 1999. "Parasitized female guppies do not prefer showy males." *Animal Behaviour* 57: 1129-1134.

6. D. Parker. 1936. *The Collected Poetry of Dorothy Parker*. Nova York: Modern Library.

7. D. W. Tinkle. 1967. "Home range, density, dynamics, and structure of a Texas population of the lizard, *Uta stansburiana*." Em *Lizard Ecology*, org. W. W. Mijstead. Columbia: University of Missouri Press.

8. S. J. Hannon. 1984. "Factors limiting polygyny in the willow ptarmigan." *Animal Behaviour* 32: 153-161.

9. P. A. Gowaty. 1983. "Male parental care and apparent monogamy among eastern bluebirds (*Sialia sialis*)." *The American Naturalist* 121: 149-157.

10. Por exemplo, J. P. Lightbody e P. J. Weatherhead. 1988. "Female settling patterns and polygyny: tests of a neutral mate choice hypothesis." *The American Naturalist* 132: 20-33; I. R. Hartley, M. Shepherd e D. B. A. Thompson. 1995. "Habitat selection and polygyny in breeding corn buntings *Miliaria calandra*." *Ibis* 137: 508-514.

11. E. Cunningham e T. Birkhead. 1997. "Female roles in perspective." *Trends in Ecology and Evolution* 12: 337-338.

12. M. I. Sandell e J. G. Smith. 1996. "Already mated females constrain male mating success in the European starling." *Proceedings of the Royal Society of London, Series B* 263: 742-747; M. I. Sandell e J. G. Smith. 1997. "Female aggression in the European starling during the breeding season." *Animal Behaviour* 53: 13-23.

13. N. E. Langmore e N. B. Davies. 1997. "Female dunnocks use vocalizations to compete for males." *Animal Behaviour* 53: 881-890.

308 O MITO DA MONOGAMIA

14. J. P. Veiga. 1992. "Why are house sparrows predominantly monogamous? A test of hypotheses." *Animal Behaviour* 43: 361-370.

15. J. P. Veiga. 1990. "Infanticide by male and female house sparrows." *Animal Behaviour* 39: 496-502.

16. T. Slagsvold, T. Amundsen, S. Dale e H. Lampe. 1992. "Female-female aggression explains polyterritoriality in male pied flycatchers." *Animal Behaviour* 43: 397-407.

17. H. E. Hodgdon e J. S. Larsen. 1973. "Some sexual differences in behaviour within a colony of marked beavers (*Castor canadensis*)." *Animal Behaviour* 21: 147-152.

18. B. B. Smuts. 1987. "Gender, aggression and influence." Em *Primate Societies*, org. D. Cheney, R. Seyfarth, B. Smuts, R. Wrangham e T. Struhsaker. Chicago: University of Chicago Press.

19. L. H. Frame e G. W. Frame. 1976. "Female African wild dogs emigrate." *Nature* 263: 227-229; L. D. Mech. 1970. *The Wolf.* Garden City, NJ: Natural History Press; P. D. Moehlman. 1979. "Jackal helpers and pup survival." *Nature* 277: 382-383; R. F. Ewer. 1973. "The behaviour of the meerkat, *Suricata suricatta*." *Zeitschrift fur Tierpsychologie* 20: 570-607.

20. J. M. Packard, U. S. Seal, L. D. Mech e E. D. Plotka. 1985. "Causes of reproductive failure in two family groups of wolves (*Canis lupus*)." *Zeitschrift fur Tierpsychologie* 69: 24-40.

21. A.-K. Eggert e S. I. Sakaluk. 1995. "Female coerced monogamy in burying beetles." *Behavioural Ecology and Sociobiology* 37: 147-154.

22. M. I. Sandell e H. G. Smith. 1996. "Already mated females constrain male mating success in the European starling." *Proceedings of the Royal Society of London, Series B* 263: 743-747.

23. M. Eens e R. Pinxten. 1995. "Inter-sexual conflicts over copulation in the European starling: evidence for the female mate guarding hypothesis." *Behavioral Ecology and Sociobiology* 36: 71-81; M. Eens e R. Pinxten. 1996. "Female European starlings increase their copulation solicitation rate when faced with the risk of polygyny." *Animal Behaviour* 51: 1141-1147.

24. M. Petrie. 1992. "Copulation frequency in birds: why do females copulate more than once with the same male?" *Animal Behaviour* 44: 790-792.

25. B. Kempenaers, G. R. Verheyen, M. Van den Broeck, T. Burke, C. Van Broeckhoven e A. A. Dhondt. 1992. "Extra-pair paternity results from female preference for high-quality males in the blue tit." *Nature* 357: 494-496.

26. M. Petrie et al. 1992. "Multiple mating in a lekking bird: why do peahens mate with more than one male and with the same male more than once?" *Behavioral Ecology and Sociobiology* 31: 349-358.

27. E. Creighton. 2000. "Female mate guarding: no evidence in a socially monogamous species." *Animal Behaviour* 59: 201-207.

NOTAS **309**

28. M. F. Small. 1988. "Female primate sexual behavior and conception: are there really sperm to spare?" *Current Anthropology* 29: 81-100.
29. K. Summers. 1990. "Parental care and the cost of polygyny in the green dart-poison frog." *Behavioral Ecology and Sociobiology* 27: 307-313.
30. G. H. Orians. 1969. "On the evolution of mating systems in birds and mammals." *The American Naturalist* 103: 589-603.
31. L. Krames e L. A. Mastromatteo. 1973. "Role of olfactory stimuli during copulation in male and female rats." *Journal of Comparative and Physiological Psychology* 85: 528-535.
32. Por exemplo, S. J. Hannon e G. Dobush. 1997. "Pairing status of male willow ptarmigan: is polygyny costly to males?" *Animal Behaviour* 53: 369-380.
33. D. P. Barash. 1975. "Ecology of paternal behavior in the hoary marmot: an evolutionary interpretation." *Journal of Mammalogy* 56: 612-615.
34. D. M. B. Parish e J. C. Coulson. 1998. "Parental investment, reproductive success and polygyny in the lapwing, *Vanelius vanellus.*" *Animal Behaviour* 56: 1161-1167.
35. Ver B. Ehrenreich. 1984. *The Hearts of Men.* Nova York: Doubleday.
36. B. Beehler. 1985. "Adaptive significance of monogamy in the trumpet manucode *Manucodia keraudrenii* (Aves: Paradisaeidae)." Em *Avian Monogamy*, org. P. A. Gowaty e D. W. Mock. Washington, DC: American Ornithologists Union.
37. N. B. Davies. 1984. "Sperm competition and the evolution of animal mating strategies." Em *Sperm Competition and the Evolution of Animal Mating Systems*, org. R. L. Smith. San Diego: Academic Press; L. Rowe, G. Arnqüist, A. Sih e J. J. Krupa. 1994. "Sexual conflict and the evolutionary ecology of mating patterns: water striders as a model system." *Trends in Ecology and Evolution* 9: 289-293.
38. R. Thornhill e K. P. Sauer. 1991. "The notal organ of the scorpionfly (*Panorpa vulgaris*): an adaptation to coerce mating duration." *Behavioral Ecology* 2: 156-164.
39. T. Chapman, L. F. Liddle, J. M. Kalb, M. F. Wolfner e L. Partridge. 1995. "Cost of mating in *Drosophila melanogaster* females is mediated by male accessory gland products." *Nature* 373: 241-244.
40. W. R. Rice. 1996. "Sexually antagonistic male adaptation triggered by experimental arrest of female evolution." *Nature* 381: 232-234.
41. J. L. Koprowski. 1992. "Removal of copulatory plugs by female tree squirrels." *Journal of Mammalogy* 73: 572-576.
42. P. Stockley. 1997. "Sexual conflict resulting from adaptations to sperm competition." *Trends in Ecology and Evolution* 12: 154-159.
43. P. A. Gowaty. 1996. "Battles of the sexes and origins of monogamy." Em *Partnerships in Birds: The Study of Monogamy,* org. J. M. Black. Oxford: Oxford University Press.
44. L. van Valen. 1973. "A new evolutionary law." *Evolutionary Theory* 1: 1-30.

310 O MITO DA MONOGAMIA

45. P. L. Whitten. 1987. "Infants and adult males." Em *Primate Societies,* org. D. Cheney, R. Seyfarth, B. Smuts, R. Wranhgam e T. Struhsaker. Chicago: University of Chicago Press.

46. M. M. West e M. J. Konner. 1976. "The role of the father: an anthropological perspective." Em *The Role of the Father in Child Development,* org. M. E. Lamb. Nova York: Plenum Press.

47. K. Hill e H. Kaplan. 1988. "Tradeoffs in male and female reproductive strategies among the Ache: part 2." Em *Human Reproductive Behaviour: A Darwinian Perspective,* org. L. Betzig, M. Borgerhoff Mulder e P. Turke. Cambridge: Cambridge University Press.

48. M. Daly e M. Wilson. 1988. *Homicide.* Hawthorne, NY: Aldine de Gruyter; M. Wilson e M. Daly. 1992. "The man who mistook his wife for a chattel." Em *The Adapted Mind: Evolutionary Psychology and the Generation of Culture,* org. J. Barkow, L. Cosmides e J. Tooby. Nova York: Oxford University Press.

49. Relatado em Michael Hagmann. 1999. "More questions about the provider's role." *Science* 283: 777.

50. R. D. Alexander. 1979. *Darwinism and Human Affairs.* Seattle: University of Washington Press.

51. Alexander destaca especialmente o papel das ameaças externas; para um foco nas ameaças internas, ver L. Betzig. 1986. *Despotism and Differential Reproduction.* Hawthorne, NY: Aldine de Gruyter.

52. K. MacDonald. 1995. "The establishment and maintenance of socially imposed monogamy in Western Europe." *Politics and the Life Sciences* 14: 3-23.

CAPÍTULO SEIS Como são os seres humanos, "naturalmente"?

1. D. P. Barash e J. E. Lipton. 1997. *Making Sense of Sex.* Washington, DC: Island Press.

2. R. D. Alexander, J. L. Hoogland, R. D. Howard, K. M. Noonan e P. W. Sherman. 1979. "Sexual dimorphism and breeding systems in pinnipeds, ungulates, primates, and humans." Em *Evolutionary Biology and Human Social Behavior: An Anthropological Perspective,* org. N. A. Chagnon e W. Irons. North Scituate, MA: Duxbury Press.

3. S. Biquand, A. Boug, V. Biquand-Guyot e J. P. Gautier. 1994. "Management of commensal baboons in Saudi Arabia." *Revue d'Ecology et de Biologie* 49: 213-222.

4. P. D. Rismiller. 1992. "Field observations on Kangaroo Island echidnas (*Tachyglossus aculeatus multiaculeatus*) during the breeding season." Em *Platypus & Echidnas,* org. M. L. Augee. Macquarie Centre, New South Wales, Austrália: Royal Society of New South Wales.

NOTAS **311**

5. D. M. Buss e D. P. Schmitt. 1993. "Sexual strategies theory: an evolutionary perspective on human mating." *Psychological Review* 100: 204-232.

6. Ibid.

7. R. D. Clark e E. Hatfield. 1989. "Gender differences in receptivity to sexual offers." *Journal of Psychology and Human Sexuality* 2: 39-55.

8. D. Bar-Tal e L. Saxe. 1976. "Perceptions of similarly attractive couples and individuals." *Journal of Personality and Social Psychology* 33: 772-782.

9. W. R. Espy. 1998. *Skulduggery on Shoalwater Bay*. Windsor, Canadá: Cranberry Press.

10. D. Buss. 1994. *The Evolution of Desire*. Nova York: Basic Books.

11. A. Fuentes. 1999. "Re-evaluating primate monogamy." *American Anthropologist* 100: 890-907.

12. B. Malinowski. 1927. *Sex and Repression in Savage Society*. Nova York: Harcourt, Bracc.

13. C. S. Ford e F. Beach. 1951. *Patterns of Sexual Behavior*. Nova York: Harper & Row.

14. G. P. Murdoch. 1949. *Social Structures*. Londres: Macmillan.

15. W. LaBarre. 1954. *The Human Animal*. Chicago: University of Chicago Press.

16. L. L. Betzig. 1986. *Despotism and Differential Reproduction*. Nova York: Aldine.

17. M. Twain. 1962. *Letters from the Earth*. Nova York: Harper & Row.

18. R. Benedict. 1934. *Patterns of Culture*. Boston: Houghton Mifflin.

19. Ibid.

20. Ibid.

21. G. Broude. 1980. "Extramarital sex norms in cross-cultural perspective." *Behavioral Science Research* 15: 181-218.

22. L. Betzig. 1989. "Causes of conjugal dissolution: a cross-cultural study." *Current Anthropology* 30: 654-676.

23. F. Engels. 1942. *The Origin of the Family, Private Property and the State*. Nova York: International Publishers.

24. Demosthenes. 1992. *Apollodoros Against Neaira*. Westminster, RU: Aris & Phillips.

25. I. O. Reich. 1970. *Wilhelm Reich: A Personal Biography*. Nova York: Avon.

26. S. Freud, citado em E. Jones. 1953. *The Life and Work of Sigmund Freud*, Vol. 1. Nova York: Basic Books.

27. S. Freud. 1932. *The New Introductory Lectures*. Londres: Hogarth.

28. R. Benedict. 1934. *Patterns of Culture*. Boston: Houghton Mifflin.

29. D. Kleiman e J. Malcom. 1981. "The evolution of male parental investment in mammals." Em *Parental Care in Mammals*, org. D. J. Gubernick e P. H. Klopfer. Nova York: Plenum Press.

30. G. E. Broude e S. J. Greene. 1976. "Cross-cultural codes on twenty sexual attitudes and practices." *Ethnology* 15: 410-429.

312 O MITO DA MONOGAMIA

31. A. C. Kinsey, W. B. Pomeroy, C. E. Martin e P. H. Bebhard. 1953. *Sexual Behavior in the Human Female*. Filadélfia: W. B. Saunders.

32. L. Wolfe. 1981. *The Cosmo Report*. Nova York: Arbor House; Diagram Group. 1981. *Sex: A User's Manual*. Londres: Coronet Books.

33. K. Hill e H. Kaplan. 1988. "Tradeoffs in male and female reproductive strategies among the Aché, Part 2." Em *Human Reproductive Behavior*, org. L. Betzig, M. Borgerhoff Mulder e P. Turke. Cambridge: Cambridge University Press.

34. R. R. Baker e M. A. Bellis. 1995. *Human Sperm Competition*. Londres: Chapman & Hall.

35. S. Macintyre e A. Sooman. 1992. "Nonpaternity and prenatal genetic screening." *Lancet* 338: 839.

36. R. R. Baker e M. A. Bellis. 1995. *Human Sperm Competition*. Londres: Chapman & Hall.

37. S. M. O'Connell e G. Cowlinshaw. 1994. "Infanticide avoidance, sperm competition and female mate choice: the function of copulation calls in female baboons." *Animal Behaviour* 48: 687-694.

38. M. Kanada, T. Daitoh, K. Mori, N. Maeda, K. Hirano, M. Irahara, T. Aono e T. Mori. 1992. "Etiological implication of autoantibodies to zona pellucida in human female infertility." *American Journal* of *Reproductive Immunology* 28: 104-109; K. Ahmad e R. K. Naz. 1992. "Effects of human antisperm antibodies on development of preimplantation embryos." *Archives of Andrology* 29: 9-20.

39. G. A. Parker. 1990. "Sperm competition: sneaks and extrapair copulations." *Proceedings of the Royal Society of London, Series B* 242: 127-133.

40. C. Lindholmer. 1973. "Survival of human sperm in different fractions of split ejaculates." *Fertility and Sterility* 24: 521-526.

41. R. R. Baker e M. A. Bellis. 1995. *Human Sperm Competition*. Londres: Chapman & Hall.

42. C. E. Tutin. 1979. "Mating patterns and reproductive strategies in a community of wild chimpanzees." *Behavioral Ecology and Sociobiology* 6: 29-38.

43. M. Freund. 1963. "Effect of frequency of emission on semen output and an estimate of daily sperm production in man." *Journal of Reproduction and Fertility* 6: 269-286.

44. J. Marson, D. Gervais, S. Meuris, R. W. Cooper e P. Jouannet. 1989. "Influence of ejaculation frequency on semen characteristics in chimpanzees." *Journal of Reproduction and Fertility* 85: 43-50.

45. A. H. Harcourt. 1991. "Sperm competition and the evolution of nonfertilizing sperm in mammals." *Evolution* 45: 314-328.

46. G. A. Parker. 1982. "Why are there so many tiny sperm? Sperm competition and the maintenance of two sexes." *Journal of Theoretical Biology* 96: 281-294.

NOTAS **313**

47. J. T. Hogg. 1988. "Copulatory tactics in relation to sperm competition in Rocky Mountain bighorn sheep." *Behavioral Ecology and Sociobiology* 22: 49-59.
48. A. H. Harcourt, P. H. Harvey, S. G. Larsen e R. V. Short. 1981. "Testis weight, body weight and breeding systems in primates." *Nature* 293: 55-57.
49. G. J. Wyckoff, W. Wang e C.-I. Wu. 2000. "Rapid evolution of male reproductive genes in the descent of man." *Nature* 403: 304-309.
50. W. Acton. 1865. *Functions and Disorders of the Reproductive System*, 4ª ed. Londres: Adams, Gold & Burt.
51. N. Angier. 1999. *Woman*. Nova York: Houghton Mifflin.
52. M. A. Bellis e R. R. Baker. 1990. "Do females promote sperm competition? Data for humans." *Animal Behaviour* 40: 997-999.
53. N. M. Morris e J. R. Udry. 1970. "Variations in pedometer activity during the menstrual cycle." *Obstetrics and Gynecology* 35: 199-201.
54. K. Grammer, J. Dittami e B. Fischmann. 1993. "Changes in female sexual advertisement according to menstrual cycle." Artigo apresentado no Congresso Internacional de Etologia, Torremolinos, Espanha.
55. A. G. Wilson e J. Terborgh. 1998. "Cooperative polyandry and helping behavior in saddle-backed tamarins (*Saguinus fuscicollis*)." Em *Proceedings of the IXth Congress of the International Primatological Society*. Cambridge: Cambridge University Press.
56. B. Kempenaers, G. R. Verheyen, M. Van den Broeck, T. Burke, C. Van Broeckhoven e A. A. Dhondt. 1992. "Extrapair paternity results from female preference for high-quality males in the blue tit." *Nature* 357: 494-496.
57. S. B. Hrdy. 1986. "Empathy, polyandry and the myth of the coy female." Em *Feminist Approaches to Science*, org. R. Bleier. Nova York: Pergamon.
58. Analisado em S. B. Hrdy e P. Whitten. 1986. "The patterning of sexual activity." Em *Primate Societies*, org. D. Cheney, R. Seyfarth, B. Smuts, R. Wrangham e T. Struhsaker. Chicago: University of Chicago Press.
59. E. Kesseru. 1984. "Sexual intercourse enhances the success of artificial insemination." *International Journal of Fertility* 29: 143-145.
60. A. Troisi e M. Carosi. 1998. "Female orgasm rate increases with male dominance in Japanese macaques." *Animal Behaviour* 56: 1261-1266.
61. V. Geist. 1971. *Mountain Sheep*. Chicago: University of Chicago Press.
62. B. B. Smuts e R. W. Smuts. 1993. "Male aggression and sexual coercion of females in nonhuman primates and other mammals: evidence and theoretical implications." *Advances in the Study of Behavior* 22: 1-63.
63. H. Kummer. 1968. *Social Organization of Hamadryas Baboons*. Chicago: University of Chicago Press.
64. D. Zumpe e R. P. Michael. 1990. "Effects of the presence of a second male on pair-tests of captive cynomolgus monkeys (*Macaca fascicularis*): role of dominance." *American Journal of Primatology* 22: 145-158.

314 O MITO DA MONOGAMIA

65. J. Goodall. 1986. *The Chimpanzees of Gombe: Patterns of Behavior.* Cambridge, MA: Harvard University Press.

CAPÍTULO SETE E daí?

1. B. Russell. 1970. *Marriage and Morals.* Nova York: W. W. Norton.
2. Hillary, Bispo de Poitiers. 1899. *St. Hillary of Poitiers, John of Damascus.* Nova York: Scribner's.
3. H. Ellis. 1977. *Sex and Marriage: Eros in Contemporary Life.* Westport, CT: Greenwood Press.
4. H. Spotnitz e L. Freeman. 1964. *The Wandering Husband.* Englewood Cliffs, NJ: Prentice-Hall.
5. De L. Untermeyer. 1956. *A Treasury of Ribaldry.* Nova York: Hanover House.
6. D. de Rougemont. 1956. *Love in the Western World.* Nova York: Pantheon.
7. Ibid.
8. J. Joyce. 1961. *Ulysses.* Nova York: Modern Library.
9. F. Riesmann, J. Cohen e A. Pearl. 1964. *Mental Health of the Poor.* Nova York: Free Press.

Índice

Observação: Como algumas palavras e conceitos (tais como adultério, traição, cópulas extrapar [CEPs], fidelidade, casamento, monogamia, ligação do par, poliginia e sexo) aparecem em todo o livro, elas não foram especificamente indexadas aqui; para encontrá-las, leia o livro!

acasalamento distributivo, 174
aché, povo, 203, 206, 239
Agostinho, Santo, 271
agressividade pelas fêmeas, 178-183
águia-pescadora, provisão de alimentos em, 65
"ajudantes do ninho", 78
alozimas, 20
altruísmo, 169
"amizade", entre babuínos, 144-145
amor, 278-286
amostragem de parceiro, 157
andorinha-azul, 59, 84, 168
andorinha-de-dorso-acanelado, 171
andorinhas-de-bando, 49, 77, 84, 120, 149, 165
andorinhas-de-barranco, 55-56
andróginos, 212
Angier, Natalie, 258
Antigo Testamento, 208, 271-273
"apolíneas" e "dionisíacas", culturas, 226-231
Ashcroft, R. E., 154
assédio sexual entre aranhas, 154-155

assimetria e simetria, 120-123
Atalanta, solução de, 133-134
Austen, Jane, 141
avaliação do parceiro, 140
aves migratórias, esperma cloacal em, 25
aves, monogamia em, 190-194
aves-do-paraíso, 194
azulões, 82,153

babuíno-sagrado, 215
Baker, Robin, 243-255, 260
bari, povo da América do Sul, 206
Bateman, A. J., 138
Beach, Frank, 223, 225
Bellis, Mark, 243-255, 260
Benedict, Ruth, 228-229, 235
Bernstein, Carl, 24
Betzig, Laura, 224, 230
bimaturismo sexual, 215
Birkhead Tim, 44,130
bonobos, 15
"bons genes", preferência da fêmea por, 111-134

316 O MITO DA MONOGAMIA

bordejar, 51-63, 81
Brownmiller, Susan, 86
Brynner, Yul,
Bulfinch, Thomas, 133
Byron, lorde, 276

caçadores-coletores, 207
Calopterix maculata, 74
canibalismo sexual, 144
cão-das-pradarias, 100
características sexuais secundárias entre
     machos, 46-50, 83-85, 87-88, 110-
     126, 154-155
carneiro selvagem, 256
Carson, Rachel, 17
Carter, Jimmy, 279
Casablanca, 284
casamento em grupo, 226
chapim-azul, 117, 168, 185
Chesterton, G. K., 11
chimpanzés, 70,129, 144-145, 215, 253, 254
chimpanzés pigmeus. *Ver* bonobos
chukchee, povo, 227
Churchill, Winston, 284
ciúme sexual, 53, 169, 227-236, 266-268
Cleópatra, 100
Clinton, Bill, 283
cloaca, bicar a, 75
cobra-garter, *coitus interruptus* em, 106
coerção social, 204-205
"coerção útil", por machos, 199
compatibilidade genética, 110
competição desordenada, por fertilização,
     255
competição espermática, 18, 69-71, 126-
     134, 190, 242-258
competição por fertilização, 255-256
complexo de histocompatibilidade princi-
     pal, 102

condição corporal, importância da, 58-59
confiança no parentesco, 151
conflitos sexuais de interesse, 194-201
Congreve, William, 236
Conrad, Joseph, 172
conservadores sociais, 13
consortes, 149
Coolidge, efeito, 39, 46
cópula furtiva, 162
cópula, freqüência da, 64, 81, 99, 138-141,
     241
cripta cervical, 247
cristianismo, 205, 209, 272
Croce, Benedetto, 279
cuidados parentais, 76-85, 149-152, 164-
     169, 188-194, 202, 205, 236-243

dados interculturais sobre infidelidade,
     238
Darwin, Charles, 18, 47, 58
Davies, Nicholas B., 163
Demóstenes, 230
depleção de esperma, 254
deserção, 76
deslocamento de esperma, 18-19
desvantagens da cópula extrapar, 160-165
diamante-mandarim, 44, 112, 126
dimorfismo sexual, 47, 117-118, 214-217
"dionisíacas" e "apolíneas", culturas, 226-
     231
Diplozoon paradoxum, 15
direitos de propriedade, 202
"discrepância paterna" entre seres huma-
     nos, 243-244
diversificação genética, 104, 110-114
divórcio, 76, 156-160, 182
DNA, impressão digital de, 20-22, 26, 43,
     58, 102, 145
dobuano, povo, 229-230, 235

doenças sexualmente transmissíveis, 161
dotes nupciais, 195-196
Dryden, John, 234
Dumas, Alexandre, 278
durões e fracotes do inverno, 117

Eberhard, William, 62
Eens, Marcel, 184
efeito de gargalo, 126
ejaculações múltiplas, 41
Ellis, Havelock, 275
"enchimento barato", esperma de, 71
endogamia, 103
Engels, Friedrich, 201, 230
Ephron, Nora, 24
équidnas, 215
escaravelho-enterrador, 182
escolha críptica da fêmea, 62
escolha indireta da fêmea, 106-107
escrevedeira-amarela, vantagem de ser velho e colorido entre, 50
espermateca, 74-75
espermatóforo, 144
"espermatozóide camicase", hipótese do, 248-249, 255-256
espermatozóide gigante, 38
Espy, Willard, 220
estorninho, 180,183
estranho, apelo sexual do, 103
estratificação sexual, 223
estupro, 66, 76, 85-90
exogamia, 102
explicação aproximada, 41

falcão, 138
feromônios, 144
ferreirinha, sistemas de acasalamento em, 75, 150, 163, 169
fertilidade, garantia de, 97-101

fertilização externa, 52
fertilização, eficácia da, 45
"filho sexy", hipótese do, 123, 127, 140, 265
filhos, intencionalmente não ter, 237
Fisher, R. A., 123
Flaubert, G., 13
"flutuantes", 44, 170
Ford, C. S., 223, 225
Freeman, L., 276
Freud, Sigmund, 29, 233, 272, 279

gaivota *Larus scopolinus*, fidelidade entre, 142
Galápagos, falcões das, 67
Gales, príncipe de, 274
galo silvestre, 107
gansos, estupro entre, 89
garriça-das-fadas, 27, 114
gibões, CEPs entre, 46-47, 59, 156-157
Goodall, Jane, 70, 267
gorilas, 46, 70, 215
Gowaty, Patricia, 199
grandes macacos antropomorfos, 15-16, 46-47
Gray, Elizabeth, 162
guarda da parceira pelos machos, 51-64, 81, 191, 261
guarda do parceiro pelas fêmeas, 177-189
guppies, 176-177

Harcourt, Alexander, 255
Hart, Gery, 283
Hawkes, Kristen, 205
Hawthorne, N., 13
hazda, povo, 206
Helena de Tróia, 281
Herrick, Robert, 234
heteromorfismo de espermatozóides, 71, 249

318 O MITO DA MONOGAMIA

hihis, 43
Homero, 13
Horton Hatches the Egg, 172
Hrdy, Sarah, 146-147, 263

igualitarismo, 194, 209
Ilíada, A, 13
imitação do parceiro, 125
Indicator xanthonotus, importância dos recursos em, 143
infanticídio, 146-148, 152, 180-181, 237-238
inseminação traumática, 75
interferência sexual, 183-190
intumescimento sexual, 148
invasores, apelo sexual de, 65-66
investimento parental, teoria do, 34-37

jaçanãs, 39
Jaime, rei, 212
James, Henry, 13
James, William, 177
Jerônimo, São, 273
Jesus, 12,272
João Damasceno 273
Johnson, Samuel, 173
Joyce, James, 280

kaigang, povo, 226
Kempenaers, Bert, 168
Kennedy, John F., 277
kgatla, tribo, 40
Kinsey, Alfred, 40, 239
Kissinger, Henry, 117
Kittiwage, gaivotas, 157
Knipling, E. F., 16

LaBarre, Weston, 223
Lack, David, 27

lagartos-de-areia, 102
lagópode-branco, 57
largada de ovos, 170-172, 181
Lawrence, D. H., 13, 139
Lear, rei, 212
leks, espécies que se reproduzem em, 14, 69
lepcha, povo, 227
ligação emocional, estilo de, 122
limiar da poliginia, modelo do, 189
Lopez, Sylvia, 176
Luciano, 234-235

macaco comedor de caranguejo, 267
macacos-do-japão, 264
macho-fêmea, diferenças na preferência sexual, 32-43, 217-221
machos mais velhos, comportamento habilidoso de, 59-60
mal-entendidos interculturais, 31
Malinowski, Bronislaw, 222
mamíferos, monogamia em, 25-26, 188-190, 237-242
mariquita-amarela, 107
marmota-da-montanha, 56
marmotas, 56, 83, 192
Marx, Karl, 201
masturbação, 251
Mayzie, a ave, 172,181
Mead, Margaret, 11
melros de asa vermelha, CEPs entre, 25, 43, 93, 98, 117-118, 162, 166-167
Merman, Ethel, 211
Mills, J. A., 142
Milton, John, 234, 275
"mista", estratégia de reprodução, 31-32
"mista", paternidade, 244
Moller, Anders, 120, 130
monandria, 137, 166, 214, 255
monogamia em série, 204

ÍNDICE 319

monogamia imposta pela fêmea, 177-182
Morgan, Lewis, 222
mosca-varejeira, 17
mosca-da-fruta, espermatozóide gigante de, 38
mosca-escorpião, 196
Mozart, Wolfgang A., 280
Murdoch, G. P., 223

ninho, limitação do tamanho, 179
Novo Testamento, 271

Odisséia, A, 13
Oklahoma!, 165
orgasmo, 247, 259, 263-266
Otelo, 164
Ovídio, 281
ovulação oculta, 259-263

padrão duplo, 13, 229
pais, genéticos e supostos, 27-28
paixão sexual, 279
papa-moscas-de-colar, 48
papa-moscas-preto, 103, 152
papéis sexuais invertidos, 37-38
parasitas de ninho, 170
parceiros sexuais, números de, 23
pardais domésticos, 125, 171
Parker, Dorothy, 177
Parker, Geoffrey A., 17-19, 248
Patos-olho-d'ouro, 171
patos, 66, 86, 155
Paulo, São, 272
pênis, papel do, 73-74, 129, 251-252
percevejo-da-caverna, inseminação por procuração em, 75
perereca-do-pacífico, 115
pH vaginal, 131-132
Pinxten, Rianne, 184

Platão, 212-213, 285
Poecile atricapilla, 117
poliandria, 16, 30, 64-67, 69, 136, 210, 225-234
pombo-torcaz, 72
pornografia, 257
Pound, Ezra, 13
primata, poliginia, 221-224
procriação cooperativa, 81
prole, proteção da, 145-148
promiscuidade, 221
prostituição, comportamento de, em colibris, 143
protestantismo, 274
Proust, Marcel, 236
Provisionar, importância de, 66, 142-145, 205-206
pseudo-escorpiões, preferência da fêmea por novos machos entre, 110-112
pseudo-estro, 147,152
pueblo, povo, 228
punição, 76
puritana, culpa, 12
puritanos, 275

qualidade da fêmea, 177
qualidade genética do macho, preferência da fêmea por, 49-50, 60, 111-134

Rainha de Copas, hipótese da, 201
"refluxo" de fluido seminal, 246
Reich, Wilhelm, 232
repertório de canto, importância sexual do, 119
resistência a parasitas, 115, 120
Revolução Industrial, 208
Rice, William, 197
rifa, competição por fertilização, 269
Rougemont, Denis de, 277-279

320 O MITO DA MONOGAMIA

Rousseau, Jean-Jacques, 269
Russell, Bertrand, 272

sagüi-de-cara-suja, 261
sapos verdes, 188
Scatophaga stercoraria, guarda da parceira pelo macho, 52
seleção por parentesco, 78
seleção sexual, 94-95
Selous, E., 53
semelhanças interculturais, 217
"sexo bruto", 154
sexualidade feminina, teorias de, 29
Shakespeare William, 163, 234
Shaw, G. B., 12
Sialia corrucoides, 163-164
Sialia sialis, 158, 166
simetria e assimetria, 120-123
sincronia menstrual, 187
singularidade de cada espécie, 14
siriono, povo, 225
Smith, Susan, 118
Smuts, Barbara, 149, 182
sociobiologia das diferenças sexuais, 32-37, 94, 113-114, 135-136
Spotnitz, H., 276
status de dominância, atratividade sexual de, 118-119, 154
"subir a catraca", como estratégia da fêmea, 107-112
sucesso reprodutivo, aparente e verdadeiro, 26
Sutherland, W. J., 130
Symons, Donald, 263

Talleyrand, C. M. de, 253
tampão copulatório, 61, 198
"técnica do macho estéril", 17
técnica do macho irradiado, 19

teoria dos jogos, 57
testículo, tamanho do, 68-71
tipo sanguíneo, 20
Tolstoi, Leon, 13
tradições culturais, 216, 230
trigueiro, 59
Triton puntactus, 108
Trivers, Robert L., 34
truta, 161
Twain, Mark, 226

Updike, John, 13, 277

vagina, tamanho da, 253
van Valen, Leigh, 201
"vantagem do último macho", 45, 52, 72, 110, 244
vasectomizadas, aves, 93
veado-vermelho, 45
Veblen, Thorstein, 202
Veiga, Jose, 180-181
víboras, acasalamentos múltiplos em, 100-101
vida em colônia como estratégia sexual, 158
violência, 90, 153-154, 216, 236, 268
virgindade, 199
vocalização como tática de competição espermática, 245
vocalização de alarme, 61

Welch, Allison, 115
Westermarck, Edward, 222
Whitehead, Alfred North, 135-137
Williams, George C., 34

zebras, 64,256
"zipless fuck", 162
zuni, povo, 228

Este livro foi composto na tipografia
Classical Garamond, em corpo 11/16, e impresso em
papel off-white no Sistema Digital Instant Duplex
da Divisão Gráfica da Distribuidora Record.